ECSD 27

अख़्तरी

सोज़ और साज़ का अफ़साना

अख़्तरी

सोज़ और साज़ का अफ़साना

सम्पादक

यतीन्द्र मिश्र

वाणी प्रकाशन

वाणी प्रकाशन

4695, 21-ए, दरियागंज, नयी दिल्ली 110 002

फ़ोन : +91 11 23273167 फ़ैक्स : +91 11 23275710

शाखाएँ

अशोक राजपथ, पटना 800 004, बिहार

कॉफ़ी हाउस कैम्पस, महात्मा गांधी मार्ग, इलाहाबाद 211 001, उत्तर प्रदेश

महात्मा गांधी अन्तरराष्ट्रीय हिन्दी विश्वविद्यालय, वर्धा 442 001, महाराष्ट्र

www.vaniprakashan.in
marketing@vaniprakashan.in
sales@vaniprakashan.in

AKHTARI : SOZ AUR SAAZ KA AFSANA
Edited by Yatindra Mishra

ISBN : 978-93-88684-81-1
Music/Biography/Non-Fiction

प्रथम संस्करण 2019

मूल्य : ₹ 595

आकल्पन व साज-सज्जा : वाणी प्रकाशन
आवरण : शुऐब शाहिद
कैलिग्राफ़ी : यतीन्द्र मिश्र
कम्पोजिंग : अश्वनी शुक्ल
आवरण-चित्र : यतीन्द्र मिश्र के निजी संग्रह से

यश प्रिंटोग्राफ़िक्स, नोएडा-201 301 (उ.प्र.) में मुद्रित

वाणी प्रकाशन का लोगो मक़बूल फ़िदा हुसेन की कूची से

Vani Prakashan's signature motif is created by Artist Maqbool Fida Husain

अनुक्रम

भूमिका

अब छलकते हुए सागर नहीं देखे जाते...

अख़्तरी किताब के सम्पादन का मन मुझे तब से था, जब से मैं युवा हुआ और मुझे अपने परिवार-परम्परा में यह जानकारी हासिल हुई कि किस तरह अख़्तरीबाई फ़ैज़ाबादी का हमारे यहाँ से पुराना नाता रहा है। उनकी शख़्सियत, बोल-चाल, रहन-सहन, पहनावे और सबसे बढ़कर अदब के प्रति उनकी दीवानगी और कला-उत्कृष्टता की ढेरों कहानियाँ सुनते हुए उनके प्रति एक अजीब क़िस्म के इश्क़ ने जन्म लिया। संगीत के प्रति ख़ुद मेरी दीवानगी इस तरह रही है कि शास्त्रीय और उप-शास्त्रीय संगीत के अतिरिक्त लोक-संगीत और सिनेमा के संगीत की भी दुर्लभ और नायाब चीज़ें को ढूँढ़-ढूँढ़कर सुनने का जतन करता रहा हूँ। मेरी दादी स्वर्गीया राजकुमारी विमला देवी स्वयं में संगीत की एक संस्था की तरह रहीं, जिनमें गायन के साथ-साथ बहुत सारे दुर्लभ वाद्यों को बजाने की महारत थी। इस तरह के परिवेश में पलते-बढ़ते हुए बेगम अख़्तर के क़िरदार को थोड़ा नज़दीक से जानने-समझने का प्रयास करता रहा हूँ। इस लिहाज़ से भी कि वे अवध की सरज़मीं की ऐसी नायाब हस्ती थीं, जिनके संगीत ने एक बिल्कुल अलग ही लीक कायम की है।

पुराने ज़माने की मशहूर गायिका मुश्तरीबाई की बेटी के रूप में जन्मी बेगम अख़्तर (1914-1974) शुरुआती दौर में अख़्तरीबाई फ़ैज़ाबादी कहलाती थीं। बाद में इश्तियाक़ अहमद अब्बासी, जो काकोरी के नवाब ख़ानदान से ताल्लुक रखते थे, से निक़ाह के बाद बेगम अख़्तर कहलायीं। यह देखना इतिहास की दृष्टि से भी महत्त्वपूर्ण बन जाता है कि बेगम अख़्तर ने उप-शास्त्रीय गायन के सभी प्रकारों मसलन—ठुमरी, चैती, दादरा, कजरी, बारामासा और होरी के गायन में अनूठी सिद्धहस्तता पायी थी। उनकी तालीम कई घरानों के माध्यम से सम्भव हुई, जिनमें प्रमुख रूप से उस्ताद अब्दुल वाहिद ख़ाँ (किराना), उस्ताद रमज़ान ख़ाँ (लखनऊ), उस्ताद बरक़त अली ख़ाँ (पटियाला), उस्ताद गुलाम मोहम्मद ख़ाँ (गया) और उस्ताद अता मोहम्मद ख़ाँ (पटियाला) के नाम लिये जाते हैं। अपनी अद्‌भुत पुकार तान और बिल्कुल नये ढंग की मींड़-मुरकियों-पलटों के साथ खनकती हुई आवाज़ के चलते बेगम अख़्तर को असाधारण ख्याति हासिल

हुई। अपनी आवाज़ में दर्द और सोज़ को इतनी गहराई से उन्होंने साधा कि एक दौर में उनकी आवाज़ की पीड़ा, दरअसल हर एक आम-ओ-ख़ास की व्यक्तिगत आवाज़ का सबब बन गयी। हर दूसरा इन्सान, जो कहीं इस दुनिया में धोखा या चोट खाया हुआ था, उसने बेगम अख़्तर की आवाज़ में पनाह पायी। ग़ज़ल जो सिर्फ़ पढ़ने की चीज़ होती थी, उसे बाक़ायदा गाने की रवायत से जोड़कर सम्मान दिलाने का एक बड़ा काम बेगम अख़्तर ने किया है। एक समय वो भी आया, जब हर एक बड़ा और नया शायर इस बात का तलबगार होता था कि काश! बेगम अख़्तर उसकी ग़ज़ल गा दें। ऐसा हुआ भी, जो आज संगीत के इतिहास में मिसाल की तरह देखा-समझा जाता है। जिगर मुरादाबादी और शकील बदायूँनी की ग़ज़लों का मामला रहा हो या कि बिल्कुल नये शायर सुदर्शन फाक़िर की ग़ज़ल, हर बार बेगम अख़्तर अपनी आवाज़ से इन शायरों के अल्फ़ाज़ों को कुछ और वज़नी बना देती थीं। कैफ़ी आज़मी ने तो बाक़ायदा यह स्वीकारा हुआ है कि उन्होंने ग़ज़ल दोबारा से इसलिए लिखनी और पढ़नी शुरू की कि वे बेगम अख़्तर से कुछ और नज़दीक हो जायें।

यह सब बेगम अख़्तर की कला का एहतराम है। यह सब उस गायिका की नफ़ासत और उनकी कला के शामियाने के नीचे आने की कोशिश भर है, जिसके चलते हिन्दुस्तानी उप-शास्त्रीय संगीत के बड़े आँगन में हमें बेगम अख़्तर जैसा कलाकार नसीब हुआ है। यह क़िताब **'अख़्तरी : सोज़ और साज़ का अफ़साना'** भी बेगम अख़्तर के संगीत, उनके किरदार और उनके जीवन के इर्द-गिर्द फैली हुई लगभग उन दुर्लभ कहानियों के इर्द-गिर्द बुनी गयी है, जिसके माध्यम से हम उस दौर के अँधेरे पर एक छोटी-सी कन्दील जलाकर देख सकते हैं। एक ऐसे दौर में अदब (साहित्य) और मौसीक़ी (संगीत) की जुगलबन्दी से पैदा हुई चमक के बारे में जानने की कोशिश भर, जिसमें बेगम अख़्तर को सराहने वाला एक बड़ा समाज हसरत से दम साधे खड़ा है।

यह क़िताब चार खण्डों में विभक्त है, जिसमें पहले खण्ड में हमने बेगम अख़्तर के जीवन और संगीत-यात्रा पर कई तरह से विचार किया है। इसमें बेगम अख़्तर परम्परा को समझने के अधिकारी विद्वानों **शीला धर** और **सलीम किदवई** जैसे लोग शामिल हैं, तो बिल्कुल नये ढंग से संगीत को परखने वाले **डॉ. प्रवीण झा, सुशोभित सक्तावत** और **मोहित कटारिया** भी। प्रख्यात लेखिका **शिवानी** जी का मशहूर संस्मरण यहाँ सम्मिंलित किया गया है, तो उसी तरह वरिष्ठ लेखिका **ममता कालिया** ने भी अपना आत्मीय संस्मरण लिखकर हमसे साझा किया है। संगीत के विद्वानों **अनीश प्रधान, कुणाल रे, सुनीता बुद्धिराजा** की उपस्थिति के अलावा मैंने स्वयं अपनी परिवार-परम्परा में व्याप्त अख़्तरीबाई फ़ैज़ाबादी की शिनाख़्त उसी दौर के सन्दर्भ में करने की कोशिश की है। **डॉ. रख़्शंदा जलील,**

इक़बाल रिज़वी, मृत्युंजय और **नरेन्द्र सैनी** का लेखन भी अलग से बेगम साहिबा के सांगीतिक जीवन को समझने की एक नयी दृष्टि देता है, जिससे उनके अदब में गहरे बसे होने का भी पता मिलता है। इसी तरह एक खण्ड उनकी शिष्याओं से साक्षात्कार पर आधारित है, जिसमें हमने **रीता गांगुली** जी और **शान्ती हीरानन्द** जी से उनकी उस्ताद के बारे में लम्बी चर्चा की है। दुर्भाग्य से उनकी एक शिष्या श्रीमती **अंजलि बनर्जी** से हम साक्षात्कार करने में असफल रहे हैं, क्योंकि वे सार्वजनिक रूप से अपनी कला और उस्ताद पर बात नहीं करतीं। इस कारण रीता जी और शान्ती जी के साक्षात्कारों को एक बड़े दस्तावेज़ के रूप में पढ़ने की यहाँ आवश्यकता है। अलग से एक खण्ड बेगम अख़्तर साहिबा के उस दुर्लभ साक्षात्कार पर आधारित है, जिसे संगीत नाटक अकादेमी अभिलेखागार से साभार लिया गया है। इसे संगीत के शीर्षस्थ आलोचक, विद्वान **आचार्य कैलाश चन्द्र देव बृहस्पति** जी ने सन् 1970 में लिया था। शास्त्रीय गायिका **शुभा मुद्गल** जी ने बेगम अख़्तर की गायिकी का सुन्दर और दिलचस्प सांगीतिक पाठ किया है, जो क़िताब की उपलब्धि जैसा है।

इन खण्डों से अलग दूसरा खण्ड बेहद रोचक ढंग से बेगम अख़्तर को समझने का एक विनम्र प्रयास भर है, जहाँ हमें उनके व्यक्तित्व की निहायत घरेलू और मामूली चीज़ों के बारे में भी पता चलता है। यहाँ हम उस सादगी को भी छू पाते हैं, जिससे बेगम अख़्तर जैसी बेमिसाल महिला का किरदार बनता है। पूरी तरह शोध पर आधारित और विभिन्न माध्यमों से ढूँढ़कर एकत्र की गयी छोटी-छोटी सूचनाओं, टिप्पणियों, संस्मरण, दस्तावेज़, यादों और इन्दराज के माध्यम से यह खण्ड रचा गया है। छब्बीस प्रसंगों के तहत बेगम अख़्तर के उस तिलिस्म को पकड़ने की कोशिश की गयी है, जिसकी चर्चा हमेशा से संगीत के गलियारों में होती रही। इस खण्ड में **उस्ताद बिस्मिल्ला ख़ाँ** और **लता मंगेशकर** जी के साथ-साथ संगीत के अधिकारी विद्वानों–**प्रकाश वढेरा, सुशीला मिश्र, मोहन नाडकर्णी, गजेन्द्र नारायण सिंह, योगेश प्रवीन, प्राण नेविल, नरहरि पटेल, कौमुदी मुंशी, सतीश चोपड़ा, युनूस ख़ाँ, प्रमोद द्विवेदी** और **पार्थ चटर्जी** की टिप्पणियाँ शामिल हैं। इसमें **श्रुति सादोलिकर, शान्ती हीरानन्द** और **मालिनी अवस्थी** जैसी गायिकाओं का भी योगदान हुआ है, जो इस क़िताब की ख़ूबसूरती में इज़ाफा करता है।

इस पुस्तक के माध्यम से यह दावा नहीं किया जा रहा कि हम बेगम अख़्तर को उनकी सम्पूर्णता में यहाँ परख रहे हैं। उनका व्यक्तित्व ही इतना विराट रहा है कि बहुत कुछ करने के बाद भी उससे कहीं अधिक छूट जाने की ख़लिश मन में है। किसी बड़े कलाकार को समझने और समेटने के जतन में उनका बहुत कुछ ऐसा है, जो छूट भी जाता है। फिर गायिकी का प्रभाव इतना व्यापक और नये विचारों से पगा हुआ है कि बेगम अख़्तर के सिग्नेचर को समझने के लिए

अभी भी बहुत सारे अध्ययन, शोध और गायिकी पर गम्भीरता से बात करने की आवश्यकता है।

अपने छोटे-से प्रयास में हम बेगम अख़्तर के जीवन और संगीत पर जो कुछ भी यहाँ संयोजित कर पाये हैं, वह उनको प्यार करने वाले उनके सैकड़ों प्रशंसकों की मदद के कारण ही सम्भव हुआ है। यह क़िताब आपके हाथ में है, तो उसकी सारी प्रासंगिकता ही इस बात में है कि हम बेगम अख़्तर की शानदार सांगीतिक थाती को अपने कहन में वैसा ही आपके सामने प्रस्तुत कर सकें, जैसा कि वे खुद बड़ी सहजता से मुस्कुराते हुए अपने श्रोताओं के सामने गाते हुए व्यक्त होती थीं। बेगम अख़्तर के 105वें जन्म-वर्ष में **'अख़्तरी : सोज़ और साज़ का अफ़साना'** आपको सौंपते हुए हमें अत्यधिक प्रसन्नता हो रही है।

दर्द की मलिका की कहानी... उनके दुःख और दर्द, ख़ुशियाँ और सपने, संगीत और प्रेम, सभी कुछ यहाँ छलकते हुए आ मिले हैं...

यह क़िताब मेरी सबसे प्यारी बुआ श्रीमती **ज्वलन्ती मिश्र** की स्मृति को मेरी आदर श्रद्धांजलि है। बपचन से ही उन्होंने मुझमें जो अनायास ही बीज पाये हुए संगीत के संस्कार को रोपने में अपनी भूमिका निभायी, उसे लिखकर या कहकर व्यक्त करने में असमर्थ हूँ।

–यतीन्द्र मिश्र

शरद पूर्णिमा
24 अक्टूबर, 2018

आभार

इस पुस्तक को तैयार करने और इस रूप में आपके सामने प्रस्तुत करने में जिन लोगों ने परामर्श दिया, उन सब के प्रति हृदय से आभारी हूँ। उन वरिष्ठ कलाकारों, संगीत-प्रेमियों और मित्रों का धन्यवाद करना चाहता हूँ, जिनके जुड़ाव से यह कार्य सम्भव हुआ है।

इनमें प्रमुख रूप से बेगम अख़्तर साहिबा की दोनों शिष्याओं **शान्ती हीरानन्द** और **रीता गांगुली** का विशेष रूप से आभारी हूँ, जिन्होंने समय-समय पर अख़्तरी प्रसंग के सिलसिले में ढेरों दुर्लभ जानकारियाँ साझा कीं। साथ ही, उनके जीवन के अन्तिम दौर में लम्बे समय तक साथ रहे बेटे सरीखे उर्दू अदब के गहरे जानकार **सलीम किदवई** साहब का आभारी हूँ, जिन्होंने बेगम अख़्तर से जुड़े हुए तमाम लोगों के पते दिये और उनसे बात करने के लिए नम्बर भी उपलब्ध कराये। किदवई साहब ने अपना एक बेहतरीन लेख प्रकाशित करने की अनुमति दी है, यह हमारे लिए प्रसन्नता की बात है। इसी तरह परमानेंट ब्लैक के **रुकुन आडवानी** जी का आभार, जिन्होंने **शीला धर** के ऐतिहासिक लेख को अनुवाद के रूप में छापने की अनुमति दी। लेखिका और अनुवादक **श्रीमती इरा पाण्डे** जी का आभार कि उन्होंने अपनी माँ, शिवानी जी के लेख को प्रकाशित करने की सहर्ष स्वीकृति प्रदान की।

समकालीन परिदृश्य पर मौजूद और अपने ढंग से संगीत में बेहतरीन सिरजने वाली गायिकाओं-मित्रों का धन्यवाद करना चाहता हूँ, जिनकी उपस्थिति और सुझावों ने इस पुस्तक को बेहतरीन बनाने में मदद की है। इनमें प्रमुख रूप से **श्रुति सादोलिकर, शुभा मुद्गल** और **मालिनी अवस्थी** जी के नाम लेना चाहूँगा। मुम्बई निवासी मित्र और संगीत-संग्राहक **कुशल गोपालका** का आभारी हूँ कि उन्होंने बेगम अख़्तर साहिबा के उन परिचितों से मिलवाया और बात करवायी, जिन्होंने इस क़िताब की पाठ्य-सामग्री तैयार करने में भूमिका निभायी। उन्हीं के माध्यम से बीते दौर की गायिका **कौमुदी मुंशी** जी से साक्षात्कार सम्भव हो पाया। उन्होंने अपने कलेक्शन से बेगम अख़्तर साहिबा के नये रिकॉर्ड कवर्स को छापने की अनुमति भी प्रदान की, जो बाद में एच.एम.वी. ने जारी किये थे।

मित्र **इक़बाल रिज़वी** का तहेदिल से शुक्रिया अदा करता हूँ, जिनके कारण बेगम अख़्तर की फ़िल्मों की कुछ दुर्लभ सांग बुकलेट्स प्राप्त हो सकीं और जिनका उपयोग हमने पुस्तक में किया है।

इसी तरह विविध भारती के हरदिल अजीज़ मित्र **यूनुस ख़ाँ** समेत **कुणाल रे, निर्मल चन्दर, पार्थ चटर्जी, उमा वासुदेव, प्राण नेविल, सतीश टंकसाले, संजय पटेल, अनीश प्रधान** और **सुनीता बुद्धिराजा** जी का आभारी हूँ, जिन्होंने समय-समय पर इस पुस्तक से सम्बन्धित महत्त्वपूर्ण सामग्री मुहैया करायी।

जिन मित्रों की उपस्थिति इस पुस्तक में नहीं है, मगर उन्होंने अपने सक्रिय योगदान से इसे कारगर बनाया है, उनकी उपस्थिति को भी यहाँ महसूस करता हूँ और उन्हें धन्यवाद देता हूँ। ऐसे में, **मंजरी चतुर्वेदी, पार्थो दत्ता, मेरु जाफ़र, पुरुषोत्तम उपाध्याय, रोहित शर्मा** और **अनन्त विजय** के नामोल्लेख ज़रूरी हैं। अलग से अपने तीन अनुवादकों का विशेष तौर पर ज़िक्र करना चाहूँगा, जिनके सहयोग और सुझावों ने भी इस पुस्तक को बेहतर बनाने में महत्त्वपूर्ण योगदान किया है। ऐसे में, **मधु बी. जोशी, शुचिता मीतल** और **शुभांगी मिश्र** का विशेष धन्यवाद करता हूँ। बेगम अख़्तर से सम्बन्धित दुर्लभ तथ्यों और जानकारियों को उपलब्ध कराने के लिए **संगीत नाटक अकादेमी अभिलेखागार,** नयी दिल्ली, **नेहरू म्युजियम,** तीन मूर्ति भवन, नयी दिल्ली, **आकाशवाणी अभिलेखागार,** नयी दिल्ली और **भातखण्डे संगीत विश्वविद्यालय,** लखनऊ का विशेष आभार है। इन संस्थानों ने बेगम अख़्तर की चीज़ें को सहेजा हुआ है, जो आज के समय में एक बड़ी राहत की बात है। पुस्तक के आवरण तथा भीतर प्रयुक्त अख़्तरीबाई फ़ैज़ाबादी के कुछ चित्र और मेगाफ़ोन रिकॉर्ड कवर के इश्तिहार तथा उसी कम्पनी के रिकॉर्ड कवर मेरे निजी संग्रह से हैं, जिनका सौजन्य **विमला देवी फाउण्डेशन न्यास,** अयोध्या का है। कुछ चित्र **संगीत नाटक अकादेमी अभिलेखागार,** नयी दिल्ली ने उपलब्ध कराये हैं, जिनके प्रकाशन की अनुमति के लिए हम अकादेमी के बेहद आभारी हैं।

और अन्त में, आभार मित्र **अरुण माहेश्वरी** और उनकी पुत्री **अदिति माहेश्वरी गोयल** का, जिनके सहयोग और भरोसे के चलते मैं किसी भी क़िताब के संयोजन का बीड़ा उठा लेता हूँ। ...और जिसे वे उतने ही प्रेम से पाठकों के सम्मुख लाने को संकल्पित रहते हैं।

सभी के प्रति आभार और धन्यवाद।

–यतीन्द्र मिश्र

ECSD 2741
ऐ मोहब्बत तेरे अंजाम पे रोना आया
जाने क्यों आज तेरे नाम पे रोना आया ...

छा रही काली घटा
जिया मोरा लहराए है..
सुन री कोयल बावरी
तू क्यों मल्हार गाये है
छा रही काली घटा
जिया मोरा लहराए है...

◆◆◆

हमरी अटरिया पे आओ सँवरिया
देखा-देखी बलम हुई जाए...

◆◆◆

कोयलिया मत कर पुकार
करेजवा लागे कटार...

ज़िक्र उस परीवश का

जीवन और संगीत पर विचार

सलीम किदवई

लखनऊ में बेगम अख़्तर

ज़िक्र उस परीवश का और फ़िर बयाँ अपना
बन गया रक़ीब आख़िर था जो राज़दाँ अपना

(उसका परियों जैसा सौन्दर्य और तिस पर मेरा किया वर्णन, आख़िर मेरा विश्वासपात्र ही मेरा प्रतिद्वंदी बन गया।)

30 अक्टूबर, 1974 को बेगम अख़्तर की मौत के बाद अगले हफ़्ते में आग़ा शाहिद अली ने उनकी स्मृति में 'बेगम अख़्तर की याद में' लिखा :

क्या अब भी छेड़ती हैं तुम्हारी उँगलियाँ क्षुधित भैरवी
या मिट्टी हुए जाते कफ़न पर ही ठिठक जाती हैं?
अँधेरे, गन्दे अभिलेखागारों में सुबकती है
तुम्हारी लत की मारी मृत्यु की पोषक विधवा ग़ज़ल...
सदियों से ग़ालिब, मीर, फ़ैज़ की जो रचनाएँ तुमने सँजोई हुई थीं
मैंने उन्हें लयविहीन राग में बाँधा है।

बिना पलस्तर की ईंटों की दीवारों के बीच एक अहाता है, जो बेगम अख़्तर के इन्तक़ाल के तुरन्त बाद उग आयी एक आधुनिक झोपड़-पट्टी से घिरा है। इसे ढूँढ़ पाना लगभग असम्भव है। ठाकुरगंज में, लखनऊ के छोर पर पसरा पसन्दबाग़ कहलाने वाला इलाका कभी बहुत फैला हुआ करता था। बेगम अख़्तर की इस जायदाद में खेत थे और आम का बाग़ था। बेगम और उनकी माँ को यहाँ सुकून मिलता था और यह जगह उन्हें बेहद पसन्द थी।

उनकी मौत के तुरन्त बाद उनके ढेरों वारिसों ने उनकी जायदाद के हिस्से कर दिये और ज़मीन के छोटे-छोटे टुकड़े बेच डाले। बेगम अख़्तर जब अपने बगीचे में घूमतीं तो हवा फ्रेंच इत्र की महक से गमकती। आज, किसी गर्म दिन पसन्दबाग़ को सींचने वाले खुले गन्दे नालों की बदबू नाक पर टूट पड़ती है। उनकी ज़िन्दगी के ज़्यादातर अर्से में, उनके आसपास मौजूद रहने के लिए ख़ुशी-ख़ुशी पैसा लुटाने

को तैयार रहने वाले मर्दों की कमी नहीं रही। आज बस अहाते के चौकीदार की हैसियत से वहाँ रह रहा ग़रीब रिक्शा वाला सलीम ही बचा है। वह निगरानी न रखता, तो अब तक किसी ज़मीनखोर ने बेगम अख़्तर का मक़बरा खोद डाला होता। ग़ज़ल के लिए यह अफ़सोस करने की वजह है।

बीसवीं सदी के दरम्यान-ए-दौर में बेगम अख़्तर लखनवी तहज़ीब की जीती-जागती मूरत थीं। वह शहर की तहज़ीब की रंगारंग चादर में एक चमकीली लड़ी थीं—उन्होंने बेजोड़ ढंग से एक तवायफ़ के तौर पर मशहूरी और 'इज़्ज़त' को एक साथ सँभाला था। वह फ़ैज़ाबाद में पैदा हुई थीं, लेकिन लखनऊ में बसीं और यहीं कुछ-कुछ क़िस्सों में मशहूर उमराव जान 'अदा' की तर्ज़ पर, उनके हुनर को भरपूर दाद मिली।

लखनऊ को अपना ठिकाना बनाने के बाद बेगम अख़्तर ने हिन्दुस्तानी संगीत की आलीशान इमारत में खुद के लिए एक ख़ास जगह बनायी। उनका घर इतना कलात्मक था कि बहुत से लोग उसे शहर में बिखरे पड़े गुम्बदों और मीनारों से कहीं ज़्यादा पसन्द करते थे। यहाँ वह शास्त्रीय और लोक-काव्य का मेल अपने उस्तादों से सीखे शास्त्रीय संगीत के साथ करती थीं। उन्हें 'शुद्ध' शास्त्रीय संगीत के गायकों में गिनने से कतराते हुए उनके दौर के संगीत रसिकों ने उन्हें 'सुगम संगीत' की गायिका के रूप में देखा। मृत्यु और उसके बाद मरणोपरान्त, पद्म भूषण और कई सारे राष्ट्रीय सम्मान उन्हें मिले और उनका एक बहुत ज़्यादा पसन्द किया जाने वाला फ़ोटो डाक टिकट पर भी छपा।

बेगम अख़्तर ने बेहद नामी-गिरामी संगीत सम्मेलनों में इसे जगह न दिलवाई होती, तो कोठों में पाली-पोसी गयी ग़ज़ल गायकी बहुत आसानी से एक गुमनाम चीज़ में बदल जाती जिसका ज़िक्र तक बहुत शर्मिन्दगी से, झिझकते हुए किया जाता। उन्होंने कहा कि ग़ज़ल शास्त्रीय संगीत की परम्परा का हिस्सा है और संगीत के विद्वानजन उनसे सहमत हुए। गाने की उनकी शक्तिशाली और दिल को छू लेने वाली शैली ने उनके कट्टर आलोचकों को उनका मुरीद न बना दिया होता, तो इक़बाल बानो, फ़रीदा ख़ानम, मेंहदी हसन, जगजीत सिंह और यहाँ तक कि रूना लैला जैसे कलाकारों को भी इतनी प्रसिद्धि न मिल पाती। अगर बेगम अख़्तर ने ग़ज़ल गाने को 'सम्मानजनक' न बनाया होता, तो शायद शोभा गुर्टू ने कभी ग़ज़ल न गायी होती।

1938 के आसपास, उस दौर की एक छोटी-मोटी गायिका मुश्तरीबाई ने अपनी बेटी अख़्तरीबाई फ़ैज़ाबादी (जन्म 1914) के साथ लखनऊ में आशियाना बसाना तय किया। अख़्तरी के पिता लखनऊ के सम्भ्रान्त लोगों में से एक थे, फ़ैज़ाबाद में तैनात रहते उनके सम्बन्ध मुश्तरीबाई से रहे थे, जो तवायफ़ थीं। मुश्तरीबाई

को अख़्तरी की परवरिश अपने दम पर करनी पड़ी। मामूली माली हैसियत के बावजूद कई नामी उस्तादों से अपनी बेटी को संगीत की बेहतरीन तालीम दिलवाने के लिए उन्होंने बहुत मेहनत की। अख़्तरी की आगे की तालीम और सन् 1920 के बाद गायिका के तौर पर महफ़िल में उतरने की तैयारी के सिलसिले में माँ-बेटी पहले गया और फिर बाद में कलकत्ता चली गयीं। कुदरत ने इस लड़की को हुनर से नवाज़ा था, उसे बहुत छोटी उम्र में पहचान मिल गयी। उनका बम्बई जाना लाज़मी था।

अख़्तरी याद करती थीं कि उनका पहला 78 आर.पी.एम. रिकॉर्ड मेगाफ़ोन कम्पनी के साथ एक ख़ास क़रार के तहत जब बना था, तब वह कुल तेरह बरस की थीं। सन् 1930 के दशक में वे एक उभरता सितारा बन चुकी थीं और मेगाफ़ोन रिकॉर्डिंग कम्पनी ने उन्हें फ़िल्मों में काम करने को कहा। 'एक दिन का बादशाह' उनकी और के. एल. सहगल की भी पहली फ़िल्म थी। सन् 1933 से 1936 के बीच उन्होंने 'नल दमयन्ती', 'अमीना', 'मुमताज़ बेगम', 'रूप कुमारी', 'जवानी का नशा' और 'नसीब का चक्कर' फ़िल्मों में काम किया। बाद में उन्होंने दो और फ़िल्में कीं–'अनारबाला' (1939) और महबूब खान की 'रोटी' (1942)। 'रोटी' में अख़्तरी ने एक अंग्रेज़ीदां, सूरत की भोली मगर सीरत से फ़िला (झगड़ालू, फसादी) डार्लिंग नाम की लड़की का किरदार निभाया; फ़िल्म में लखनऊ घराने की कथक नर्तकी सितारा देवी ने भी उनके साथ काम किया था और उसके बाद से ही दोनों की दोस्ती ज़िन्दगी भर बनी रही।

अख़्तरी को बम्बई बहुत पसन्द आयी, लेकिन एक्टिंग और फ़िल्म निर्माण उन्हें ख़ास नहीं जँचे। फ़िल्मों में गाये उनके गीत लोगों ने बहुत पसन्द किये, लेकिन उनके अभिनय में सहजता नहीं थी। वे याद करती थीं कि उन्हें डायरेक्टर के कहने पर 'तरह-तरह के मुँह बनाने' और साथी सितारों के हँसने पर अपनी हँसी रोकने में कितनी दिक्कत हुआ करती थी। गर्म, धूल भरे स्टूडियो में घण्टों काम करना उन्हें बिल्कुल अच्छा नहीं लगता था। वे अपने घर पर सहूलियत से या निजी महफ़िलों में गाना ज़्यादा पसन्द करती थीं, जो उनके लिए आर्थिक रूप से ज़्यादा फ़ायदेमन्द था। उनकी सहज जगह मुजरे की महफ़िल होती थी, इसे ज़रा सम्मान के साथ 'बैठक' कहा जाता था। यह वह महत्त्वपूर्ण जगह थी, जहाँ महिला कलाकार अपनी कला का प्रदर्शन करती थीं। यहाँ वे अपने मेहमानों से मुखातिब होतीं, गाते हुए रुककर मुस्कुरातीं या विनोद-भरे जवाब देतीं और अपने आह्लादित श्रोताओं से बधाई स्वीकार करती थीं। इन्हीं बैठकों में उन्हें अपने सबसे अधिक सराहने वाले श्रोता मिले। लखनऊ उनके पेशे और ज़िन्दगी के लिए सही जगह साबित हुआ।

मुश्तरी ने अपनी बेटी का कोठा चौक बाज़ार में नहीं जमाया, जो आज की ही

तरह उन दिनों भी लोगों के दिल-दिमाग़ में कोठों और मुजरे से जुड़ा था। इसकी जगह उन्होंने उसे हज़रतगंज के छोर पर टिकाया, जो अंग्रेज़ों के बनाये नये शहर का शानदार बाज़ार था और जहाँ ऊँची हैसियत के मोतबर लोग रहते थे। मुश्तरी ने उस जगह पर एक किनारे का मकान चुना जहाँ चाइना (जिसे चीना कहा जाता था) गेट के दक्षिण की ओर तिराहा बनाती हुई कैपर रोड क्विंटन रोड से मिलती थी। इसे 'अख़्तर मंज़िल' नाम दिया गया, इसके अगल-बगल अवध के दो बड़े तालुकेदारों की हवेलियाँ थीं। सड़क के पार, हरे-भरे पेड़ों से घिरी, लाल ईंटों से बनी, ऊँचे स्पायर वाले जहूर बख़्श चर्च की इमारत थी (इसे चर्च ऑफ़ एपिफ़नी के नाम से भी जाना जाता है)। पश्चिम की ओर, ज़रा ही दूरी पर वाजिद अली शाह का अजीज़ क़ैसरबाग़ था, जिसे अंग्रेज़ों ने 1857 के विद्रोह, जिसे वे 'ग़दर' कहते थे, के बाद अपने ख़ैरख़्वाह रहे अवध के ज़मींदारों और तालुकेदारों के मुहल्ले में बदल दिया था। अदालत और मैरिस कॉलेज ऑफ म्यूज़िक, जो पहले वाजिद अली शाह का परीखाना हुआ करता था, नज़दीक ही थे। मुश्तरी ने बड़ी समझदारी से अपनी बेटी को लखनऊ के सबसे ख़ास इलाकों में से एक में बसाया, जो बाद में शहर के सामाजिक और सांस्कृतिक जीवन के आकर्षण का बिन्दु बनने वाला था।

अख़्तरी के घर के आसपास का इलाका खुला, शान्त और बहुत ही ज़्यादा इज़्ज़तदार था। चौक में तो किसी के दिख जाने भर से बातें बनने लगती थीं, इस नये ठिकाने को चौक की बदनामी की बू छू भी नहीं सकती थी। मुश्तरीबाई को अख़्तरी की सम्भावनाओं पर ज़बर्दस्त भरोसा रहा होगा, तभी उन्होंने इतना दुस्साहस-भरा निवेश किया। सन् 1938 में बनकर पूरा हुआ यह मकान उस इलाके के प्रचलित वास्तुशिल्पीय और सामाजिक मानदण्डों को चुनौती देता था। तिकोना और बगीचे या दालान से कतई आज़ाद, वह चौक के कोठों की तरह सड़क से सटा था। सड़क पर चलने वालों को अकसर पहली मंज़िल की खिड़कियों में घर की औरतों की झलक दिख जाती थी। घर में आमद चौराहे की नोक से होती थी। सदर दरवाज़े के दोनों ओर सफ़ेद मीनारें थीं, जिन पर चीनी मिट्टी के बर्तनों के टुकड़ों और हरे काँच के टुकड़ों से बने चमकीले हरे सितारे जड़े थे। सदर दरवाज़े के ऊपर एक सजावटी, ढका हुआ झरोखा था। रोज़ रात को मुश्तरीबाई, जिन्हें सब 'बड़े साहेब' कहते थे, इस झरोखे में यूँ बैठतीं कि सब उन्हें देख सकें। इस तरह वे बेटी के यहाँ आने वाले एक-एक मेहमान पर नज़र रखतीं।

सन् 1952 में ज़मींदारी ख़त्म होनी थी, लेकिन अवध के ऊँचे ज़मींदारों को अपनी होने वाली बर्बादी की भनक नहीं थी। जलने वालों के ताने-तिश्नों और अपनी सिकुड़ती हैसियत से बेपरवाह उन्होंने अपने फ़िज़ूलखर्ची-भरे तौर-तरीक़े बनाये रखे। उन्हें भाषा, कविता और संगीत; और हाँ बेहतरीन शराब और खाने में भी

रस मिलता था और अख़्तरी की महफ़िल में इन सब का जादू हुआ करता था। उनके कोठे तक न पहुँच पाने वाले उन्हें कॉरिंथियन जैसे थियेटरों में सुनने के लिए पैसा ख़र्चते थे।

अख़्तरीबाई को उर्दू में महारत हासिल थी और उर्दू कविता, ख़ासतौर से उर्दू ग़ज़ल से उनका अन्तरंग परिचय था। गायकी पर पूरे अधिकार के साथ वह प्रेम-कविताओं की ऐसी बारीकियाँ उभारतीं कि कविताओं को रचने वाले तक चकित और प्रसन्न हो जाते। पश्चिमी अवध की प्रमुख बोली पूरबी उस क्षेत्र के सभी वर्गों के बीच सबसे ज़्यादा बोली और समझी जाने वाली भाषा थी और अख़्तरी उसमें भी सहज थीं। उन्होंने अपनी ठुमरियों और दादरों में पूरबी लास्य का जो पुट लगाया उसने दिल टूटने को भी दिलक़श बना दिया। वे गाना पसन्द करतीं थीं, लेकिन नाचना उन्हें पसन्द नहीं था, यह काम उन्होंने अपने यहाँ रहनेवाली दूसरी औरतों के लिए छोड़ दिया था। उनकी समझदारी और वाक्पटुता उनकी हाज़िरजवाबी में झलकती थी, उनके मोहक ठाठ, उनके परिष्कृत अन्दाज़ में दिखाई देती। जल्दी ही उनकी परिष्कृति और आकर्षण के चर्चे होने लगे। उनकी संगति सुखद होती थी और उनकी सहज हँसी अकृत्रिम थी। अपनी शोख़ी और नैसर्गिक चुलबुलेपन को उन्होंने अपना गुण बना लिया था, वैसे ही जैसे उन्होंने ऊँचे सुर में गाते हुए अपनी आवाज़ में आनेवाली कनी को अपना ख़ास अन्दाज़ बना लिया था।

हैरत नहीं कि अवध के सम्भ्रान्त पुरूष समाज ने उन्हें हाथों-हाथ लिया। शहर में और भी विख्यात और लोकप्रिय तवायफ़ें थीं, लेकिन अख़्तरी की बात ही और थी। वे सफल और मशहूर थीं और यह भी कहा जाता था कि बहुत धनी थीं। उनके ठोस सोने के पानदान और उनके ज़ेवरों की क़ीमत के क़िस्से जंगल की आग की तरह फैल गये। कहा जाता था कि वे ठोस सोने के पानदान में से अपने मेहमानों को मोती के चूरे का पुट दिया पान का बीड़ा तैयार करके खिलातीं थीं। जल्द ही नवाबी घरों के ज़नानों में औरतों के बीच डर और डाह से भरे अन्दाज़ में उनके बारे में बातें होने लगीं।

बड़े अमीर-उमरा और उनके ख़ानदानों के लोग, मोटी कमाई के धन्धों में आ गये नये मध्यवर्ग के कुछ लोग, सिविल सर्विस के अफ़सर और जज-मुंसिफ़, पैसे वाले व्यापारी, सबने अख़्तर मंज़िल की राह पकड़ी। जिनके पास पहचान-पैरवी का ज़रिया नहीं था, वे दिन में आ कर हाज़िरी देते। वे मुश्तरी से मिलते और अख़्तरी की महफ़िल के बुलावे की उम्मीद में अनाज, मिठाइयाँ, बेहतरीन फल-सब्ज़ियाँ, शिकार या मछली की सौगात छोड़ जाते। अख़्तरी की कशिश और मुश्तरी के बन्दोबस्त के चलते महफ़िल में सामाजिक रूप से प्रतिष्ठित, चुनिन्दा मेहमान ज़रूर रहते, अनचाहे मेहमान दूर ही रखे जाते और बेहूदगी कभी न हो पाती थी।

हर मेहमान से नफ़ीस व्यवहार की अपेक्षा की जाती और असभ्यता या लम्पटता का नतीजा आगे महफ़िल से दूर रखा जाना होता।

बहुत से लोग उन्हें निजी महफ़िलों के लिए या पारिवारिक समारोहों की शोभा बढ़ाने के लिए शहर के अपने मकानों या देहात की कोठियों पर आमन्त्रित करते थे। अख़्तरी की हामी से मेज़बान की इज़्ज़त बढ़ जाती, उनका इनकार एक गहरी सामाजिक शर्मिन्दगी की बात मानी जाती थी। किसी दूसरे के यहाँ बैठक में गाने की फ़ीस पेशगी चुकानी होती और अगर अख़्तरी शहर से बाहर जा कर गातीं तो फ़ीस दिनों के हिसाब से तय होती। इस तरह की महफ़िलों में उन्हें फ़ीस के अलावा भी कई क़ीमती सौग़ातें मिलती थीं। इस तरह तेज़ी से दौलत जमा होने लगी। मेज़बान उनकी और उनके साथ आये लोगों की ज़बर्दस्त ख़ातिर-तवज्जो करते। अपनी यादगार गायकी और तड़पा देने वाले गीतों से अख़्तरी भी मेहमानों का जी ख़ुश रखतीं।

शाम की इन महफ़िलों में उनके औरतों से मिलने की बहुत गुंजायश नहीं हो सकती थी—मेहमानों में बस मर्द ही होते थे और वे अपनी औरतों से पर्दे में बने रहने की उम्मीद करते थे। अगर वह रात को कहीं रुकतीं, तो उन्हें या तो मर्दाने में ठहराया जाता जहाँ मर्द रहते थे और औरतें शायद ही कभी क़दम रखती हों या फिर वह अपने साथियों के लिए लगायी गयी छोलदारियों में रहती थीं। उनके घर की औरतों से मिलने जाने की बात तो सोची भी नहीं जा सकती थी। अख़्तरी सामाजिक सीमाओं की ताक़त को बहुत अच्छी तरह से समझती थीं। वे पूरी तैयारी के साथ ही इन सीमाओं को धड़ल्ले से पार करने वाली थीं। लखनऊ में डेरा जमने के एक दशक के अन्दर ही शहर के अधिकतर ज़नानखानों में उनका आना-जाना होने लगा।

उन्हें गाने को बुलाया जाता तो उनका आना ज़नानखानों में ज़बर्दस्त उत्सुकता, बतकही और टीका-टिप्पणी का सबब बनता। ज़्यादातर औरतें उनसे परदा करती थीं, बल्कि उनकी ओर देखती तक नहीं थीं। लेकिन कुछ ऐसी भी थीं जो बैठक के कमरे के दरवाज़ों की झिर्रियों या खिड़कियों से, चुपके-चुपके उन्हें गाते सुनती थीं। ऐसे ही एक बार मेज़बान के घर की कुछ लड़कियों ने हिम्मत कर के रात को आराम कर रही अख़्तरी के कमरे में ताक-झाँक की। वे पकड़ी गयीं, उन्होंने जो कुछ देखा था वह सब बता दिया, फिर उन्हें जमकर फटकार लगायी गयी।

संरक्षक-ग्राहक सम्बन्ध के परम्परागत चलन के ख़िलाफ़, अपने कुछ प्रशंसकों की मेज़बानी अख़्तरी अपने घर पर करती थीं। 1940 के दशक में किस और तवायफ़ के कोठे पर नवाब खुलेआम आते थे? जब उनके आशिक़, रामपुर के नवाब रज़ा अली ख़ाँ उनके निमन्त्रण पर खाने पर आये तो अख़्तरी ने अपने

ख़ास शानदार अन्दाज़ में, पूरे घर की दोबारा सजावट करवायी। जब नवाब गये तो नया मँगवाया फ़र्नीचर, महँगे सजावटी सामान और यहाँ तक कि कालीन भी नवाब के साथ आये लोगों को भेंट कर दिये गये। नवाब के वारिस को तोहफ़े में एकदम नयी कार दी गयी। उनकी मौत तक तबले पर उनके साथ संगत करने वाले, बरसों अख़्तरी के संगतकार रहे मुन्ने ख़ाँ की तिरछी टिप्पणी थी, 'आप ही सोचिए उन्होंने बदले में बेगम को क्या दिया होगा!' नवाब लगातार अख़्तरी को शादी करने को मनाने की कोशिश करते रहे और हालाँकि अख़्तरी नियमित रूप से रामपुर दरबार में गाने जाती थीं और नवाब की ओर से उन्हें वजीफ़े के रूप में एक शानदार रकम मिलती थी, उन्होंने लजाते हुए निकाह का प्रस्ताव ठुकरा दिया। उनकी असम्भव माँग यह थी कि पहले नवाब अपनी सभी बेगमों को तलाक दें, वे किसी की सौत नहीं बन सकती थीं! उधर रामपुर के प्रधानमन्त्री नवाब की मोहान्धता के चलते सम्भावित बदनामी से बचने के तरीक़े सोचते हलकान हुए जा रहे थे।

एक बार जब अख़्तरी के रूमानी रहस्यों की एक राज़दार ने उनसे पूछा कि वे क़ब तक बेचारे नवाब को बेताबी से अपना पीछा करने देती रहेंगी, तो चाँदी की कुर्सी पर बैठी अख़्तरी ने कुर्सी की तरफ़ इशारा करते कहा 'जब तक मुझे इसके जोड़ की मेज़ नहीं मिल जाती!' अख़्तरी के एक बेशक़ीमती हार हासिल करने के बारे में काफ़ी फूहड़ बातें कही जाती थीं—कुछ लोगों का दावा था कि यह हार नवाब ने उन्हें सिर्फ़ उधार दिया था। नवाब के उन्हें मनाने की दीवानावार कोशिशों और पहले उन्हें बहुत से क़ीमती गहने भेंट करते रहने को देखते हुए तो लगता है कि इस तरह की बातें दुर्भावना और जलन के कारण ही कही गयीं।

रामपुर के नवाब को दिखायी ज़िद और लखनऊ की सबसे चर्चित गायिका के रूप में शानदार सफलता के बावजूद, अख़्तरी किसी इज़्ज़तदार परिवार में शादी करना चाहती थीं। उनसे शादी के तलबग़ार आला सामाजिक और माली हैसियत वाले ढेरों लोग मौजूद थे, लेकिन उनके पैग़ामों में शर्तें शामिल थीं : लगभग सभी मामलों में वे दूसरी या तीसरी बीवी होतीं और अगर वे ससुराल वालों से अलग रहने का फ़ैसला भी लेतीं, तो भी उन्हें बाक़ी ज़िन्दगी पर्दे में गुज़ारनी होती। शौहर चुनने में अख़्तरी ने अपने ही मन की सुनी-उनका दिल जिस पर आया वह बाकियों से अलग था और उन्होंने उसे पाने को कमर कस ली।

जवान, ख़ूबसूरत, इंग्लैण्ड में पढ़े-लिखे वक़ील इश्तियाक़ अहमद अब्बासी काकोरी के एक ज़मींदार खानदान के बेटे थे। उनकी बीवी मर चुकी थीं, वह लखनऊ में रहते और प्रैक्टिस करते थे। शरीफ़ और ख़ुशमिज़ाज अब्बासी हर तरह से क़ाबिल थे। वह संगीत और उर्दू शायरी के पारखी थे, अच्छी संगत में रहते थे

और उनका दावा था कि उन्होंने यूनिवर्सिटी के इम्तिहान पास कर लेने लायक फ़ारसी कव्वालियाँ सुन-चुन कर ही सीखी हैं। लोग उन्हें पसन्द करते थे और वह रिवायती और अंग्रेज़ीदां, दोनों ही तबकों में सहज थे।

वे दोनों एक-दूसरे को चाहते थे, लेकिन जानते थे कि उनके रिश्ते को पसन्द नहीं किया जायेगा। उन्होंने बहुत सँभल-सँभल कर आगे क़दम बढ़ाये। अख़्तरी ने अब्बासी की पहचान की उन औरतों के साथ दोस्ती बढ़ाई जो पर्दे में नहीं रहती थीं। यह औरतें उन्हें पसन्द करने लगीं और आख़िर जब अख़्तरी ने उन्हें अपने रूमानी सपनों के बारे में बताया तो वे उनकी जोड़ी बनाने के जतन करने लगीं। ज़ाहिर है कि ऐसी स्वीकृति से औरतों की ओर से होने वाली चेमेंगोइयों में कुछ कमी आयी। अपनी मोहिनी और बेऐब सलूक से अख़्तरी मर्दों की इश्क़-मुश्क की चालों से बच निकलतीं।

1944 में अख़्तरी और इश्तियाक़ अहमद अब्बासी ने पोशीदा तरीक़े से निकाह कर लिया। इस मामले में मुश्तरीबाई को भी अँधेरे में रखा गया था और वे इस बात से नाखुश थीं। वे बड़ी शालीनता से बेटी की नयी, तकल्लुफ़ भरी घरेलू ज़िन्दगी से अलग हो गयीं, लेकिन किसी न किसी को भेज कर रोज़ उसकी खोज ख़बर ले लेती थीं। अख़्तरी जो अब बेगम अख़्तर कहलाती थीं, अपने शौहर के घर लखनऊ के नया गाँव में 'मतीन मंज़िल' में रहने लगीं। उनके शौहर के कुछ रिश्तेदार उस घर के एक हिस्से में रहते थे और बाक़ी आसपास ही रहते थे।

फिर भी अब्बासी साहब के खानदान के लोग एक कामयाब वक़ील और एक तवायफ़ की इस बेहद ग़लत शादी को नापसन्द करते रहे। उन्हें इस बात से कोई मतलब नहीं था कि बेगम की कामयाबियाँ कितनी शानदार रही हैं। उनके तबके में ऐसे मेल अनोखे नहीं थे, लेकिन वह लोग इस शर्मिन्दगी से बचे रहना चाहते थे। बेगम अख़्तर की कशिश, ख़ुशदिली और खुलूस से जल्द ही उनके बारे में ससुराल वालों का नज़रिया बदल गया। और जब अख़्तरी ने खानदान की कुछ माली ज़िम्मेदारियाँ सँभाल लीं, तो वे उन्हें और ज़्यादा पसन्द करने लगे।

बेगम अख़्तर की ज़िन्दगी के बारे में लिखे हर लेख में इस बात पर ज़ोर दिया जाता है कि उन्होंने इज़्ज़तदार बीवी बनने के लिए बेमन से गाना छोड़ा। यह सच है कि ब्रिटिश राज में तवायफ़ों की परम्परा की क़द्र धीरे-धीरे घटती चली गयी थी। ब्रिटिश हुक्मरान हिकारत से इन कलाकारों को सिर्फ़ नचनियों और वेश्याओं के तौर पर देखते थे। इस बात से तवायफ़ों को लेकर औपनिवेशिक लखनऊ के नये-नये अंग्रेज़ीदां मध्यवर्ग में शर्म और असहजता का भाव पनपा। बेगम के जीवन-चरितों में अब्बासी नाहमदर्द खलनायक की तरह सामने आते हैं क्योंकि माना जाता है कि उन्होंने 'ज़बर्दस्ती' उन्हें गाने से रोका और वह 'बेदिली

से शौहर के हुक्म के आगे झुक गयीं'। कुछ अजीब ढंग से यह मान लिया गया कि वह अपने लिये फ़ैसलों के लिए ख़ुद ज़िम्मेदार नहीं थीं।

वह ख़ुद कहती थीं कि मैं शिद्दत से अब्बासी साहब से निकाह करना और उनके खानदान में अपनाया जाना चाहती थी; लेकिन तवायफ़ के तौर पर अपना करियर ख़त्म करने की घड़ी उन्होंने ख़ुद चुनी थी। उन्हें ख़ूब पता था कि कोठे से कोठी में जायेंगी तो ज़िन्दगी में पेशे के तौर पर गाने की कोई गुंज़ाइश नहीं होगी, क्योंकि गानेवालियों को इज़्ज़तदार नहीं माना जाता था। बेगम यह क़ुर्बानी देने को तैयार थीं।

बेगम अख़्तर ने अपने लिए जो भी नये फ़ैसले लिये, अब्बासी साहब हमेशा उन के साथ रहे। जब उन्होंने फ़ैसला लिया कि वह अपना एक करियर ख़त्म करेंगी तो वे उनके साथ थे; और जब उन्होंने अपना दूसरा करियर शुरू किया, वह तब भी उनके साथ थे। पहले गाने वाली तवायफ़ अख़्तरीबाई के रूप में मशहूर रही होने के बावजूद अब उन्हें गायिका के रूप में दोबारा प्रतिष्ठित होने के लिए अपने सरापे को सम्भ्रान्त महिला बेगम अख़्तर में बदलना था। जब वे बेगम अख़्तर के रूप में मंच पर आने लगीं तो प्रधानमन्त्री नेहरू उस आयोजन में आये ही नहीं, बल्कि खड़े हो कर उनकी गायकी को सराहा भी।

बेगम अख़्तर ने 'मतीन मंज़िल' को अपना घर बनाने की भरसक कोशिश की, लेकिन यहाँ का वातावरण उनके लिए असहज बना रहा। अब्बासी के घर की औपचारिक जीवनशैली ने उनकी अपनी अम्मी, दूसरे रिश्तेदारों और संगीतज्ञ दोस्तों से उनका सम्पर्क कम कर दिया। 'अख़्तर मंज़िल' में वे खुलकर शराब और तम्बाकू का मज़ा लेती थीं, लेकिन यहाँ वे ख़ुद को बहुत जकड़ी हुई सी महसूस करती थीं। उन्हें समझ में आने लगा था कि इज़्ज़तदारी की बहुत बड़ी क़ीमत चुकानी पड़ती है : आज़ादी से समझौता करना पड़ता है। वे घर में औरतों के साथ वक़्त गुज़ारती थीं, जो उनके लिए उबाऊ ही हो सकता था। कभी-कभी ही चुपके से वे अपने दोस्तों के यहाँ जाने को निकल पाती थीं—जहाँ वे गा सकतीं थी, संगीत सुन सकती थीं, सिगरेट और शराब पी सकती थीं और अपनी ख़ुशदिली जी सकती थीं। उन्होंने चौक में अपने कुछ घर अपनी सहेलियों को किराये पर दे रखे थे, उनके मकान-मालकिन होने से इस तरह बाहर निकलने में ज़रा सहूलियत रहती थी।

तो ज़ाहिर है कि 'मतीन मंज़िल' से बाहर निकलने का फ़ैसला पूरी तरह उनका अपना था। यह मकान उनका नहीं था क्योंकि यह अब्बासी को उनके ससुर से तोहफ़े में मिला था जिनकी बेटी उनकी पहली बेगम हुआ करती थीं। बेगम अख़्तर ने अपने पैसे से हेवलॉक रोड पर एक नया मकान ख़रीदा जिसका नाम

उनके नाम पर था, वैसे बाहर दरवाज़े पर उनके शौहर का ही नाम लिखा था। बाक़ी चीज़ें भी बदलीं : वे फिर से गाने लगी थीं। लखनऊ में तो वे सिर्फ़ ऑल इण्डिया रेडियो के लिए ही गाती थीं, लेकिन शहर के बाहर होने वाली नामी निजी महफ़िलों के दावतनामे भी स्वीकार करने लगी थीं। रामपुर और हैदराबाद उनकी पसन्दीदा जगहें थीं।

अपनी अम्मी के इन्तक़ाल से तो वे बेहाल थी हीं, रिश्तेदारों और नौकरों की ज़िम्मेदारी भी उन पर आ पड़ी। इनमें जिन कुछ लोगों को उन्होंने अपने साथ रहने को बुला लिया उनमें से एक उनके पसन्दीदा क़िस्साग़ो थे, जो फिर से उन्हें नींद आ जाने तक लम्बी कहानियाँ सुना सकते थे। नये आये नौकरों में एक दाई भी थी जिसने उन्हें अंग्रेज़ी सिखाई। उनकी पहली शिष्या और एक ताज़ा आत्मकथा की लेखिका शान्ती हीरानन्द ने लिखा है कि यह औरत काफ़ी व्यस्त रहती थी क्योंकि हर नौ महीने में बेगम अख़्तर की किसी न किसी रिश्तेदार का बच्चा हो रहा होता था। उस बढ़ते कुनबे की पालनहार बेगम ही थीं—एक दर्जन से ज़्यादा बच्चे थे जिनमें ज़्यादातर लड़कियाँ थीं, उनके निकाहों और दहेज़ों पर ख़र्चे होने थे। इस भार की वजह से वह बहुत ज़्यादा तनाव में रहने लगीं, उन्हें दिल के दो आख़िरी दौरे बहुत हद तक इसी वजह से पड़े।

1952 में ज़मींदारी उन्मूलन से अमीर ज़मींदारों को बहुत कड़ा आर्थिक झटका लगा। उनसे मिलने वाला संरक्षण कम हुआ तो बेगम अख़्तर भी अपनी घटती आमदनी के बूते भारी आर्थिक ज़िम्मेदारियाँ सम्हालने और ठाठ-बाट बनाये रखने में दिक्कत महसूस करने लगीं। उन्होंने अपनी कुछ जायदाद बेच दी, गहने भी गिरवी रखे, लेकिन यह साफ़ हो चुका था कि उन्हें लखनऊ से बाहर काम करके अपनी आमदनी बढ़ानी होगी क्योंकि नये संरक्षक वहीं मिल सकते थे।

1950 के दशक के शुरू में उन्होंने रिवायत के मुताबिक़ गण्डा बाँध कर दो शागिर्द बनाये-शान्ति हीरानन्द और अंजलि बैनर्जी। यह करके उन्होंने संगीत गुरु के पद पर पुरुषों का वर्चस्व तोड़ा : वे ख़ुद उस्ताद बनीं। उनकी शागिर्द लगभग उन्हीं के साथ रहती थीं, 'मतीन मंज़िल' में रहते हुए यह असम्भव होता। इसी तरह अपने नये घर में वे मोहर्रम के दिनों में मजलिस कर सकती थीं और मजलिस में गा भी सकती थीं, अपने सुन्नी पति के घर में रहते यह सब वे नहीं कर सकती थीं।

उनके घर में व्यावहारिक रूप से औरतों और मर्दों के लिए रहने की अलग-अलग पारम्परिक व्यवस्था जनाना-मर्दाना बनी रही, उनका परिवार घर के पिछले हिस्से में रहता और उनके पति घर के अगले कमरों में। घर वैसी ही सुरुचिपूर्ण और दामी कलात्मक वस्तुओं से सजा हुआ था, जैसी उन दिनों उनकी हैसियत के लोगों के घरों में दिखा करती थीं। दोस्तों और परिवारीजनों के साथ-साथ अकसर ही

उनसे मिलने सामर्थ्यवान और जाने-माने लोग घर पर आते—जज, गवर्नर और मुख्यमन्त्री। कोई भी उनके निमन्त्रण को अस्वीकार न करता। वे अकसर अपने मेहमानों के लिए गातीं। पहले की उनकी गायकी बिरादरी के पुराने दोस्त, जिन्हें उच्चवर्गीय महफ़िलों में बेगम के साथ दिखने के क़ाबिल नहीं माना जाता था, बिना किसी को ख़बर हुए उनसे मिलने आते।

बीच-बीच में वे घरेलू ज़िन्दगी से गोता मार कर कुछ दिनों के लिए अपने दोस्तों के घरों में जा समातीं, जहाँ गाने-बजाने, शराब पीने और दावत करने के लिए दूसरे संगीतज्ञ भी मौजूद होते थे। इन अन्तरालों को वह अपने (हाल के अपनाये) समाज की बतकही से बचने के लिए छिपाये रखतीं। यह समाज उन्हें दमघोटू लगता था। लगता है इसी दौर में उनका बहुचर्चित अवसाद भी अपने चरम पर था। वह ख़ुद ही पैथेडीन नाम के दर्दनिवारक के इन्जेक्शन लगा लेती थीं और उसकी आदी हो चुकी थीं। इस लत से छुटकारा पा लेने के बाद भी वे मरते दम तक ख़ूब शराब पीती रहीं। उनके आश्रितों ने यह रहस्य भी बख़ूबी छिपाये रखे। अफ़वाह यह भी थी कि वह अवसादग्रस्त इसलिए हो गयी थीं क्योंकि उन्हें गाना गाने से रोका गया था और जब उनके पति ने डॉक्टर की सलाह मानते हुए उन्हें गाने की इजाज़त दे दी, तो उनकी स्थिति कथित रूप से सुधर गयी थी। ज़्यादा विश्वसनीय यह लगता है कि पैथेडीन की लत उन्हें किसी पीड़ादायी बीमारी के बाद लगी और एक नये करियर और गृहस्थी की शुरुआत करने की कोशिश करते हुए झेली अनिश्चितता और तनाव ने उन्हें अवसाद में धकेल दिया था।

1950 के दशक के आख़िरी बरसों में बेगम अख़्तर एक बार फिर से शास्त्रीय संगीत के सम्मेलनों का हिस्सा बन चुकी थीं, उन्हें निजी बैठकों में गाने के भी बहुत से निमन्त्रण मिलते थे। अब, बेगम अख़्तर के रूप में, खरे लखनवी अन्दाज़ में वे उन लोगों से भुगतान लेने से कतराती थीं जिन्हें वे अपनी बराबरी का मानती थीं। उनकी इस झिझक का पूरा फ़ायदा उठाया गया और शायद इसी वजह से वह लखनऊ में बैठकों में गाने से इनकार कर देती थीं। वैसे मीलाद (पैदाइश से सम्बन्धित महफ़िल) में या धार्मिक शुभ अवसरों पर वे भक्तिभाव के गीत गाती थीं और शादियों में या जिगर मुरादाबादी जैसे विख्यात प्रशंसकों की फ़रमाइश पर बिना किसी तैयारी के ही गा देती थीं। 1960 के दशक के मध्य में, एलपीज़ के चलन में आने के शुरुआती दौर में रिकॉर्ड की जाने वाली वह पहली महिला गायिका थीं। जहाँ उनके समकालीन इस तकनीकी चमत्कार की सम्भावनाओं को नज़रअन्दाज़ कर रहे थे, वहीं बेगम ने ग़ालिब की ग़ज़लों की एक बेहद लोकप्रिय शृंखला रिकॉर्ड की। उनकी निजी प्रस्तुतियों की रेकॉर्डिंग आज भी सीडीज़ में आती हैं और भारतीय संगीत के क़द्रदान आज भी उत्सुकता से उन्हें सुनते हैं।

एक बीवी और गायिका की दोहरी ज़िन्दगियों के बीच तालमेल बैठाते उन्हें

दिक्कत महसूस होने लगी। यूँ तो लखनऊ उनकी सुरक्षा का स्रोत था, जिन्हें वे बेइन्तहा चाहती थीं, वे लोग वहीं रहते थे; लेकिन बीच-बीच में उन्हें वहाँ से निकल भागना होता था क्योंकि अकसर उन्हें अपनी घरेलू ज़िन्दगी से घबराहट हो उठती थी। गायिका के रूप में उनके करियर ने उनकी निजी ज़रूरत को पूरा करने के अलावा भी बहुत कुछ किया। उसने उन्हें बम्बई और दिल्ली जैसे शहरों में जाने और लम्बे समय तक होटलों में ठहरने का मौक़ा दिया, जहाँ वे अपने नये और पुराने मित्रों, संगीतकारों, कवियों, लेखकों, बहुरुपियों और मसख़रों के साथ अकुण्ठ भाव से समय बिता सकती थीं। जितना पसन्द वह व्हिस्की और रोज़ाना पी जाने वाली अपनी बिना फ़िल्टर वाली 50 से ज़्यादा सिगरेटों को पसन्द करती थीं, उतनी ही पसन्द उन्हें हँसी और भावना भी थीं।

लाइलाज ढंग से रूमानी होने के अलावा वह भारी मस्तीखोर भी थीं। यह मस्तीखोरी वह अधिकतर लखनऊ से बाहर ही करतीं। उन्होंने इस बात का पक्का इन्तज़ाम किया था कि उनके बारे में बेवजह की बातें उनके शहर तक न पहुँचें और अब्बासी साहब की गरिमा को ठेस न लगने पाये। अब्बासी साहब जानते थे कि उनकी बीवी दोहरी ज़िन्दगी जी रही हैं लेकिन उन्होंने दख़ल न देना तय किया—अख़्तरी के प्रति उनका प्रेम आख़िर तक निर्विवाद रहा। वह निष्कपटता से इसे सराहती थीं और पति से उनका लगाव जगज़ाहिर और सच्चा था। ज़्यादातर ख़ुशनुमा विवाहों की तरह ही उनका वैवाहिक जीवन भी एक दूसरे का ध्यान रखते किये गये त्यागों की एक शृंखला था।

पहले पहल नवाबी परम्पराओं और संगीत के संरक्षण के लम्बे इतिहास वाले लखनऊ शहर ने अख़्तरीबाई को गायन के अपने करियर को उन ऊँचाइयों तक ले जाने के लिए मुफ़ीद जगह मुहैया करायी, जिससे उनके सभी समकालीनों को ईर्ष्या होती थी। सम्मान की अतिरंजित धारणाओं को निबाहने वाले इस शहर में उन्होंने वह पुरुष भी पाया जिसने उन्हें 'इज़्ज़तदार खातून' का दर्ज़ा देने के बदले उनसे अपना गाना छोड़ देने की क़ीमत माँगे बिना उनसे विवाह किया। लखनऊ ने गर्व से उन्हें अपने एक सांस्कृतिक सितारे के रूप में स्वीकार किया और एक मोहक बाई से एक सम्मानित बेगम में उनके रूपान्तरण को सम्भव बनाया। लखनऊ में ही संस्कृति इतनी लचीली थी कि वहाँ मज़बूत इरादों वाली उस औरत के लिए जगह बन सकी, जो एक ज़बर्दस्त कलाकार भी थी।

मूल अंग्रेज़ी लेख 'ज़िक्र उस परीवश का' का हिन्दी अनुवाद प्रकाशित करने की अनुमति देने के लिए हम इसके लेखक श्री सलीम किदवई के आभारी हैं। अंग्रेज़ी से इसका अनुवाद श्रीमती मधु बी. जोशी ने किया है।

शीला धर

अख़्तरी बाई इश्क़ के बिना जी नहीं सकती थीं...

अपनी किशोरावस्था में, भले ही तब मैं ज़्यादातर शब्दों और मुहावरों के अर्थ नहीं समझ पाती थी, मेरे कानों को उर्दू भाषा और ग़ज़ल की ध्वनि बेहद मोहक लगती थी। तब मुझे पता ही नहीं था कि शेर का एक रूप होता है और ग़ज़ल को सचमुच सराह पाने के लिए इसकी परम्परा को समझ लेना ज़रूरी है। हम स्कूल में हिन्दी और इंग्लिश पढ़ते थे और घर में जो हिन्दुस्तानी बोलते थे, वह बहुत नफ़ीस नहीं कही जा सकती, लेकिन मेरे अज्ञान के बावजूद ग़ज़ल गायकी मुझे हमेशा उस सपनीली, रूमानी दुनिया में ले जाती थी, जो मुझे बाक़ी तमाम दुनियाओं से ज़्यादा पसन्द थी। एकतरफ़ा मुहब्बत में दिल का टूटना, माशूक़ से जोड़ने वाले दर्द पर अपने नसीब को सराहने वाले आशिक़ की ग़ज़ब निर्व्याजता ...ख़ुशबू और गुलो-बुलबुल की गुफ़्तगू से मुअत्तर बग़ीचे, ज़िन्दगी और ख़ला के ग्रह-नक्षत्रों की चाल—सभी एक लत लगाऊ-सी अतार्किक भव्यता में समा जाते। मुझे बस कुछ याद किये हुए शेरों और क़, ज़, ग़ और ख़ के नाटकीय उच्चारण से अपनी 'ख़ुराक' मिल जाती थी। शेर के अर्थ से कतई अनजान होते हुए भी मैं माहौल तो बना ही देती थी। मेरे दोस्त उर्दू शायरी की जादुई दुनिया में मेरी पैठ से रश्क़ करते। अख़्तरीबाई फ़ैज़ाबादी, उन्हें तब इसी नाम से जाना जाता था, इस दुनिया की एकदम खरी पहचान थीं और मेरे लिए उनकी आवाज़ एक जादू की छड़ी-सी थी।

भारतीय गायन की कई शैलियों में कोमलता और सुन्दरता पैदा करने की कोशिश में आवाज़ को नर्म बनाना शामिल है, लेकिन बेगम अख़्तर ने यह तरीक़ा नहीं अपनाया। वह जैसे ख़ुद को निशाना साध रहे तीरन्दाज़ की तरह साधतीं और हर सुर को ठीक जगह पर पूरी शिद्दत से पकड़तीं और उसकी ऊर्जा को सहज रूप से बिखरने देतीं। वह जन्मजात रूप से इतनी सुरीली थीं कि उनकी आवाज़ की उठान अपनी सादगी और सरलता की वजह से कभी-कभी ख़ास ढंग से टूट

जाती और यह पत्ती संगीत-रसिकों को 'मारे' डालती, श्रोता इसे उनके संगीत में सुन्दरता का अतुलनीय मर्म कहते। उनके श्रोता हर बार उनके गायन में ऐसे ही उल्लासकारी क्षणों की प्रतीक्षा करते और जब वह क्षण आता तो आह्लादित उसाँसों से उसका स्वागत करते। पत्ती लगाने के लिए वह अलग से कोशिश नहीं करती थीं। यह अनायास, बेख़्याली सी में होता, लेकिन इसका असर ग़ज़ब होता था। सुर से उनकी आवाज़ का मेल चिन्गारियाँ बिखेरता, जैसी चकमक पत्थरों को रगड़ने से पैदा होती हैं। उनकी समकालीन गायिकाओं को उनकी पत्ती से हसद होती। ग़ज़ल गायिका के रूप में वह बेजोड़ थीं; यह बात उनके प्रतिद्वन्दियों ने भी मान ली थी।

मुझे उनकी आवाज़ बहुत पसन्द थी और उस पर फ़िदा होने के लिए अलग से तालीम की ज़रूरत नहीं थी। लेकिन ग़ज़ल गायकी की कला को उसके पूरे विकसित रूप में समझ पाना बिल्कुल ही अलग मामला है। मैंने कभी शेरों की संरचना और गतिशीलता जानने-समझने की अलग से, सोच-समझकर कोशिश नहीं की। लेकिन बरसों अख़्तरीबाई का गाना ध्यान से सुनने की सादा और बेहद सुखद प्रक्रिया से तैयार सामान के रूप में समझदारी मुझ पर बस नाजिल सी ही हो गयी। इसने मुझे उनके शिल्प की कुछ बारीकियाँ भी दिखाईं, ख़ासतौर से संगीत, शब्दों और अर्थ के एक रचनात्मक रौ में संयोजन और सन्तुलन के उनके हुनर की।

शुद्धतावादी ठीक ही कहते हैं कि संगीत बस अपनी ही भाषा में अपना अर्थ खोलता है। शुद्ध संगीत का, उसे किसी भी तरह से सजाते या उसकी संगत करते शब्दों के अर्थ से, भले ही वे कितने ही शायराना या मानीखेज़ क्यों न हों, कुछ लेना-देना नहीं होता। फिर भी कविता और संगीत की सुसंगति भारतीय परम्परा का अभिन्न अंग है, जिसका उदाहरण हमारे भक्त सन्तों, सूफ़ी और लोक गायकों का संगीत है। इन मामलों में भले ही संगीत की मार्मिकता काफ़ी हद तक उन शब्दों के कारण होती है, जिनका आवरण वह बना होता है, लेकिन तब भी यह तथ्य अपनी जगह बना ही रहता है कि शब्द और अर्थ संगीत से बिल्कुल अलग, बाहरी चीज़ें हैं। ग़ज़ल भी अपने आप में पूरी और आत्मनिर्भर साहित्यिक विधा है। अगर इसमें जीवनीशक्ति है और इसका स्थायी मूल्य है, तो इसे संगीत की दुनिया से किसी भी तरह की मदद दरकार नहीं है।

मीर, मोमिन और ग़ालिब जैसे कवियों की महानता संगीत के कारण बिल्कुल नहीं है। सच तो यह है कि ग़ज़ल, जिसका शाब्दिक अर्थ 'प्रेमपात्र को सम्बोधन' है, संगीत के साथ गाने के लिए नहीं रची गयी थी। तरन्नुम में ग़ज़ल पढ़ने पर अब भी परम्पराप्रिय साहित्यरसिकों की त्यौरियाँ चढ़ जाती हैं, क्योंकि तर्ज़ की अपनी माँग होती है जो शब्दों की संरचना को धुँधला कर ग़ज़ल के सहज प्रवाह

से छेड़छाड़ करती है। अख़्तरीबाई ऐसी अन्तर्दृष्टि और संवेदनशीलता के साथ ग़ज़ल गाती थीं कि उन्होंने ग़ज़ल के लिए एक नया क्षेत्र रच दिया, जहाँ कविता और संगीत एक-दूसरे की संगत में समृद्ध होते हैं।

उनका पहला नियम यह था कि महान कविता को न ही छेड़ा जाये ताकि उसके भारी-भरकम वज़न तले दब कर उनका संगीत भटक न जाये। यह नियम ज़ाहिर है कि बहुत समझदारी से ठुमरी के चलन से लिया गया था, जहाँ बन्दिश जानबूझकर बहुअर्थी रखी जाती है ताकि गायक-श्रोता सम्भावित अर्थों में से कोई अर्थ चुन सकें। इस अनुभव के प्रकाश में अख़्तरीबाई ने आमतौर पर वज़न के हिसाब से कुछ हल्की ग़ज़लें चुनीं, जिन्हें संगीत या कविता के मन्तव्य से बिना छेड़छाड़ किये आसानी से संगीत के रस में ढाला जा सके। उनकी सबसे लोकप्रिय ग़ज़ल, *'ऐ मोहब्बत तेरे अंजाम पे रोना आया'* और बहुत पहले गायी *'दीवाना बनाना है तो दीवाना बना दे'* इसके उदाहरण हैं। साहित्यिक स्तर पर मामूली ही कही जा सकने वाली उनकी गायी ग़ज़लों ने भी ख़ूब प्रसिद्धि पायी, जबकि उन ग़ज़लों के लेखकों की ज़्यादातर रचनाएँ विस्मृति के गर्त में डूब गयीं। उभरते शायरों के बीच इस बात के लिए होड़ होती कि अख़्तरीबाई उनकी लिखी ग़ज़लें गायें। अख़्तरीबाई का किसी की लिखी ग़ज़ल गाना लोगों के बीच उस शायर की पहचान बन जाने की गारण्टी होता था।

दूसरा नियम उन्होंने ख़्याल की शैली से अपनाया, जहाँ बन्दिश के शब्द अर्थ के रूप में नहीं, मुख्य रूप से ध्वनियों के रूप में मौजूद रहते हैं। उनकी गायकी में, दीर्घ स्वर सुन्दर, लहराती सी मेहराबें बन जाते और कठोर व्यंजन उन्हें टिकाए रखने वाले सुतून बनते थे। उन्होंने अपनी गायकी में भाषा की उपलब्ध करवायी स्वरों की विशाल शृंखला, तरल ध्वनियों, तीखे स-वर्गी व्यंजनों, अनगढ़ से ग़, क़ जैसे व्यंजनों, गले या साँसों की ध्वनियों को कच्चा माल बना दिया। यह काम उन्होंने इस कमाल से किया कि उनकी गायी इक़बाल की ग़ज़ल *'कभी ऐ हक़ीक़त मुंतज़र नज़र आ लिबासे मजाज़ में, के हज़ारों सजदे तड़प रहे हैं मेरी ज़बाने नियाज़ में'।* की कुछ बहुत कठोर ध्वनियोंवाली पंक्तियाँ भी कानों को मधुर लगीं। ग़ौर करने लायक बात यह थी कि उनकी सांगीतिकता कभी कविता के अर्थ से नहीं भटकी; कविता के अर्थ और उसके सांगीतिक निर्वाह, दोनों पर उनकी ज़बर्दस्त पकड़ थी।

उनको सुनते मैंने जाना कि किसी ग़ज़ल के ख़ास छन्द या शेर की बनावट, उसकी संरचना कैसी है। हर शेर अपने आप में एक पूरी इकाई होता है जिसमें पहली पंक्ति अकसर एक साधारण कहन होती है, जो विशेष रूप से काव्यात्मक या दार्शनिकतापूर्ण नहीं होती। यह तो जैसे बस छन्द के नियमों का इशारा देने का काम करती है। असल खेल दूसरी पंक्ति के साथ शुरू होता है, जो पहली

पंक्ति के अर्थ को द्युति देते हुए बहुत अप्रत्याशित ढंग से शेर के छिपे मायने को ज़ाहिर करती है। एक बिन्दु ऐसा आता है, जहाँ दूसरी पंक्ति मुड़कर पहली पंक्ति में जो कहा गया, उस पर निगाह डालती है, यह मुड़कर निगाह डालना अचानक पहली पंक्ति को ऐसा मानीखेज़ बनाता है जिसका इससे पहले अन्दाज़ा तक नहीं रहा होता। उदाहरण के लिए, *'यूँ तो हर शाम उम्मीदों में गुज़र जाती थी'* एक साधारण छन्द की साधारण पहली पंक्ति है, लेकिन यह दूसरी पंक्ति *'आज कुछ बात है जो शाम पे रोना आया'* में मौजूद करुण हताशा के भान की ज़मीन तैयार करती है। छन्द-दर-छन्द इस पैटर्न को समझने के बाद मैंने जाना कि शेर और ग़ज़ल की मेरी यह समझ सिर्फ़ अख़्तरीबाई के गाने की तालबद्धता को सुन कर बनी है। शेर की पहली पंक्ति को कुछ इस तरह संगीतबद्ध किया जाता कि वह शुरुआती आलाप से मेल खाती लगती। संगीत ठीक उस बिन्दु पर पहुँच कर उठान लेता और अपने चरमोत्कर्ष पर पहुँचता था, जहाँ छन्द पीछे मुड़कर पूरे शेर के अर्थ पर रोशनी डालता हो। संगीत के उतार-चढ़ाव और छन्द की गतिशीलता के बीच ऐसा क़रीबी सामंजस्य था कि कविता के अर्थ की समझ मुझ पर उतर ही आती। कोई और ग़ज़ल गायक, कवि के मन्तव्य को इतनी बारीकी से पकड़ते हुए, इतने गरिमापूर्ण ढंग से नहीं गा सकता।

और परिपक्वता आने के साथ, उनकी कला में और निखार आता चला गया। उनके जीवन के आख़िरी दस बरस उस शिखर को निरूपित करते थे जिस तक पहुँचने की आश्वस्ति उनके एकदम शुरुआती काम ने दी थी। उनको लेकर मेरी पहली याद थी एक तीखी आवाज़—अचानक ही एच.एम.वी. की 78 आर.पी.एम. डिस्क में गायी ग़ज़ल ख़त्म होती और संगीत के जादू और उर्दू के शब्दों की चमक-दमक को काट फेंकती, एक आवाज़ कहती—'मेरा नाम अख़्तरीबाई फ़ैज़ाबादी'। तब मैं इतनी बड़ी नहीं थी कि इस अजीब घोषणा की वजह ठीक से समझ पाती। मेरे परिवार के बड़े लोगों ने, जो अख़्तरीबाई की आवाज़ से मदहोश हो जाते थे, मुझे बताया कि 1920 और 30 के बीच के दौर के कई कलाकार अपनी रिकॉर्डिंग के अन्त में ऊँची आवाज़ में अपना नाम इसलिए बताते थे क्योंकि उनका यह भोला सा विश्वास था कि ऐसा करने से उनके काम की चोरी नहीं हो पायेगी। मैं उनके संगीत से और इस बात से अभिभूत हो कर डिस्क को बार-बार सुनती रहती कि इतनी मशहूर, दिग्गज गायिका ख़ुद मुझे अपना नाम बता रही हैं। तब मेरे ख़याल में भी यह बात नहीं आ सकती थी कि किसी दिन, चालीस बरस बाद, सचमुच यह होगा कि वह वाकई मुझसे बात करेंगी और हम दोस्त बन जायेंगी।

इन चालीस बरसों में बहुत कुछ हुआ। मेरे जैसे परिवारों में, संगीत और संगीतकारों को लेकर कुछ ज़्यादा सहिष्णुता और ग्रहणशीलता बनी। अब संगीत सुनने और

सीखने पर 'इज़्ज़तदार परिवार' भौंहें टेढ़ी नहीं करते थे। बल्कि मैंने महसूस किया कि संगीत से मेरे प्रेम और अख़्तरीबाई जैसी शख़्सियत की मेरी परस्तिश पर मेरे परिवार को मुझ पर फ़ख्र होने लगा था। और इस बात से मुझे बड़ी ख़ुशी होती। उन चालीस बरसों में अख़्तरीबाई का भी कायाकल्प हुआ। वह हमेशा ही बेहद सक्षम कलाकार रही थीं, लेकिन धीरे-धीरे वह ऐसे सृजनशील संगीतकार में बदलीं जिसने संगीत की दुनिया को असाधारण रूप से समृद्ध किया, उनका ख़ास योगदान वह अनूठा तरीक़ा और शैली था जो उनके श्रोताओं को आह्लादित कर देता था। वह अपने आप में एक करिश्माई व्यक्तित्त्व के रूप में उभरीं, उनके व्यक्तित्त्व में ऐसा आकर्षण और करिश्मा था कि महिलाओं की एक पूरी पीढ़ी उनका अनुसरण करना चाहती थी।

हमारी पीढ़ी पर बेगम अख़्तर के संगीत और व्यक्तित्त्व का प्रभाव कई तरह से एक ऐसी घटना था, जिसे समझ और समझा पाना सम्भव नहीं था। उनके समकालीन बहुत से संगीतकार उनकी ही तरह मेधावी, उन्हीं की तरह बढ़िया तालीम पाये थे और अपने श्रोताओं पर उनकी पकड़ भी बेगम की ही तरह मज़बूत थी। इनमें से कुछ तो शर्तिया उनसे ज़्यादा मेहनती थे और कड़ा रियाज़ और मशक्कत करते थे; कइयों की पकड़ गायकी की एक से ज़्यादा शैलियों पर थी और उनकी आवाज़ की रेंज भी ज़्यादा थी। उनकी गायन शैली बेगम अख़्तर से बहुत ज़्यादा विस्तारित और पेचीदा थी, और उनकी सांगीतिक सामग्री बहुत ज़्यादा परिष्कृत थी। लेकिन अख़्तरीबाई की आवाज़ में वो जादू था, जिसे किसी भी तरह से बयान नहीं किया जा सकता; और इस ख़ास बात का सांगीतिक हुनर या तालीम से ख़ास लेना-देना नहीं था।

उनकी एकलौती ख़ासियत थी बहुत बेलौस ढंग से, बिना दबाव या तनाव महसूस किये, खुलकर गाना। उनके माथे पर शिकन न होती, ख़ूबसूरत हाथ हारमोनियम पर पानी की तरह चलते, वह आज़ाद पंछी की तरह गातीं। होंठों से ज़्यादा वह अपनी आँखों से मुस्कुराती थीं और अपने 'पल में माशा पल में तोला' मिज़ाज के बावज़ूद हमेशा ही बेहद सुघड़ता और शायस्तगी से पेश आतीं। हमारी ज़िन्दगियों में उनकी देन उनके अपने होने, एक बेनज़ीर शख़्सियत के ख़ुद को पूरी तरह जीने का एक नतीजा जैसी थी; यह कुछ ऐसा नहीं था जो वह सोच समझकर हासिल करने की कोशिश करती रही हों। कह सकते हैं कि उनके पास किसी को भी देने के लिए कोई सन्देश नहीं था; उनका सन्देश था जीने का उनका अन्दाज़, ज़िन्दगी के दिखाए सभी रंगों का, भले ही वह ग़म हो, पूरा मज़ा उठाना। वह सहज रूप से सब कुछ में सुन्दरता और नफ़ासत तलाशतीं और जब वह नहीं मिलती, तो सचमुच बहुत परेशान होतीं। मुझे एक बार इस बात पर उनका बेहद हैरान-परेशान होना याद है कि दिल्ली के एक प्रोग्राम ऑर्गनाइज़र ने उनकी फ़ीस

देते हुए उनके हाथ में नोटों की गड्डी रख दी थी, उसने पैसे लिफ़ाफ़े में रखने की ज़हमत उठाना ज़रूरी नहीं माना था।

उनके ख़ुद के तौर-तरीक़े में इतनी नफ़ासत थी कि उसके सामने संगीत की दुनिया की बहुत-सी बातें फूहड़ लगती थीं। *'इश्क़ से तबीयत ने, ज़ीस्त का मज़ा पाया, दर्द की दवा पायी, दर्दे-ला-दवा पाया'* (प्रेम की तीव्रता से जीवन की ख़ुशी आती है, प्रेम की तीव्रता दर्द की दवा भी है और वह दर्द भी जिसकी दवा नहीं) ग़ालिब का लिखा उनका पसन्दीदा शेर था क्योंकि वह इस पर पूरी तरह ईमान रखती थीं। अख़्तरीबाई इश्क़ के बिना जी नहीं सकती थीं। इश्क़ न हुआ होता, तो वह उसे ईजाद कर लेतीं और अगर इश्क़ में दर्द न होता तो वह दर्द को भी ईजाद कर लेतीं। बस तभी वह ख़ुद को ज़िन्दा महसूस कर पाती थीं। वह हर पल को पूरी शिद्दत के साथ, भरपूर जीती थीं लेकिन बड़े संयम और अन्दाज़ के साथ। मेरी समझ से तो उनके इसी मिज़ाज की वजह से उनकी वह बेनज़ीर मौसीक़ी तैयार हुई थी, जिसमें उदासी और चमक बराबर घुले-मिले थे।

अख़्तरीबाई, फ़ैज़ाबाद की एक जानी-मानी गायिका मुश्तरीबाई के यहाँ 1914 में जन्मी थीं। बहुत जल्द पता चल गया कि इस बच्ची में इतना क़ुदरती इल्म और कशिश है कि अगर इसे सही तालीम मिले तो अपनी ज़िन्दगी बढ़िया गुज़ार लेगी। हालात उन्हें कलकत्ता ले गये, जहाँ उनकी माँ ने उन्हें पटियाला घराने के अता मोहम्मद ख़ाँ से तालीम दिलवाने का इन्तज़ाम कर दिया। तालीम का रूखा-सूखा अन्दाज़ और उसमें लगने वाली कड़ी मेहनत उन्हें रास नहीं आये। कुछ वक़्त ग़ज़ल, ठुमरी और दादरा गाने के बाद उन्होंने किराना घराने के मज़बूत स्तम्भ उस्ताद अब्दुल वहीद ख़ाँ से दोबारा ख़्याल गायकी सीखने की कोशिश की। जैसी समझदार और तैयार गायिका वह थीं, उन्होंने ख़्याल गायकी की बुनियादी चीज़ें तो पकड़ लीं, लेकिन जल्दी ही उन्होंने यह भी समझ लिया कि ख़्याल गायकी पर मेरी पकड़ बहुत मज़बूत नहीं है। वैसे तो उन्होंने क़ायदे से बस ख़्याल गायकी की ही तालीम पायी थी, लेकिन उन्होंने कभी भी ख़्याल नहीं गाया।

अपनी पैदाइश से ही उनके कानों में संगीत के सुर और अपने घर-इलाके में बोली जाने वाली पुरबिया, अवधी और भोजपुरी बोलियों की मिठास घुलती आयी थी, इसलिए उन्होंने अपना ख़ुद का ख़ास अन्दाज़ तैयार किया जिसमें यू.पी. के लोकजीवन और विरही उदासी की झलक है। इसमें उर्दू कविता की अर्थछटाओं का पुट दिया गया। उनका संगीत सुनने वालों में रूमानियत और सपनों की दुनिया की हसरत जगाता है और साथ ही गये ज़मानों की और बहुत दूर की चीज़ें को आज और अभी की बात बना देता है। उनकी ख़ुद की शख़्सियत में भी यह मेल दिखता था, वह फ़साना भी थीं और हक़ीक़त भी। उनका सुर सच्चा भी है और सुन्दर भी। उसमें हिन्दी पट्टी के लोक संगीत की मिट्टी के सुरों के साथ ही

उन रियासती दरबारों की नफ़ासत की भी गूँज है जहाँ गाने वह अकसर जाती रही थीं। हैदराबाद, भोपाल और रामपुर के नवाबों और कश्मीर के महाराजा ने उन्हें दरबारी गायिका के तौर पर मुलाज़िम रखा और उनके शायस्ता तौर-तरीक़े और उनकी शख़्सियत की कशिश की वजह से उनसे बहुत इज़्ज़त से पेश आते रहे। अपने शुरुआती दौर में तवायफ़ की ज़िन्दगी जीने के बावजूद उनके अन्दाज़ और तेवर लोगों को उनसे शाही खानदानों के लोगों जैसे अदबो-आदाब से पेश आने को मजबूर करते थे।

देश भर में ख़ूब नाम और इज़्ज़त पाने के बावजूद उनमें कुछ टिकी हुई और 'इज़्ज़तदार' तरीक़े की ज़िन्दगी जीने की हुड़क बनी रहती थी, जिसका कारण शायद उसका नयापन था या फिर वह रोज़ एक नये माहौल में, एक नया किरदार बनने के लिए तैयार होने से थक चुकी थीं। शादी मकसद बनी तो उनकी निगाह लखनऊ के पास ही के इलाके काकोरी के तालुकेदार खानदान के इश्तियाक़ अहमद अब्बासी पर टिकी। उस दौर के अपने तबके के बाक़ी रईसों की तरह अब्बासी भी संगीत का शौक़ रखते थे, लेकिन उनके अख़्तरी की ओर खिंचने की ख़ास वजह थी इस रिश्ते का नयापन और उसमें मिल सकने वाला सुख। वह लंदन से वकालत की पढ़ाई करके आये थे, वो टाई पहनते थे और एक पुरानी शेवरले कार में अदालत जाते थे, लेकिन उन्होंने कभी कामयाब वक़ील होने को तवज्जो नहीं दी। वैसे उनकी लम्बी-चौड़ी क़बीलदारी के ख़र्चे उनकी कमाई से पूरे हो भी नहीं सकते थे। शादी हुई तो उन्होंने ख़ुशी-ख़ुशी अख़्तरीबाई की शोहरत और इज़्ज़त का मज़ा लिया; वह उनके साथ एक महान कलाकार जैसा ही सलूक करते थे क्योंकि दुनिया ने उन्हें बताया था कि वह यही थीं। एक मायने में वही उनके सबसे बड़े क़द्रदान थे। बाई से बेगम बनकर अख़्तरी भी बहुत रोमांचित थीं। पूरी तरह शौहर और गिरस्ती पर क़ुर्बान बीवी का किरदार उन्हें पसन्द आया और वह अब्बासी के जूते खुद ही पॉलिश करतीं थीं। कुछ अर्से के लिए उन्होंने अपनी खुशी से पर्दानशीन खातून की ज़िन्दगी की बेड़ियों को अपना लिया और पूरी तरह से गाना बन्द कर दिया। लेकिन यह ज़्यादा दिन तक नहीं चल पाया क्योंकि दरअसल संगीत ही उनकी ज़िन्दगी था। आख़िर अब्बासी साहब ने इस शर्त के साथ उन्हें फिर से गाने की इजाज़त दे दी कि वह लखनऊ शहर के बाहर ही गायेंगी।

बेगम अख़्तर की ज़िन्दगी की सबसे बड़ी ख़ासियत यह थी कि वह दो अलग-अलग दुनियाओं में जीती रहीं और उन्होंने उनमें से किसी एक को भी छोड़े बिना दोनों से अपनी पहचान पायी। एक कट्टर मुस्लिम घर की खातून होने के बाद भी वह अपने 'रसिका' होने पर शर्मिन्दा नहीं थीं। उनके लिए ज़िन्दगी बस जैसे-तैसे झेली जाने वाली शै नहीं, रस लेने और मज़ा लेने के लिए थी। वह

संगीत, कविता, खाना, बोल-चाल, पहनावा, सभी चीज़ें में नफ़ासत और बारीकी पसन्द करती थीं और किसी भी औरत की ज़िन्दगी में ख़ुशियाँ ला सकने वाले छोटे-मोटे शौक़ों पर कभी शर्मिन्दा नहीं हुईं। उन्होंने जिस दमखम और शान से अपनी कठिन ज़िन्दगी जी, वह आज के ज़माने को देखते हुए किसी नयी राह खोलने वाले इन्सान की ख़ूबी दिखायी देती है और अपने हकों-अधिकारों के बारे में तीखे सवाल पूछने वाली हमारे दौर की भारतीय स्त्रियाँ उस की ज़रूर क़द्र करेंगी। वह जिस तबके से आयी थीं, उसे देखते हुए तो एक इन्सान के तौर पर उनका अपना क़द-बुत पाना बहुत ही बड़ी बात थी, जबकि उनकी तो कायदे से पढ़ाई-लिखाई भी नहीं हुई थी।

अपनी सच्चाई और सहजता में बेगम अख़्तर का संगीत शास्त्रीय मुहावरे से अलग है। वह जो भी गाती थीं, वह पहले से आजमाया नुस्खा नहीं होता था। उनके लिए संगीत हर पल की सच्चाई के मुताबिक़ ढलने वाली एक गुफ़्तगू था। उन्होंने कभी भी पहले से सोच-समझ कर, कायदे के मुताबिक़ नहीं गाया। मुझे एक मौक़े की याद है, जब उन्हें ग़ालिब की जन्म-शताब्दी मनाने के सिलसिले में ऑल इण्डिया रेडियो में श्रोताओं के सामने शायर की कुछ ग़ज़लें गाने के लिए बुलाया गया था। रिकॉर्डिंग से कुछ ही देर पहले मैं उन्हें मिलने होटल में उनके कमरे में गयी। उन्होंने उन्हें कंसर्ट हॉल तक ले जाने को आये थोड़े से क़रीबी लोगों को अचानक ही बताया कि उन्होंने ग़ज़लों के लिए मुफ़ीद रहने वाले राग चुन लिए हैं—छायानट, केदार, दरबारी और खम्माज। मौजूद सभी लोगों ने उनके चुनाव पर ख़ुशी ज़ाहिर की। लेकिन एक घण्टे बाद जब उन्होंने गाना शुरू किया, तब तक उनकी भावना पूरी तरह बदल गयी थी। उन्होंने चारों ग़ज़लें राग भैरवी में गाईं, सभी एक-दूसरे से अलग और सभी बेहद ख़ूबसूरती से निभायी गयी! हम सब भौचक्के रह गये। नयी बात पैदा करने के उनके कमाल के चलते संगीत का हर पल दिल से निकला और खरा होता था। उनकी टेक्नीक भी पुरअसर थी। वह ख़्याल गायकी का सहारा बहुत लेती थीं, जिसमें उन्होंने अच्छी तालीम पायी थी; और ठुमरी, दादरा, कजरी और चैती जैसी कुछ हल्की गिनी जाने वाली चीज़ें की अदायगी के लिए भी वह ख़्याल का ख़ास मुहावरा अपनाती थीं। इससे उनकी गायी चीज़ें जाती बयान से काफ़ी ऊपर उठकर उस सदा से बने रहे, पूरी दुनिया में समझे-महसूस किये जाने वाले भाव तक पहुँच गयीं, जिसे हम आमतौर पर शास्त्रीय संगीत के साथ ही जोड़कर देखते रहे हैं।

शीला धर का यह लेख रुकुन आडवाणी, परमानेण्ट ब्लैक, नयी दिल्ली की सहमति से हिन्दी अनुवाद के रूप में यहाँ प्रकाशित किया जा रहा है। इसे प्रकाशित करने की अनुमति देने के लिए हम परमानेण्ट ब्लैक के हार्दिक आभारी हैं। यह लेख शीला धर की पुस्तक 'द कुकिंग ऑफ़ म्यूज़िक', परमानेण्ट ब्लैक, संस्करण-2001 से 'बेगम अख़्तर' मूल अंग्रेज़ी लेख से लिया गया है, जिसका अनुवाद श्रीमती मधु बी. जोशी ने किया है।

शिवानी

कोयलिया मत कर पुकार

आज से कोई तीस वर्ष पूर्व की एक मेघाच्छन्न श्रावणी सन्ध्या स्मृतिपटल पर उतर आती है। महाराज ओरछा का दरबार-हॉल, मखमली सोफ़े पर बैठे, स्वयं महाराज, उनका परिवार, मित्र। हाथी दाँत की मेज़ पर धरा ग्रामोफ़ोन और उस पर बज रहा बेगम अख़्तर का, तब एकदम ताजा रिकॉर्ड– *'छा रही काली घटा जिया मेरा लहराये है।'* उस जादुई कण्ठ में लहराती 'देस' की वह अनूठी बन्दिश आकाश की काली घटा को जैसे सचमुच ही उस राजसी कक्ष में खींचकर, श्रोताओं को रससिक्त कर गयी थी। कैसी तड़प थी उस आवाज़ में, कैसी टीस! 'बेवफ़ा से दिल लगाकर क्या कोई फल पाये है!'

यह मेरा सौभाग्य है कि जिस जादुई कण्ठ की स्वरलहरी ने मुझे तीस वर्ष पूर्व मन्त्रमुग्ध किया था, उस कण्ठ का आकर्षण आज भी मेरे लिए वैसा ही बना मेरी लेखनी को गतिशील बना रहा है। जहाँ तक ग़ज़ल, ठुमरी एवं दादरा का प्रश्न है, स्वरलय की ऐसी उत्कृष्ट, सम्पन्न, गायकी का परिचय अन्य कोई भी गायिका शायद आज तक नहीं दे सकी है। ऐसी सहज स्वाभाविकता, स्वर-लय का ऐसा अपूर्व समन्वय सर्वोपरि उनके कण्ठ की एक सर्वथा निजी मौलिकता, प्रस्तुतीकरण के बीच स्वयं ही आकर छिटक गया एक मीठी टहूक-सा स्वर भंग, जो शायद अन्य किसी भी गायक या गायिका के लिए उसकी गायकी का दोष बन सकता था, उनकी गायकी का एक अनूठा नगीना बन गया है।

महाराष्ट्र के श्री वामनराव देशपाण्डे भारत के प्रसिद्ध संगीतविद् हैं। उन्होंने स्वयं विधिवत ग्वालियर, किराना एवं जयपुर, तीनों घरानों की संगीत-शिक्षा प्राप्त की है। उनके मतानुसार पटियाला घराने का स्थान, जयपुर एवं किराना के मध्य स्थित है। किराना की विशिष्टता है, सामान्य-सा नक्की स्वर, साथ ही आवाज़ में एक विचित्र-सी खुरदुरी खराश, जिसका अपना एक निजी आकर्षण रहता है। स्वर की यह मिठास किसी रेशमी नाज़ुक तागे की भाँति खिंचती, और सुनने

वालों को भी साथ-साथ खींचती चली जाती है—यह रेशमी डोर, जिस अनूठी कशीदाकारी का जाल बिखेरती चली जाती है, उससे बँधा श्रोता सब कुछ भूल बिसरकर रह जाता है। उधर जयपुर घराने को उन्होंने सर्वश्रेष्ठ माना है—किसी सुदक्ष भास्कर की गाढ़ी मूर्ति-सा ही दोषरहित। स्वरलय का सुठाम सामंजस्य, विकास की छन्दमयी गति और मनोरंजकता इस गायकी के विशिष्ट अंग हैं। बेगम अख़्तर की गायकी पर इन तीनों घरानों की गायकी की सुस्पष्ट छाप है। ऐसा होना स्वाभाविक भी है, क्योंकि उनके गुरु थे पटियाला के प्रसिद्ध गायक मुहम्मद अता ख़ाँ और वहीद ख़ाँ।

बेगम अख़्तर का जन्म फ़ैज़ाबाद में हुआ। स्वयं उनके बैरिस्टर पति श्री इश्तियाक़ अहमद अब्बासी साहब के शब्दों में, 'इनकी ये ख़ुशक़िस्मती थी कि घर की रखाइश और रहन-सहन पुराने ज़माने की थी, इन्हें घर ही में तमीज़दारी और इख़लाक की तालीम मिली। वालिद सैयद असगर हुसैन साहब एक अच्छे शायर थे, वालदा पढ़ी-लिखी तमीज़दार मिलनसार थीं, सारा शहर जिनकी सखावत से फ़ायदा उठाता था।' बालिका अख़्तरी को बचपन से ही संगीत से कुछ ऐसा लगाव था कि जहाँ गाना होता, छुप-छुपकर सुनती और नकल करती। घर वालों ने पहले तो इन्हें रोकना चाहा; पर समुद्र की उत्तुंग तरंगों को भला कौन रोक सकता था! यदि कोई चेष्टा भी करता, तो शायद लहरों का वह सशक्त ज्वारभाटा उसे ही ले डूबता। उधर फ़ैज़ाबाद के हालात भी कुछ ऐसे हो गये थे कि उनकी वालदा उन्हें मजबूरन वहाँ से लेकर कलकत्ता और बिहार के बीच रहने लगीं। देवदत्त प्रतिभा-सम्पन्न, किशोरी अख़्तरी ने फिर संगीत के जिस प्रथम सोपान पर पैर धरा, वहाँ से वह नीचे नहीं उतरीं। स्वयं वाग्देवी ही प्रसन्न होकर उस जिह्वा पर अपना चक्र आँक गयीं। अख़्तरी की रुचि का रुझान ठुमरी, दादरा, ग़ज़ल की ही ओर अधिक था; किन्तु इतना वह जानती थी कि इसे कहने में सरल संगीत के पोंहचे की पकड़ के लिए पहले उन्हें ख़्याल गायकी की ही बाँह पकड़नी होगी। उस्ताद अता मुहम्मद ख़ाँ और वहीद ख़ाँ की देख-रेख में, उनकी विधिवत संगीत-शिक्षा आरम्भ हुई। केवल तेरह वर्ष की आयु में ही किशोर अख़्तरी ने कलकत्ते में पहली बार, 'बिहार रिलीफ़ फण्ड' के एक जलसे में भाग लेकर कलकत्ते के गुणी संगीत-प्रेमियों को मुग्ध कर दिया। उस दिन दूर-दूर के संगीतज्ञ आमन्त्रित थे, कितु सब जानते थे कि रिलीफ़ फण्ड के जलसे में पैसा नहीं मिलेगा, इसी से किसी को बुख़ार आ गया और किसी को हो गया उदर-विकार। फिर भी अनुष्ठान की आभा अख़्तरी ने एक क्षण के लिए भी म्लान नहीं होने दी। जिस सहज स्वाभाविकता से उस बित्ते भर की लड़की ने दम तोड़ते जलसे को केवल अपने कण्ठ की जादुई फूँक से बचा लिया, उसे देखकर सब दंग रह गये।

कला-मर्मज्ञ कलकत्ता, किसी अनुभवी जौहरी की ही भाँति कलाकार को पहचान,

रत्ना का उचित मूल्य आँकना भी जानता था। उन दिनों प्रसिद्ध पारसी नाटक कम्पनियों में कोरैंथियन कम्पनी का नाम विशेष रूप से उल्लेखनीय था। वही कम्पनी एक दिन अपना आकर्षक अनुबन्ध लेकर अख़्तरी के पास आयी। उस समय के सबसे ख्याति-सम्पन्न नाटककार थे—आगा हश्र कश्मीरी, जिन्हें 'नाटकों का ख़ुदा' और 'उर्दू का शेक्सपियर' कहा जाता था। उनके प्रसिद्ध नाटकों में से 'सैदे हवस', 'सफ़ेद ख़ून' आदि बड़ी सफलता से खेले जा चुके थे। अख़्तरी के लिए यह एक कठिन चुनौती थी। उधर उस्ताद कहते थे, 'अख़्तरी, सोच लो, अगर तुमने इन नाटकों की दुनिया में क़दम रखा, तो फिर संगीत के दरवाज़े हमेशा-हमेशा के लिए तुम्हारे लिए बन्द हो जायेंगे। जिस कण्ठ के होनहार बिरवां के चीकने पातों को हमने अपनी तालीम से, इतनी मेहनत से सींचा है, वह एक दिन सूखकर मुरझा जायेगा।' स्वयं अख़्तरी भी जानती थीं कि चटपटे गीत, फड़कते संवाद और जगह-जगह पर शेर-दोहों की भीड़-भाड़ में वह एक दिन खोकर रह जायेगी, किन्तु दूसरी ओर सहज में उपलब्ध एक ऐसी लोकप्रियता उसकी ओर मैत्री का हाथ बढ़ा रही थी, जिसका आकर्षण भी किसी अंश में, संगीत-क्षेत्र की ख्याति से कम नहीं था। बड़े-बड़े शहरों और क़स्बों में रंगीन इश्तहार—

'शीरीं-फरहाद', 'मेनका अप्सरा' जिसने मुनि विश्वामित्र की तपस्या भंग की, 'लैला-मजनूँ', 'श्रवण कुमार', 'नूरेवतन', हवा में उड़ती परियाँ, पटाखा फटने पर उड़ता सिंहासन। इन चमत्कारिक दृश्यों का आकर्षण, उन्नीसवीं शताब्दी के लन्दन के 'ड्रूरी लेन' की साज-सज्जा से कुछ कम नहीं होता था। प्रायः नाटक मंगलाचरण से आरम्भ होता। साक्षात गन्धर्व कन्या-सी अख़्तरी के कण्ठ की मिठास, किसी भी पारसी नाटक कम्पनी के लिए, एक सुरक्षित बीमा बन सकती थी। इसी से उन्हें एकदम ही सात सौ मासिक वेतन का अनुबन्ध दिया गया। तब सोना शायद सोलह रुपये तोला था, इसी से अनुमान लगाया जा सकता है कि वह सात सौ तब किसी भी अंश में सात हज़ार से कम नहीं थे। अख़्तरी ने प्रस्ताव स्वीकार कर लिया और अपने अभिनय-जीवन के पहले नाटक आगा मुंशी दिल लिखित 'नयी-दुल्हन' के पूर्वाभ्यास में जी-जान से जुट गयीं। छह महीने के कठिन परिश्रम के पश्चात एक दिन उन्होंने प्रसिद्ध नाटक लेखक आगा महमूद को अपने ग्रैण्ड रिहर्सल पर आमन्त्रित कर, उनकी राय जाननी चाही। आगा महमूद के 'बिल्व मंगल' ने उन्हें उन दिनों ख्याति के सर्वोत्तम शिखर पर आसीन कर दिया था। उस समय की दो प्रसिद्ध रंगमंच अभिनेत्रियों—शरीफा और मिस गौहर—को आगा महमूद अपने नाटकों में तर्जनी के आदेश से निर्देशित कर चुके थे। उन्होंने रिहर्सल देखा। अख़्तरी बड़ी आशा और उमंग से उनके पास आयी। उसे अपनी अभिनय-कला पर पूर्ण विश्वास था, किन्तु उसके छह महीने के कठोर परिश्रम और साधना के दर्पण को आगा ने देखते ही देखते ज़मीन पर पटककर चूर-चूर कर दिया। 'इस ड्रामे में जान नहीं है अख़्तरी, मुश्किल से आठ दिन चलेगा।'

अख़्तरी का दिल डूब गया। जिस क्षेत्र में उसने अपने संगीत-गुरु को अप्रसन्न करके ही चरण रखा था, वहाँ आकर भी क्या ऐसे मुँह की खानी होगी? न जाने कितनी रातों तक वह रोती रही। कभी सोचती, आज तक जिस उदार नाटक कम्पनी ने, घर बैठे ही उसे ऐसा ऊँचा वेतन दिया, वह ईमानदारी से लौटा दे और फिर कभी उस ओर मुड़कर भी न देखे। किन्तु फिर उसकी वालदा ने समझाया, 'नहीं बेटी, तुमने मेहनत की है, इंशा अल्ला तुम कामयाब रहोगी,' और फिर वह रात, आज भी बेगम अख़्तर को भुलाये नहीं भूलती। सुनाने लगती है, तो उस गरिमामय चेहरे से, विस्मृति का कुहरा सहसा छँट जाता है। दोनों आँखें, नाक की लौंग के बड़े हीरे की कनी-सी ही दमकने लगती हैं। करनानी उन दिनों कलकत्ते का मशहूर मारवाड़ी सेठ था, जिसकी मुट्ठी में शहर की बड़ी-बड़ी थियेट्रिकल कम्पनियाँ थीं, उस दिन मैं 'नयी दुल्हन' के लिए तैयार हो रही थी, तो वह भागता आया, 'अख़्तरी, हमारो तो हौल छोटो पड़ गयो, आदमी पर आदमी मीनार बनावे हैं।' अख़्तरी की दीवानी दर्शकों की वह भीड़, तब क्या जानती थी कि स्वयं उनकी हृदय-सम्राज्ञी का हृदय किसी नन्ही चिरैया के दिल-सा ही धड़क रहा है! क्या सफलता उनके चरण चूमेगी या आगा महमूद की निर्मम भविष्यवाणी, उसका उजला भविष्य धो-पोंछकर बहा देगी? 'मैं अगर यह जान जाती,'—वे हँसकर कहने लगीं, 'कि ऑडिएंस में आगा हश्र और आगा महमूद भी बैठे हैं, तो शायद बेहोश होकर गिर ही पड़ती।' पर सहसा एक सच्चे कलाकार के जन्मजात आत्मविश्वास ने अख़्तरी की झुकी गर्दन, सर्पगन्धा के फन-सी ही उठा दी। स्नेहशीला जननी का गम्भीर कण्ठस्वर, उसके कानों में गूँज उठा, 'इंशा अल्ला तुम कामयाब रहोगी बेटी!' पूरे हॉल की बत्तियाँ बुझा दी गयीं, नेपथ्य से फेंकी जा रही तेज़ रोशनी का केन्द्रबिन्दु बनी थी किशोरी अख़्तरी, अपूर्व रूपयौवन-मण्डिता वह किन्नरी, जैसे किसी शून्य अन्तरिक्ष से अवतरित हो रही थी। मंगलाचरण के गायकों के बीच, उस नवोदिता तारिका को स्वयं प्रथम चरण गाते-गाते प्रवेश करना था—'जय-जय जगदीश्वर...'

'मुझे आज भी याद है', उस शान्त गम्भीर चेहरे पर सहसा स्मृति की झुर्रियाँ बिखर गयीं, 'उसकी बन्दिश सोहनी में थी, बाँधा था प्रसिद्ध संगीत-निर्देशक झण्डे ख़ाँ ने, जिन्होंने मुझे विधिवत गण्डा भी बाँधा था। ये वे ही झण्डे ख़ाँ थे, जिन्होंने एक ही रागिनी भैरवी में साठ ऐसी अनोखी धुनों की सृष्टि की थी, जिनकी एक धुन भी दूसरे से नहीं मिलती।'

अख़्तरी गा रही थीं और पूरे हॉल में एक-एक दर्शक, मौन-मुग्ध खड़ा था। ये वे ही पारखी दर्शक थे, जो असन्तुष्ट होने पर सीटियाँ बजा, कुर्सियाँ तोड़, अच्छे से अच्छे नाटक को भी बढ़ने से रोक सकते थे। ये वे ही दर्शक थे, जिन्होंने कभी नाटक में अपने प्रिय अभिनेता मास्टर निसार को न देख, ऐसा तूफ़ान खड़ा कर

दिया था कि बीमार मास्टर निसार, खटिया पर उठाकर स्टेज पर लाये गये और उसी हालत में उन्हें गाना पड़ा था।

मंगलाचरण, सदा किसी पक्के राग की धुन में ही बाँधा जाता था, किन्तु इस बार पक्की गायकी का जैसा कौशलपूर्ण निर्वाह किशोर अख़्तरी ने किया, वह स्वयं अपने में एक अनोखी मिसाल था। इस प्रकार पहले ही दिन लाख-लाख दर्शकों को अपना प्रशंसक बना, अख़्तरी ने अपने आँचल की गाँठ में बाँधकर रख दिया। एक साल तक यह नाटक कलकत्ते की कलाप्रिय भीड़ को बाँधता रहा। 1936 में जब यही नाटक कम्पनी लखनऊ में अपना दलबल लेकर आयी तो अख़्तरी नाटक जगत की एक प्रतिष्ठित द्युतिमान तारिका बन जगमगा रही थी। इधर सुगायिका के रूप में उसकी ख़्याति दूर-दूर तक फैल चुकी थी।

यदि उस दिन, उस गायिका को, निज़ाम हैदराबाद का आग्रहपूर्ण निमन्त्रण न मिलता, तो शायद आज की 'मलिका-ए-तरन्नुम' और 'मलिका-ए-तगज्जुल' (ठुमरी सम्राज्ञी एवं ग़ज़ल सम्राज्ञी) 'मलिका-ए-स्टेज' होतीं। उस बार कॉरेंथियन कम्पनी, लखनऊ में अपना प्रसिद्ध नाटक 'लैला-मजनूँ' लेकर आयी थी। एक ओर नुमाइश के रंगीन लट्टू जगमगा रहे थे, दूसरी ओर कॉरेंथियन कम्पनी का आलमगीर शामियाना लगता था। रंगीन कलकत्ता का चलता-फिरता संक्षिप्त संस्करण ही डेरा गाड़कर रम गया था। मजनूँ बनी थी अख़्तरी और लैला थी प्रेमलता। अख़्तरी के लिए अभी भी संगीत उसका प्रथम प्रेम था और फिर हैदराबाद का निमन्त्रण भी उर्वशी को दिया गया स्वयं मघवा का निमन्त्रण था। अख़्तरी ने कम्पनी से पन्द्रह दिन का अवकाश माँगा, पर कम्पनी के लिए अख़्तरी के बिना पन्द्रह दिन क्या, पन्द्रह मिनट का अवकाश भी घातक सिद्ध हो सकता था। उन्होंने उसका अनुरोध अस्वीकार कर दिया। ख्याति के तुंग आसन पर आसीन अख़्तरी कम्पनी के इस व्यवहार से क्षुब्ध हो उठीं और उसने तत्काल अपना इस्तीफ़ा भेज दिया। यही अख़्तरी के साफल्यमण्डित अभिनव-जीवन का पटाक्षेप था। हैदराबाद में उन्हें संगीत ने एक बार फिर बिछुड़ी सन्तान की भाँति गले से लगा लिया। अभूतपूर्व सम्मान एवं बहुमूल्य उपहारों से लदी वे लौटीं, तो उनका प्रत्यावर्तन, उन्हें उनके जीवन के सबसे सुखद मोड़ पर लाकर खड़ी कर गया। लखनऊ के एक समृद्ध परिवार में जन्मे, बैरिस्टर जनाब इश्तियाक़ अहमद अब्बासी, पद, कुल, व्यक्तित्व एवं अभिजात्य के ही धनी नहीं, हृदय के भी धनी थे। उनके मामा, चौधरी शफीकुज्जमां साहब, संगीत-साहित्य-कला के गुणी मर्मज्ञ थे। आये दिन भैया गनपत राव, जोहरा बाई, कलकत्ते की गौहर जान आदि संगीतज्ञ उनके अतिथि बनकर आते और संगीत के जलसे चलते रहते। अपनी ननिहाल से ही अब्बासी साहब को संगीत-रसिकता विरासत में मिली थी।

इसी से, जब अख़्तरी जैसी प्रसिद्ध गायिका उनके शहर में आयी, तो यह कैसे

सम्भव था कि वे उनका नाटक न देखते? यही नहीं, राजा साहब नानपारा ने अपने एक सहभोज में, उनका परिचय अख़्तरी से कराया। और यही परिचय धीरे-धीरे घनिष्ठ मैत्री में परिणत हो गया। फिर एक दिन वह भी आया, जब दोनों ने बहुत सोच-समझकर अपने जीवन का सबसे महत्त्वपूर्ण निर्णय ले लिया। संसार में कुछ रिश्ते ऐसे भी होते हैं, जिन्हें चाहने पर भी तुच्छ मानव तोड़ सकता है, न जोड़ सकता है। जन्म-जन्मान्तर का यह रिश्ता स्वयं प्रकृति का पुरुष ही जोड़ता है। यह रिश्ता भी ऐसा ही दुर्लभ रिश्ता था। लक्ष-लक्ष संगीत-अभिनय-प्रेमी हृदयों की एकछत्र सम्राज्ञी अख़्तरी अब केवल एक हृदय की निरंकुश सम्राज्ञी थी, वह भी एक ऐसे हृदय की, जिसका सिंहासन था हिरण्मय। इस विवाह की पहले कड़ी आलोचना हुई। स्वयं अब्बासी साहब के शब्दों में—'छह महीने तक पूरे लखनऊ में हमारी शादी के इस चर्चे को छोड़ और कोई चर्चा ही नहीं थी। फिर बेगम ने, अपने निश्छल व्यवहार से कड़े से कड़े शत्रु को भी मित्र बना लिया। किन्तु इस विजय के लिए उन्हें अपने जीवन की सबसे कठिन अग्नि-परीक्षा से अवतरित होना पड़ा'। स्वयं उन्हीं के शब्दों में, 'मैं अब घर की बहू थी। कहीं भी मेरा रिकॉर्ड बजता तो मैं सहम जाती। मेरी जो आवाज़, मेरी सबसे बड़ी पूँजी थी, वही अब मुझे सहमा जाती। इनकी मुमानी, भावजें, चची, सब सुनेंगी तो क्या कहेंगी?' और फिर स्वयं पति ने ही उन्हें राय दी, 'बिब्बो, अब तुम गाना भूल जाओ...।' एक पतिव्रता नारी की ही भाँति उन्होंने कानूनी पति के इस आदेश को भी कानून मानकर ही ग्रहण कर लिया, पर धीरे-धीरे उन्हें लगा कि यदि उन्हें गाना छोड़ने के स्थान पर प्राण छोड़ने के लिए कहा जाता, तो शायद अधिक सहज होता। अतीत की ये प्रशस्तियाँ, नाटक के प्रेक्षागृह की दीवारें ढहा देने वाली प्रशंसकों की तालियों की गगनभेदी गड़गड़ाहट और संगीत की भूली-बिसरी धुनें...पर दूसरे ही क्षण, कुल की लज्जा, प्रिय सखा, सचिव-से संवेदनशील पति की सीख, उन्हें यथार्थ की कठिन धरणी पर खींच लाती। इसी बीच उनकी वालदा अल्लाह को प्यारी हो गयीं—यह दूसरी चोट उन्हें तिलमिला गयी। बाग़ में इनके दिल बहलाव के लिए एक छोटा-सा गार्डन-हाउस बना दिया गया था, वहीं अपनी जननी की क़ब्र से लिपटी बेगम अख़्तर घण्टों रोती रहतीं। उनके पति से उनका दुःख देखा नहीं गया। यह केवल जननी के वियोग की ही मर्मान्तक व्यथा नहीं थी, यह उनके प्रिय सखा संगीत के वियोग की तड़प भी थी। एक दिन उन्होंने स्वयं ही अपने प्राणों से प्रिय बिब्बो के लिए संगीत के बन्द द्वार खोल दिये।

शर्तें केवल दो थीं : एक : श्रोताओं के सम्मुख वे नहीं गायेंगी। दो : रिकॉर्डिंग का जो भी पारिश्रमिक मिले, उसे स्वयं चाहे जैसे ख़र्च करें, घर के ख़र्चे के लिए, एक आदर्श पत्नी की भाँति, उन्हें पति की ही आश्रिता रहना होगा। पहली शर्त निश्चय ही कठिन थी। तब विस्मृति के गूढ़ मण्डप में रहने पर भी उनके प्रशंसक उस मायावी कण्ठ के जादू को नहीं भूले थे। ख़बर पाते ही 'आकाशवाणी' के

श्री मल्होत्रा उन्हें सादर लिवाने आ गये। 'आप कार में जायेंगी, रिकॉर्डिंग होते ही कार आपको वापस पहुँचा देगी।' ऐसा ही हुआ, सात वर्षों तक कण्ठ-कण्टक से पीड़िता सारिका एक बार फिर चहक उठी। 'जब टेप मुझे सुनाया गया', वे कहने लगीं तो एक क्षण के लिए वह स्मृति उन्हें विचलित-सी कर गयी, 'मेरे आँसू थमते ही नहीं थे, गाना था—*'अब के सावन घर आ जा'*।

तीसरे ही दिन नेशनल प्रोग्राम का निमन्त्रण मिला, किन्तु वहाँ आमन्त्रित श्रोताओं के सम्मुख गाना अनिवार्य था, एक बार फिर आकाशवाणी ने हथियार डाल दिये। इस बार भी, एकान्त कक्ष में ही उनकी रिकॉर्डिंग हुई। पर अख़बार वाले क़ब चूकते! उन्हें आने नहीं दिया गया, लिहाज़ उन्होंने भी बदला ले लिया यह सुर्खी छापकर—'बेगम फेल्स टु इम्प्रेस' (बेगम का गायन प्रभावित करने में असमर्थ रहा)। स्वयं उनकी दृष्टि में उन्होंने अपने जीवन का सबसे उत्कृष्ट प्रदर्शन किया था। 'यह सब आपने किया,' इस बार उन्होंने अख़बार अब्बासी साहब के सामने धर दिया, 'मैं अगर सबके सामने गाती, तो यह बकवास कभी नहीं छपती।'

ठीक ही तो कह रही थीं वे। डाल पर चहकती बुलबुल और पिंजरे में बन्द चहकती बुलबुल के तराने क्या कभी एक-से हो सकते थे? संसार का कौन-सा कलाकार भला नहीं चाहता कि उसकी कला सराही जाये? अनाघ्रत पुष्प की ही भाँति, बिना सराही गयी कला भी, एक न एक दिन मुरझाकर अरण्य ही में झर जाती है। इस प्रकार फिर उनके उदार सहचर ने अपना पहला अंकुश हटा लिया। कभी जिस कलकत्ते की महानगरी को किशोर अख़्तरी ने अपने किशोर कण्ठ की माधुरी से जीत लिया था, आज उसी कलकत्ते को उन्होंने एक बार फिर अपने प्रौढ़ कण्ठ के मदालस माधुर्य से विजित कर दिया। कलकत्ता कान्फ्रेंस में ए. कानन, मीरा चटर्जी, ग़ुलाम अली ख़ाँ और विलायत ख़ाँ के साथ प्रमुख आकर्षण थीं—बेगम अख़्तर, जिनके मादक कण्ठ की मिठास, किसी समृद्ध सेलर में यत्न से संचित विदेशी पुराने आसव की ही भाँति, समय के साथ-साथ और भी महिमामय बन उठी थी।

दूसरी शर्त का पालन, वे आज भी बड़ी निष्ठा से करती चली आ रही हैं। पारिश्रमिक का चेक देखते ही देखते इधर-उधर बँट जाता है। लोग उस उदार महिला की दुर्बलता को पहचान गये हैं, किसी की बिटिया का ब्याह है, तो किसी के बेटे का मर्ज। 'कभी-कभी तो रेडियो स्टेशन के दरवाज़े तक पहुँचने से पहले ही, किसी से रुपया ले बाँट आती हैं।' अब्बासी साहब कहने लगे—'घर लौटने के लिए भी कभी तार कर घर से रुपया मँगवा लेती हैं।' यह शायद बहुत कम लोग जानते होंगे कि सांस्कृतिक स्तर पर अन्तर्राष्ट्रीय ख्याति प्राप्त बेगम अख़्तर, स्वयं उन्हीं के शब्दों में, 'मैं स्टेज ही तक आर्टिस्ट हूँ, घर में हूँ सिर्फ़ बीवी।'

वे एक बीवी ही नहीं, एक आदर्श संस्कारशील गृहिणी हैं, जिनकी निष्कपट हँसी, सरल सौजन्य पल-भर के पाहुने को सदा-सदा के लिए बाँधकर रख देता है। मुझसे यदि कोई महान 'मलिका-ए-तरन्नुम' की सदाबहार मीठी आवाज़ का राज पूछे, तो मैं निश्चित रूप से यह संक्षिप्त उत्तर दूँगी, 'उनका सुखी दाम्पत्य जीवन।' विदा लेते समय तो बड़े साहस से मैंने अपना अन्तिम प्रश्न पूछा—'अब्बासी साहब आपने कहा था, कुछ रिश्वत दूँ, तो एक ऐसी बात बतायेंगे, जो कभी किसी को नहीं बतायी।' बेगम अख़्तर ज़ोर से हँसी—'बताइये ना, ऐसा कोई दिलचस्प वाक़या...।' मैंने फिर उन्हें उकसाया, 'आप किसी गाने का ज़िक्र कर रहे थे ना, जिसे सुनकर आपने अपनी शादी का अन्तिम निर्णय लिया था...'

सहसा उस प्रवीण वयस्क के गम्भीर चेहरे की सौम्य सुदर्शन कांति के बीच, मेरा प्रश्न अबीर-सा छिटका गया। रुक-रुककर उन्होंने उस ऐतिहासिक पंक्ति को दुहराया :

कोयलिया मत कर पुकार
करेजुवा लागे कटार...

सच कहती हूँ, अब्बासी साहब की आवाज़, मुझे उस दिन बेगम अख़्तर के लांग-प्लेइंग रिकॉर्ड से भी कहीं अधिक मीठी लगी, कहीं अधिक दिलक़श!

शिवानी जी के इस लेख को प्रकाशित करने की अनुमति देने के लिए हम उनकी पुत्री और लेखिका श्रीमती इरा पाण्डे के हार्दिक आभारी हैं।

यतीन्द्र मिश्र

अख़्तरीनामा

ज़िन्दगी और संगीत सफ़र के अँधेरे उजाले

बेगम अख़्तर का ज़िन्दगीनामा कुछ इस कदर स्याह और सफ़ेद हर्फ़ों में लिपटा हुआ संगीत के दीवानों के सामने बार-बार आता रहा है, कि उसमें यह देख पाना बहुत साफ़ नहीं कि ज़िन्दगी के तमाम हिज़्जों में यह अदाकारा गायिका कहाँ कितना आसमान साफ़ स्लेट की तरह हमारे कौतूहल हाथों में पकड़ा सकी है। तमाम अन्य गानेवाली बाइयों, तवायफ़ों की ज़मीन से जुड़ी कहानियों-क़िस्सों के चर्चे इस कारण भी बहुत रोचक और जानने लायक हमको लगते रहे हैं कि इन औरतों की दास्ताँ में यह छूट हमेशा से निभती आयी है कि उनकी सीधी-सादी जीवन की सपाटबयानी में कितना हिस्सा ऐसा है, जिस पर इतिहास की रोशनी पड़ती है, और कितना कुछ हिस्सा वैसा है, जो गल्प के अँधेरे में डूबा रहता है। इसी अँधेरे और उजाले के बीच फँसे हुए कुछ लोगों की कहानियों में चलते हुए हमें बेगम अख़्तर की दास्ताँ भी मिल जाती है।

अख़्तरीबाई फ़ैज़ाबादी के बारे में, उनके मिज़ाज के बारे में और उनकी बेहतरीन गायकी के बारे में, कुछ भी लिखने या जिक्र करने से ज़्यादा पेंचीदा बात यह है कि हम यह जान पायें, किस तरह एक बड़ी तवायफ़ की साहबजादी अपने फ़न और अदा से एक दौर विशेष में भारतीय उप-शास्त्रीय गायन के शिखर पर बैठी थीं। बेगम अख़्तर का सीधा-सा मतलब है—अपने फ़न में पूरे रुमान के साथ ग़ज़ल, ठुमरी और दादरा की दर्द भरी उठान। इस पूरे विमर्श में, जहाँ हम अख़्तरी बाई फ़ैज़ाबादी को बेगम अख़्तर बनते हुए देखेंगे; वहीं यह भी पायेंगे कि किस तरह से मौसीक़ी (संगीत) ने खुद को तवारीख़ (इतिहास) से अलग करके कुछ नया ढूँढ़ने की कोशिश की है। इस नयेपन की शिनाख़्त के रास्ते में हमें सबसे दुर्लभ और तर्कपूर्ण मत इतिहासकार सलीम किदवई के इस बयान से मिलता है, जब वे कहते हैं—"*तवायफ़ों, बाइयों व राजदरबारों एवं नवाबों के यहाँ आसरा*

पाने वाली गायिकाओं के बारे में कुछ भी ढूँढ़ने से पहले हमें इस बात का ख़ासा ध्यान रखना चाहिए कि इनमें से अधिकांश औरतों को अपने इतिहास को दोबारा से गढ़ना पड़ा है। इन औरतों को अपनी ज़ाती ज़िन्दगी में इतने झूठ बोलने पड़े हैं कि आसानी से इनकी बातों से यह निकालना बेहद मुश्किल है कि इनकी ज़िन्दगी में जो कुछ हुआ और घटा है, वह कितना सही और कितना ग़लत है।"[1]

किदवई इन अर्थों में इस पूरी परम्परा पर ऐसी पैनी नज़र डालते हैं कि आपको अपने व्यक्तिगत पसन्द की किसी भी बाई या गायिका को जानने समझने के लिए कम से कम एक मज़बूत सिरा पकड़ में आ जाता है। हाँ, यहाँ यह बताना उतना ही प्रासंगिक है कि जब वे इस तरह का सार्वजनिक बयान इन गानेवालियों के बारे में जारी करते हैं, तो अपवाद स्वरूप जिस गायिका को बचाते या बख़्शते हैं—वह मलका पुखराज हैं। उनके अनुसार मलका पुखराज ने अपनी आनुवांशिकी पर कभी कोई झीना-सा भी परदा नहीं डाला, बग़ैर इस बात का फ़िक्र किये कि ऐसी साफ़गोई उनके सार्वजनिक जीवन को बदरंग बना सकती है।

सलीम किदवई के बयान को ध्यान में रखकर यदि हम अख़्तरीबाई फ़ैज़ाबादी के जीवन की गलियों में से होकर गुजरें, तो हमें फ़ैज़ाबाद से गया, कलकत्ता, लखनऊ होते हुए रामपुर तक जाना होगा। यह बात अपने आप में ख़ासी दिलचस्प है कि बड़ी तवायफ़ों ने कभी अपनी ज़िन्दगी के उन असहज पन्नों को समाज के आगे नहीं खोला, जिनसे उनकी बेटियों की ज़िन्दगी के उजाले में कुछ बदनुमा छीटें पड़ सकते हों। हालाँकि यह भी एक ऐतिहासिक तथ्य है कि सन् 1910 से लेकर 1930 के बीच की ढेरों नामचीन बाइयों ने किस तरह आने वाले समय को भाँप लिया था और इस बात को लेकर ख़ासी पसोपेश में थीं कि भविष्य इस तरह के संगीत के आदर का समय नहीं रहने वाला है। और यह भी, कि आगे चलकर देश आज़ाद हो जायेगा और स्त्रियों को ज़्यादा बेहतर ढंग से अपने दामन फैलाने भर का आसमान हासिल होगा। यदि हम इतिहास पर ग़ौर से रोशनी डालें, तो पायेंगे कि उस समय चार प्रमुख गायिकाएँ ऐसी थीं, जो राजदरबारों में तो मुबारक़बादियों के लिए आती-जाती थीं, मगर उनकी सोच इतनी प्रगतिशील थी कि उन्हें पता था कि बदलते हुए समय में उन्हें अपनी लड़कियों के लिए क्या करना है। इनमें नरगिस की माँ जद्दनबाई, शोभा गुर्टू की माँ मेनका बाई, नसीम बानो की माँ शमशाद बेगम और अख़्तरीबाई फ़ैज़ाबादी की माँ मुश्तरीबाई प्रमुख हैं। जद्दनबाई ने बदलते हुए समय को पढ़कर नरगिस को अपनी परम्परा से बहुत मेहनत के साथ अलग किया और उन्हें न केवल अँगरेजी तबीयत की शिक्षा दिलाई, बल्कि सआदत हसन मण्टो, पृथ्वीराज कपूर और महबूब ख़ान जैसे नये सोच के लोगों के साथ विकसित होने में मदद की। जद्दनबाई को इस बात का पूरा इल्म था कि नरगिस भविष्य में एक बेहतर अभिनेत्री बनेंगी, इस कारण उन्होंने अपने समय

की हर वे चीज़ें नरगिस को सिखायीं, जो चालीस व पचास के दशक में एक सफल अभिनेत्री बनने के लिए ज़रूरी मानी जाती थीं। यह अपने में अत्यधिक मायने रखने वाली बात है कि नरगिस को उन्होंने हमेशा संगीत, साज़ और घुँघरू से दूर रखा। उन्हें डर था कि संगीत सीखकर कहीं उनकी बेटी गाने का पेशा न अपना ले। इसी तरह मेनका बाई ने पारम्परिक 'कोर्ट सिंगिंग' (राजाश्रय में पलने वाला संगीत) से शोभा गुर्टू का आत्मीय परिचय नहीं करवाया, बल्कि उन्हें सीधे ले जाकर उन दिग्गज संगीतकारों की सभाओं में खड़ा कर दिया, जिनका अनुसरण करते हुए धीरे-धीरे वे शास्त्रीय गायकी का एक मुकम्मल प्रतिनिधि चेहरा बनकर उभरीं। शमशाद बेगम ने नसीम बानो को और फिर नसीम बानो ने अपनी बेटी सायरा बानो को, इस तरह ट्रेंड किया कि वे दोनों अपने समय की सफल अभिनेत्रियाँ बन पायीं। अब रह गयी बात अख़्तरीबाई फ़ैज़ाबादी की। यहाँ इस तथ्य का स्पष्टीकरण ज़रूरी है कि अख़्तरीबाई के जीवन में सर्वाधिक प्रासंगिक मुक़ाम उनकी माँ मुश्तरीबाई का ही है, जिनके कारण संगीत के इतिहास को ग़ज़ल, ठुमरी और दादरे के दर्द भरे एहसास से भरा हुआ एक जहीन पन्ना बेगम अख़्तर पर हासिल हुआ है।

ये बेगम अख़्तर थीं, जिनकी परवरिश को बड़े करीने से मुश्तरीबाई ने तराशा था। ये बेगम ही थीं, जिन्हें मुश्तरीबाई तब सिनेमा में ले आयीं, जिस समय गौहरजान कर्नाटकी की फ़िल्में लोगों के सिर चढ़कर बोलती थीं और उनके मुक़ाबले अदनी-सी अख़्तरी को खड़ा कर दिया। मुश्तरीबाई, जिनको पूरा घर 'बड़ा साहब' कहता था—घर की बालकनी पर बैठकर हर आने-जाने वाले पर नज़र रखती थीं कि अख़्तरी से मिलने कौन आया और कौन गया? मुश्तरी के ही बढ़ावा देने पर ये बेगम अख़्तर ही थीं, जो गया से कलकत्ते इसलिए गयीं कि पारसी थियेटर में काम कर सकें और बाद में बम्बई जाकर अपना मुक़ाम सिनेमा में बना पायें। इस पूरे प्रकरण में एक बात बहुत साफ़ है कि तमाम वे महत्त्वपूर्ण औरतें, जिन्हें भारतीय सिनेमा और शास्त्रीय संगीत के आरम्भिक प्रतिनिधि चेहरों के रूप में पहचान मिली—उनकी कामयाबी का अधिकांश सेहरा उनकी माँओं के हिस्से जाता है, जो अपने समय में बेटियों के प्रति विद्रोही बनकर आगे बढ़ सकीं, मगर स्वयं की ज़िन्दगी को सुनहले उजाले में लाकर देखने की हसरत उन कद्दावर औरतों ने कभी नहीं पाली।

यहीं से बेगम अख़्तर को समझने का प्रसंग आगे बढ़ता है। 7 अक्टूबर, सन् 1914 को ज़िला फ़ैज़ाबाद के भदरसा क़स्बे में जन्मी अख़्तरीबाई फ़ैज़ाबादी का आरम्भिक परिचय बस इतना ही था कि वे फ़ैज़ाबाद की नामी-गिरामी तवायफ़ मुश्तरीबाई और वक़ील असगर हुसैन की छोटी बेटी थीं। असगर हुसैन, मुश्तरीबाई के इस कदर दीवाने थे कि उन्होंने मुश्तरी को अपनी दूसरी बीवी बनाया था।

यह और बात है कि छोटी-सी बच्ची बिब्बी (अख़्तरीबाई के बचपन का नाम) में वे सब हुनर बचपन से ही मौजूद थे, जिन्हें बाद में धीरे-धीरे परिस्थितियों ने निखारकर एक अलहदा वयस्क और समझदार अख़्तरी में बदल दिया था। बचपन की उनकी ख़राब आर्थिक परिस्थिति ने सन् 1920 के आसपास उन्हें गया और कलकत्ता पहुँचा दिया था। इसका एक सुफल यह रहा कि मुश्तरीबाई ने उन्हें परम्परागत शास्त्रीय संगीत में तैयार होने के लिए पटियाला घराने के उस्ताद अता मुहम्मद ख़ाँ के सुपुर्द कर दिया। उस्ताद की शुष्क और गम्भीर गायकी से सीखकर अख़्तरी कभी पूरे मन से ख़्याल नहीं गा पाती थीं, बल्कि उनके समीप रहकर ग़ज़ल, ठुमरी और दादरा में सिद्धहस्त होती रहीं। उस समय बचपन में ख़्याल ठीक से न सीख पाने की पीड़ा ने उन्हें दोबारा ख़्याल सीखने के लिए प्रेरित किया और इस बार किराना घराने के दिग्गज उस्ताद अब्दुल वाहिद ख़ाँ से ख़्याल की बारीकियों को सीखने में जी-जान से जुट गयीं।

इस बार की अख़्तरी ज़्यादा समझदार और ज़्यादा गम्भीर थीं। अब पहले का सा न बचपन था और उन्हें यह बख़ूबी मालूम था कि ख़्याल गायकी की छोटी से छोटी बारीकी को गहराई से जाने बग़ैर पब्लिक के आगे परफॉर्म करने में उनके घराने की तौहीन है। वे ख़्याल, ठुमरी, दादरा और ग़ज़ल सीखते हुए जवान हुईं और उनके भीतर बैठे कलाकार का मन पुरबिया, अवधी, भोजपुरी, हिन्दी और उर्दू के खनकते हुए शब्दों को सुन-सुनकर भाषा और बोलियों के लिहाज़ से समृद्ध होता रहा। आप यहाँ आसानी से इस बात की पड़ताल कर सकते हैं कि बेगम अख़्तर की गायकी में पूरब का अंग और उत्तर प्रदेश की गंगा-जमुनी तहज़ीब की रंगत किस तरह अनूठे ढंग से परिमार्जित होकर हासिल होती है। उर्दू शब्दों का रवानगी के साथ इस्तेमाल, बेगम अख़्तर की गायकी की एक और बड़ी ताक़त है, जिससे उनके समकालीनों में उनका दबदबा अलग ढंग से कायम होता गया।

यह अख़्तरीबाई की परवरिश, उनकी नज़ाकत और कम उम्र में ढेरों शहरों में अलग-अलग तरीक़ों से तालीम लेने का असर था कि बाद के दिनों में, जब वे अपने संगीत और उम्र दोनों के ही लिहाज़ से सबसे नाज़ुक और ख़ूबसूरत दौर में थीं, भारत के अधिकांश नवाबों और राजा-महाराजाओं ने समय-समय पर उन्हें अपने दरबार की गायिका बनाया। हैदराबाद, भोपाल और रामपुर के नवाबों तथा कश्मीर और अयोध्या के राजघरानों में दरबारी गायिका के रूप में कई वर्षों तक रही बेगम अख़्तर की गिनती हमेशा बड़ी गायिकाओं में होती रही। उनकी पूर्ववर्ती एवं समकालीन गायिकाओं ख़ासकर अंजनीबाई मालपेकर, केसरबाई केरकर, मोघूबाई कुर्डीकर और सिद्धेश्वरी देवी जैसी दमदार उपस्थितियों के बीच बेगम अख़्तर ने अपना मुक़ाम बनाया था। सीखने को लेकर इतनी ललक और कुछ नया पा लेने की बेपनाह चाहत ने उन्हें बहुत सारी गायिकी की नायाबियों

से नवाज़ा। मसलन, अपने से उम्र में बड़ी और लगभग 90 की हो चुकीं भेंडी बाज़ार घराने की अप्रतिम अंजनीबाई मालपेकर से सुना हुआ एक दादरा– *'मैं तो तेरे दमनवा लागी महाराज'*, उनके लगभग पीछे पड़कर ही उन्होंने सीख लिया। इस तरह देखें, तो लगेगा कि वे घराने में रहकर भी पूरी तरह घराने की नहीं थीं। उन्मुक्त, स्वच्छन्द और हुनर के पीछे दीवानों की तरह लगी रहने वाली बेगम साहिबा ने वो सब कुछ किया, जो उन्हें पसन्द था। वो सब कुछ पाने की चाहत रखी, जो हसरत बड़े-बड़े उस्ताद रखने से भी घबड़ाते हैं। कई दरों पर जाकर कुछ सीख आने वाली अख़्तरीबाई फ़ैज़ाबादी में भी ये हुनर कमाल का था कि वे सबमें पूरी तरह डूबकर भी कहीं-न-कहीं किसी कोने में अपनी बेगम अख़्तर वाली टाइप बचा ले जाती थीं। इस सन्दर्भ में उस्ताद बिस्मिल्ला ख़ाँ का एक दिलचस्प संस्मरण सुनाने लायक है, ख़ाँ साहब फरमाते हैं– *"बेगम अख़्तर के गले में एक अजीब कशिश थी। जिसको कहते हैं 'अकार की तान' उसमें 'अ' करने पर उनका गला कुछ फट जाता था, और यही उनकी ख़ूबी थी। मगर शास्त्रीय संगीत में वह दोष माना जाता है। एक बार हमने कहा कि "बाई कुछ कहो, ज़रा कुछ सुनाओ।" वे बोलीं, "अमाँ क्या कहें, का सुनायें।" हमने कहा कुछ भी। बेगम गाने लगीं, "निराला बनरा दीवाना बना दे।" एक दफे, दो दफे कहने के बाद जब दीवाना बना दे में उनका गला खिंचा, तो हमने कहा, "अहा, यही तो सितम है तेरी आवाज़ का।" वो जो गला दुगुन-तिगुन के समय लहरा के मोटा हो जाता था, वही तो कमाल का था बेगम अख़्तर में।"*[2] गले का एक विशेष परिस्थिति में जाकर शुद्ध स्वरों को थोड़ा विकृत करते हुए तीव्र हो जाना या उसका सामान्य अर्थों में तान, मींड़, गमक लेते वक़्त फट जाना–बेगम अख़्तर की कला में अद्भुत ढंग से रस-परिवर्तन करता था। लोग दम साधे सिर्फ़ उस क्षण के इन्तज़ार में घण्टों बैठे रहते थे कि न जाने क़ब वह घड़ी आन पड़े। इतिहासकार सलीम किदवई बताते हैं कि "यह कोई नहीं जानता था कि बेगम अख़्तर की अदायगी में वह स्थिति एकदम निश्चित तौर पर क़ब श्रोता महसूस करेंगे, मगर इतना अवश्य है कि ऐसा कोई जतन बेगम जानबूझकर नहीं करती थीं।" उनके गले की आवाज़ का विशेष अन्दाज़ चूँकि नैसर्गिक और लगभग अप्रत्याशित था–शायद इसी कारण उस ज़माने से लेकर आज तक बेगम की ग़ज़लों को सुन-सुनकर जवान होती हुई पीढ़ी में उस अप्रत्याशित विद्रूप की खनक बसी हुई है। कुदरत से पायी हुई यह विकृति ही, बेगम अख़्तर की गायकी का अलंकार बन गयी है। फिर चाहे वह *'दीवाना बनाना है तो दीवाना बना दे'* सुनकर कोई महसूस करे, चाहे *'ज़रा धीरे-से बोलो, कोई सुन लेगा'* और *'हमरी अटरिया पे आओ सँवरिया'* जैसे दादरे सुनकर; सभी कुछ उनके अन्दाज़े-बयाँ में बिल्कुल अनूठा था, जिसकी नकल सम्भव नहीं थी।

संगीत की व्याप्ति हमेशा से ही प्रबुद्ध समाज का अंग रही है। भारतीय शास्त्रीय गायन को मान्यता और श्रेष्ठता हासिल होने के बावजूद *'पक्का गाना'* कहकर थोड़ा बच निकलने की परम्परा है। जो लोग अपने मनोविनोद के लिए संगीत सुनते आये हैं, उनके लिए शास्त्रीय गायन हमेशा ही कौतूहल की चीज़ रहा है। मगर बेगम अख़्तर के बारे में उन लोगों की मान्यता भी आश्चर्यजनक रूप से सम्मानजनक व प्रशंसापरक ही रही है, जो ऐसा सोचते आये हैं। यह भी हो सकता है कि बेगम अख़्तर का जीवन जिस तरह तमाम आड़ी-तिरछी रेखाओं और ढेरों उदास-चटख रंगों से बना और सँवरा है, उसमें एक श्रोता को आवाजाही के लिए थोड़ा अतिरिक्त स्पेस मिल जाता है। एक बाई की बेटी होना, तिस पर सिनेमा में ऐक्टिंग करना, उसके बाद धीरे-धीरे उपशास्त्रीय संगीत समाज में केन्द्रीयता हासिल करना और रही-सही कसर अपने विलासितापूर्ण जीवन और खान-पान से उजागर कर देना—यह सब कुछ मिल-मिलाकर बेगम अख़्तर को एक आश्चर्य की वस्तु में बदल देते हैं। सिगरेट और शराब पीते हुए अपने हम उम्र लोगों में बेलौस ढंग से उठने-बैठने वाली बेगम अख़्तर की गायिकी भी दरअसल इसी कारण बड़े आश्चर्य और थोड़े संशय दोनों ही के साथ, आज तक सुनी, देखी और बरती जा रही है। इसमें श्रोता और प्रशंसकों को हमेशा इस बात की छूट भी मिलती रही कि वे यह तय कर पायें कि उनकी अपनी चहेती गायिका का अफ़साना कितना अपना है और कहाँ तक बेगाना है।

इस अपनेपन और बेगानेपन के बीच के द्वन्द्व में फँसी बेगम अख़्तर की गायकी हमेशा से नये सुनने वालों के बीच जिज्ञासा का बायस बनती रही है। यह उन तमाम सारे क़द्रदानों का मत है कि जब बेगम अख़्तर कोई ग़ज़ल गाती थीं, तो पूरी महफ़िल पर एकाएक जादुई-सा असर होने लगता था। सन् 60-70 के दौरान, जो बेगम का शिखर काल भी है, में ऐसी नामी-गिरामी ग़ज़ल गायिका को सुनना ख़ासा विस्मयकारी होता था। उन श्रोताओं द्वारा यह तय कर पाना मुश्किल था कि गाते वक़्त अख़्तरीबाई की आवाज़ कितनी ज़मीन से जुड़ी हुई है और कितनी मिथक की चीज़। ग़म, आँसू, दर्द, इश्क़, पीड़ा, विरह, शृंगार जैसे पलों को कितनी बुलन्दी मुहैया करायी जा सकती है—इस बात के लिए उनके ग़ज़लों की नये सिरे से पड़ताल की जानी चाहिए। गायकी में आम जीवन का दर्द किस कदर शास्त्रीय गरिमा अख़्तियार करता है—बेगम अख़्तर इसकी मिसाल आप थीं। यहाँ यह स्पष्ट कहने में कोई संकोच नहीं कि जिस दौर में उनके समकालीन गायक-गायिकाओं ने अपने अद्भुत फ़न द्वारा *'पक्का-गाना'* की दुन्दुभी बजाई हुई थी, उस समय अपने भावों की नज़ाकत में, गम्भीर साहित्यिक उर्दू शब्दों की बन्दिशों से बँधी एक ओर मीर, ग़ालिब, मोमिन, दाग की ग़ज़लों को गाती हुई, तो दूसरी ओर बिल्कुल समकालीन और नये शायरों कैफ़ी आज़मी, शकील बदायूँनी, जिगर मुरादाबादी, सुदर्शन फाक़िर की नज़्मों के साथ, बेगम अख़्तर

अपनी समकालीन गायिकाओं से बहुत आगे निकल जाती थीं। संगीत के लिए जिस विशेष लय या तरन्नुम की बात अकसर संगीत के उस्ताद करते हैं, उसका व्यावहारिक पक्ष इनकी गायकी से स्पष्ट होता था।

बेगम अख़्तर जैसी ज़हीन गायिका की कला को समझने के लिए हमें उनके जीवन के उन बन्द गलियारों पर पड़ी चिकों के पीछे भी झाँकना होगा, जिनमें से निकलकर एक उम्दा फ़नकार अवध की सरज़मीं को हासिल हुआ है। अख़्तरीबाई के बेगम अख़्तर बनने से बहुत पहले से ही लखनऊ तमाम तरीक़ों से संगीत की दुनिया में नामी-गिरामी लोगों के इतिहास से भरा रहा है। इनमें हम मुख्य रूप से नवाब वाजिद अली शाह, बिन्दादीन महाराज, अच्छन महाराज आदि के नाम ले सकते हैं। अख़्तरीबाई अपने जीवन के आरम्भिक दौर में किस तरह प्रगतिशील सोच की रही थीं और नये ज़माने से क़दम दर क़दम साथ मिलाकर चलने का हुनर रखती थीं, यह उनके इस एक निर्णय से समझा जा सकता है। यह वाक़या 1938 ई. का है, साथ ही उनके जीवन का एक महत्त्वपूर्ण वर्ष भी माना जा सकता है। उस समय जब अधिकांश गानेवालियों और तवायफ़ों ने अपना ठिकाना (जिन्हें हम एक हद तक 'कोठा' कह सकते हैं) पुराने लखनऊ के नक्खास और चौक इलाके में बना रखा था, अख़्तरीबाई पहली ऐसी दबंग महिला के रूप में संगीत के इतिहास में जानी जायेंगी, जिन्होंने एक झटके में इस पुरानी रवायत को तोड़ डाला था। उन्होंने सीधे चौक की बदनाम गलियों से निकल कर नये लखनऊ की हज़रतगंज जैसी आधुनिक बस्ती और 'शुरफा' (कुलीन लोगों) के बीच रहना पसन्द किया। उन्नीस सौ अड़तीस में उन्होंने हज़रतगंज के लाल बाग़ में, जहूर बख़्श चर्च के पास अपना कोठा 'अख़्तर मंज़िल' बनाया। अब, आप यह देखिये कि बाक़ी तवायफ़ों की तरह कोठा बसाने के लिए वे चौक नहीं गयीं। उन्होंने बाक़ी गानेवालियों से ख़ुद को अलग किया। लीक पर चलने वाली उस महफ़िली रवायत से भी ख़ुद को अलग किया, जो एक हद तक बदनाम बस्तियों का तमगा लिए होती थीं। इस जतन में उन्होंने और ऐसी जगह आकर अपने साज़ और संगीत का मजमा लगाया, जहाँ आसानी से शरीफ़ घरों के लोग आ सकें। 'अख़्तर मंजिल' जहाँ बनाया गया था; उसकी पृष्ठभूमि यह थी कि एक ओर ईसाइयों का मशहूर इबादतगाह जहूर बख़्श चर्च था, तो दूसरी ओर यह कोठा जहाँगीराबाद पैलेस के ठीक पीछे पड़ता था। करखा के ताल्लुकेदार चौधरी राशीदुदीन अशरफ़, जो जहाँगीराबाद के बहनोई थे—का घर भी 'अख़्तर मंज़िल' के बगल ही में पड़ता था। अब इस तरह के पड़ोस में आकर बसी अख़्तरीबाई के कोठे पर कोई भी शरीफ़ज़ादा आसानी से कभी भी आ सकता था। वहाँ उस पर कोई उँगली नहीं उठा सकता था कि 'अरे मियाँ आप वहाँ उस समय क्या कर रहे थे?' यह जगह अगर पुराने लखनऊ की किसी गली या चौराहे पर पड़ती, तो बेगम के संगीत के वे दीवाने, जो उच्च और कुलीन वर्ग से ताल्लुक रखते थे, वहाँ चाहकर भी जा

नहीं सकते थे। बेगम अख़्तर के इस प्रसंग की चर्चा इस ऐतिहासिक तथ्य को समझने के लिए ज़रूरी है कि इससे पहले या सन् उन्नीस सौ अड़तीस के बाद आज तक कोई तवायफ़ हज़रतगंज के इलाके में बस नहीं पायी। बसेरा बनाना तो दूर, इस तरह सोच भी नहीं सकी। प्रसंगवश यहाँ एक बात यह भी जानना ज़रूरी है कि एक बार फिर से सन् 1945 के आसपास उन्होंने हैवलॉक रोड पर अपना दूसरा घर बनाया था। नाम इस बार भी उसे 'अख़्तर मंज़िल' ही दिया।

सन् 1938 इस मामले में बेगम अख़्तर के जीवन का एक अलग मुक़ाम रखने वाला साल है कि इसी वर्ष उन्होंने, जहाँ एक ओर हज़रतगंज में अपना कोठा बसाकर एक आधुनिक रिवाज़ की नींव रखी, वहीं यह दूसरी ओर उनके गोमती के शहर में पुनर्वास का साल भी है। अख़्तरीबाई फ़ैज़ाबादी ने इसी के साथ बाकायदा राजदरबारों में होने वाली संगीत सभाओं में जाना शुरू कर दिया और साथ ही साथ वे लखनऊ के बड़े घरानों के शादी-ब्याह के मौक़ों पर होने वाली महफ़िलों तथा विभिन्न त्योहारों पर पड़ने वाली मज़लिसों में शिरकत करने लगीं। पुराने फ़ैज़ाबाद के बुजुर्गवार नकी हसन साहब, जिन्होंने फ़ैज़ाबाद में मुहर्रम के वक़्त कई बार मेंहदी के जुलूस में अख़्तरीबाई को *नौहा* (मुहर्रम में हज़रत इमाम हुसैन की शहादत में गाया जाने वाला शोकगीत) गाते हुए सुना था, बताते हैं कि वे इन मौक़ों पर बेहद दर्द भरा नौहा गाते हुए गुलाबबाड़ी से बहू बेगम का मक़बरा, चौक, रिकाबगंज होते हुए क़र्बला तक जाती थीं। पीछे-पीछे असंख्य शिया मुसलमान मातम करते हुए आगे बढ़ते थे। 1940 ई. के आसपास के उस ज़माने में, मुहर्रम की साँतवीं तारीख़ की मजलिस में फ़ैज़ाबाद में अख़्तरीबाई शिरकत करने ज़रूर आती थीं। आज भी फ़ैज़ाबाद में यह रवायत उसी तरह निभायी जा रही है। यह जानना महत्त्वपूर्ण है कि नवाबकालीन समय से ही मुहर्रम की सातवीं तारीख़ को अवध और विशेषकर फ़ैज़ाबाद में एक अलग ही महत्ता प्राप्त रही है। इस दिन मान्यता के अनुसार हजरत इमाम हुसैन की बेटी के विवाह का दिन था। परम्परा में भारतीय सन्दर्भों के तहत मुस्लिम विवाह में 'मेंहदी की रस्म' को बहुत इज़्ज़त प्राप्त है। इसी प्रतीक रूप में मेंहदी के जुलूस को फ़ैज़ाबाद में निकाला जाता रहा है, जो पारम्परिक रूप से बहू बेगम के मक़बरे से निकलकर 'जवाहर अली ख़ाँ इमामबाड़ा', राठहवेली तक जाता है। फ़ैज़ाबाद की इस मज़लिस में शिरकत करने आने वाली अख़्तरीबाई के नौहे की आज कुछ आरम्भिक पंक्तियाँ ही मिलती हैं, जिसका मुखड़ा कुछ यूँ है–

"रण्डसाला न पिन्हाओ
मुझे बेवा न बनाओ"

बेगम अख़्तर प्रसंग के साथ यहाँ इस बात का ज़िक्र भी क़ाबिलेग़ौर है कि हज़रत इमाम हुसैन की मार्मिक शहादत पर लिखे और गाये जाने वाले अधिकांश मर्सियों

और नौहों को मीर अनीस ने लिखा है, जो स्वयं फ़ैज़ाबाद के थे और जिनकी चर्चा के बगैर मुहर्रम, मर्सियाख़्वानी और नौहाख़्वानी अधूरे हैं। मीर अनीस के अलावा उर्दू साहित्य में दबीर और सौदा के मर्सिये भी मशहूर रहे हैं। मीर अनीस का एक मर्सिया, जिसमें हज़रत इमाम हुसैन के सबसे नवजात बच्चे के वध का दर्द भरा वर्णन दर्ज़ हुआ है, शुरुआती लाइनें कुछ इस तरह हैं—

रोया किया जो प्यास से असगर तमाम रात
छलका किया बहिश्त में कौसर तमाम रात

(जन्नत में प्यास बुझाने के लिए जो पवित्र पानी दिया जायेगा, उसे कौसर कहते हैं। अर्थ है कि इमाम हुसैन का बेटा प्यास से सारी रात क़र्बला में रोता रहा और जन्नत में उसके लिए बराबर कौसर छलकता रहा।)

गायकी में पूरे दमखम के साथ स्थापित होने से पहले अख़्तरीबाई ने कुल आठ फ़िल्मों में अभिनय और सत्यजित रे की 'जलसाघर' में बैठकी महफ़िल का अद्‌भुत चित्रण किया था। ये फ़िल्में थीं—*एक दिन का बादशाह (किंग फार ए डे), नल दमयन्ती, रूप कुमारी, मुमताज बेगम, अमीना, जवानी का नशा, नसीब का चक्कर, रोटी और जलसाघर*। यह उनकी संगीत जगत में धाक और बेजोड़ प्रतिष्ठा का ही मामला था कि अपने ज़माने के मशहूर फ़िल्मकार सत्यजित रे ने उन्हें अपनी फ़िल्म का हिस्सा बनाना ज़रूरी समझा। आज भी उनका उस फ़िल्म के लिए गाया हुआ दादरा *'हे भर भर आयीं मोरी अँखियाँ पिया बिन/घिर घिर आयी काली बदरिया/धड़कन लागी मोरी छतियाँ पिया बिन'* सिनेमा और संगीत प्रेमियों के स्मरण में एक शानदार कलात्मक प्रस्तुति की तरह बसा हुआ है।

अख़्तरी के किरदार में यह दिलचस्प रहा है कि फ़िल्मों में उन्हें कोई बड़ी सफलता हाथ नहीं आयी थी, मगर संगीत की दुनिया में अख़्तरीबाई धीरे-धीरे अपने पंख फैलाने लगीं थीं। उनकी सबसे चर्चित फ़िल्म 'रोटी' (1942), जिसे महबूब ख़ाँ ने बनाया था, में उनके गाये हुए छह गीत थे—*'फिर फसले बहार आयी', 'चार दिनों की जवानी', 'उलझ गये नयनवा', 'ऐ प्रेम तेरी बलिहारी हो', 'वो हँस रहे हैं, आह किये जा रहा हूँ मैं'* और *'रहने लगा है दिल में अँधेरा तेरे बग़ैर'*।[3] हालाँकि मेगाफ़ोन रिकॉर्ड से अनुबन्ध के कारण उनके गीतों को 'रोटी' से बाद में हटा दिया गया और पर्दे पर कोई भी गाना शामिल नहीं किया गया, क्योंकि यह एच.एम.वी. के लेबल से जारी हुआ था। फ़िल्म इतिहासकारों का इस सन्दर्भ में यह भी मत है कि इस बात से अख़्तरीबाई इतनी आहत हुई थीं कि उनका मन फ़िल्मी दुनिया से इसके बाद उचट गया था। इस बात पर उनके कुछ बेहद क़रीबी लोग भी सहमति जताते हैं। उनके सिनेमा के प्रसंग इस कारण ही प्रासंगिक और जानने योग्य हैं कि सिनेमा से अलग एक बड़ी पहचान उन्हें संगीत ने दी। आज हम जिन बेगम अख़्तर की बात बड़े गर्व से करते हैं, उनकी पहचान संगीत

ने इतनी बड़ी बना दी है, जिसकी रोशनी में सेल्युलाइड की चमक फीकी हो गयी है। आज इन फ़िल्मों की चर्चा भी सिर्फ़ इसी कारण होती है कि उसमें कहीं न कहीं अख़्तरीबाई की मौजूदगी रही है, जो अपने दौर की लाजवाब गायिका थीं।

इस बात की हम शुरुआत में ही चर्चा कर आये हैं कि अख़्तरीबाई की समकालीन जितनी भी गायिकाएँ परिदृश्य पर थीं, वे सब की सब अपनी अदायगी और घरानेदारी में बड़ी मज़बूत थीं। अंजनीबाई मालपेकर, मोगूबाई कुर्डीकर और सिद्धेश्वरी देवी जैसी गम्भीर गायिकाओं के अलावा उस वक़्त की नामचीन गायिकाओं में जम्मू की कमला झरिया, बंगाल की अंगूरबाला और अनारबाला प्रमुख थीं। निम्मी आगरेवाली का गाना भी उस समय संगीत हलकों में नये ढंग से शुमार हो ही रहा था कि राजकपूर के कहने पर उन्होंने गाना छोड़ दिया और 'बरसात' फ़िल्म से अपने अभिनय जीवन की शुरुआत 'निम्मी' नाम से की। गौहर जान इस मायने में कुछ अतिरिक्त आदर पाने लगी थीं, क्योंकि अपनी दमसाज गायकी के साथ-साथ वे देश को स्वाधीन कराने वाले कांग्रेस के नेशनल मूवमेण्ट में सक्रिय रूप से जुड़ गयी थीं। इनके अलावा अपने-अपने ढंग से मलका जान, जानकीबाई 'छप्पनछुरी', अनवरबाई 'लखनवी', रोशनआरा बेगम आदि का समय पूरे शबाब पर था। मलका पुखराज, अख़्तरीबाई फ़ैज़ाबादी से थोड़ी वरिष्ठ थीं और दूर कश्मीर के महाराजा हरिसिंह के दरबार की प्रमुख कलाकार के रूप में काफ़ी समय तक विख्यात रहीं। वरिष्ठ संगीत आलोचक शीला धर का यह मत ध्यान देने लायक है कि बाद में (ज़ाहिर है, मलका पुखराज के कश्मीर छोड़कर पाकिस्तान चले जाने पर) कुछ दिनों तक बेगम अख़्तर भी कश्मीर राजदरबार की गायिका रहीं। रामपुर के नवाबी दिनों में, वहाँ की रियासत के अन्तिम प्रधानमन्त्री रहे कर्नल बशीर हसन जैदी का अख़्तरीबाई के लिए कहना था कि अपनी तरह की विशिष्ट गायकी का पूरा बन्दोबस्त रखने के बावजूद, वे बेहद इम्पलसिव थीं। यह सारे उद्धरण यहाँ मात्र इस बात को रेखांकित करने के उद्देश्य से कहे गये हैं कि गायिकी, नफ़ासत और अदब के चलते अख़्तरीबाई का सिक्का फ़ैज़ाबाद से लेकर कलकत्ते और दूर कश्मीर तक चलता था।

अख़्तरीबाई की सफलता के इस दौर का आरम्भ उस क्षण से मानना चाहिए, जब तीस के दशक के पूर्वार्द्ध में उन्हें मेगाफ़ोन कम्पनी (कलकत्ता) की ओर से पहला बड़ा कान्ट्रैक्ट, लांग प्ले रिकॉर्ड (एल.पी.) बनाने का मिला। साथ ही मेगाफ़ोन कम्पनी ने अख़्तरी पर ज़ोर डाला कि वे फ़िल्में भी करती रहें। ऐसा इस कारण ही हुआ होगा क्योंकि तीस के दशक के पूर्वार्द्ध में सक्रिय इन म्यूज़िक कम्पनियों मसलन—मेगाफ़ोन, कोलम्बिया और ट्विन रिकॉर्ड्स जानते थे कि उनके द्वारा बनाये हुए गायिकाओं और बाइयों के रिकॉर्ड्स की बिक्री एकाएक बढ़ जाती है, यदि वे अलग से सिनेतारिकाएँ हों। शुरुआत में इसी वजह से गौहरजान कर्नाटकी,

जोहराबाई अम्बालावाली और सुरैया का फ़िल्मी कॅरियर चमकने लगा था, क्योंकि अभिनेत्रियाँ बनने से अलग ये औरतें पेशेवर गायिकाएँ पहले थीं। मेगाफ़ोन कम्पनी अपने संगीत के जो इश्तिहार उस समय की प्रतिष्ठित पत्र-पत्रिकाओं में छपवाती थी, उसमें अख़्तरीबाई का नाम सबसे ऊपर होता था और उसमें लिखा रहता था—'मिस अख़्तरीबाई (फ़ैज़ाबाद) फ़िल्म स्टार'। अख़्तरीबाई के अलावा उस इश्तिहार में मिस कमला झरिया, अनीस ख़ातून (कानपुर) फ़िल्म स्टार, मिस कल्याणी 'कल्लो', मास्टर हनीफ कव्वाल व मिस्टर इरशाद हुसैन की शिरकत रहती थी।

सिनेमा के उनके चमकते कॅरियर से अलग हम एक गायिका के तौर पर ही उन पर बात समाप्त करें, तो पायेंगे कि बेगम अख़्तर की गायिकी एक हद तक फ़िक्रमन्द गायकी असर पैदा करती है। उन्हें सुनते हुए जो बात सबसे पहले दिमाग़ में आती है, वह यही है कि ग़ज़ल के मिसरों की अदायगी हो या ठेठ पूरब अंग के दादरे की बन्दिश—सभी जगहों पर वे थोड़ी आत्मसजग और थोड़ी संशयग्रस्त नज़र आती हैं। उन्हें सुनते हुए हमें यह बार-बार लगता है कि कोई मूर्धन्य अपनी कला से ज़्यादा उस दूसरी कला के मर्म का उद्घाटन करने के लिए कुछ अतिरिक्त सतर्क है। जैसे उसे लगता हो कि संगीत, सुर और साज़ के आँगन में शब्दों की नैसर्गिक आभा कहीं धूमिल न हो जाये। बेगम अख़्तर राग, ताल और धुन से ज़्यादा उन शब्दों की बेहतर अर्थव्याप्ति के लिए भावों को प्रदर्शित करने में विश्वास करती थीं। उनकी ग़ज़लों या ठुमरियों के एल.पी. रिकॉर्ड या कैसेट्स सुनकर आसानी से यह बात समझ में आती है कि एक ग़ज़ल के किसी मिसरे को गाते समय उनके संगतियों का समूह अपने-अपने वाद्यों को कितना 'अण्डर प्ले' करता था। शब्दों को सलीके से संगीतबद्ध करके अर्थ का मर्म खोल देने की कोशिश ही उन्हें गायिका के तौर पर ज़्यादा बड़ा और विशिष्ट बनाती है। बेगम अख़्तर के हुनर का यह सबसे उज्ज्वल पक्ष है कि उन्होंने किसी गीत या बन्दिश पर अतिरिक्त बोझ वाली गुलतराशी कभी नहीं की। उनकी कला का सौन्दर्य, गाये जा चुके गीतों के अर्थों की मनोहारी छायाओं के अन्दर से दीप्त होता था। संगीत को लेकर वे इतनी ज़्यादा सजग थीं कि एक मुन्ने ख़ाँ को छोड़कर जल्दी किसी तबला वादक को अपनी संगत के लिए साथ नहीं लिया। उन्हें मालूम था कि मुन्ने ख़ाँ सिर्फ़ कला दिखाने भर के लिए ही नहीं, न ही गायक कलाकार पर चढ़ जाने की गरज से तबला बजायेगा, बल्कि वह गायिका के साथ तान और आलाप के बीहड़ जंगल में चुपचाप पीछे-पीछे चला आयेगा। वह उसी तरह का काम करेगा, जिस तरह का काम बन्दिशों में राग-रागनियों की निश्चित मात्राएँ भर करती हैं। संगीत को गौण बनाते हुए, गायकी को मुख्यधारा में रखने का बेगम अख़्तर का यह तरीक़ा, उन्हें एक हद तक पं. मल्लिकार्जुन मंसूर एवं उस्ताद अमीर ख़ाँ, जैसे दिग्गज कलाकारों की श्रेणी में पहुँचाता है। इन दोनों मूर्धन्य

कलासाधकों की गायन-यात्रा में हमें इसी प्रकार का विचार समाया हुआ मिलता है। बेगम अख़्तर का गायन हमें इसी कारण जितना 'वैचारिक गायन' लगता है, उतना ही उनकी साफ़-सुथरी मुद्रा, मध्य-लय का धैर्यपूर्ण चयन, गायन के मध्य उच्चारण की शुद्धता का ध्यान, तबले से निहायत कम खिलवाड़ और तीनों सप्तकों में करीने से ली गयी गमकयुक्त छोटी-छोटी दानेदार तानों के चलते उन्हें सुर और लय के लोक में अप्रतिम किरदार मुहैया कराता है।

शकील बदायूँनी की ग़ज़ल *'ऐ मोहब्बत तेरे अंजाम पे रोना आया'* बेगम अख़्तर की ग़ज़ल अदायगी का लगभग पर्याय ही बन गयी है। उनके चाहने वाले किसी भी महफ़िल में बिना यह ग़ज़ल सुने सन्तुष्ट नहीं होते थे। उनसे मिलने-जुलने वाले अधिकांश लोगों का यहाँ तक कहना है कि बेगम के लिए यह ग़ज़ल नहीं थी, बल्कि उनके कन्सर्ट का नेशनल ऐन्थम थी। हर एक व्यक्ति, जो उनकी आत्मीयता के घेरे में आता था—किसी महफ़िल में जाने से पहले हमेशा मज़ाक में उनसे कहता था कि नेशनल ऐन्थम के अलावा, आप आज क्या-क्या गायेंगी? या बेगम साहिबा महफ़िल भले ही कजरी और दादरा की हो, लोग आपसे नेशनल ऐन्थम गवाये बिना नहीं मानेंगे। यह एक कलाकार की अपनी विधा के प्रति अटूट सिद्धहस्तता का एक छोटा-सा प्रमाण भर है कि किस तरह कला के क़द्रदान उस कलाकार द्वारा रची गयी श्रेष्ठता को बार-बार पकड़ने की कोशिश करते हैं।

एक कला इस सन्दर्भ में समाज के तमाम उन लोगों की असहायता का कारण होती है, जिसके साहचर्य में एक कौंध, एक तृप्ति, एक उम्मीद की भूमिका छिपी होती है। बेगम अख़्तर भले ही बार-बार शकील बदायूँनी की ग़ज़ल गाते हुए बहुत उत्साहित या प्रसन्न होती हों, मगर उन्हें सुनने वाला व्यापक श्रोता समाज अवश्य कला की मायानगरी में हर बार फँसता है, जब-जब वे वही एक चीज़ गाती हैं। वह उस विमुग्ध करने वाली मिलावट में अपने कला-आस्वाद का ऐश्वर्य गँवाता है, जिसे एक शायर और गायिका ने मिलकर रचा है। ...और जिसके सम्मोहन से अब उम्र भर बेगम अख़्तर और शकील बदायूँनी बच नहीं सकते, चाहकर निकल भी नहीं सकते। अख़्तरीबाई फ़ैज़ाबादी का जो ज़माना हम आज सिलसिलेवार याद कर रहे हैं, उसमें उस वक़्त के संगीत दुनिया के एक रिवाज की निशानदेही करना भी बेहद ज़रूरी बन जाता है। तवायफ़ें और बाइयाँ राजदरबारों में या खुद के कोठों पर महफ़िलें दो तरीक़ों से सजाती थीं—*'बैठकी महफ़िल'* तथा *'खड़ी महफ़िल'*। 'बैठकी महफ़िल' का चलन ज़्यादा था, क्योंकि इसमें ठुमरी, दादरा, सादरा, होली और ग़ज़ल आदि का भावपूर्ण प्रदर्शन गायिका बैठे हुए करती थी। बाइयों का भारी कपड़ा और शृंगार आम लोगों के आकर्षण का केन्द्र हुआ करता था, जिसे पेशवाज़ कहते हैं। 'खड़ी महफ़िल' कभी-कभार ही होती थी, जिसमें गानों की अदायगी थोड़े अंग-संचालन के साथ गायिका

खड़े हुए करती थी। एक प्रकार से इसे हम मुजरे का ही प्रकार कह सकते हैं। संगतिये गायिका के पीछे-पीछे चलते थे, कभी-कभार तो दौड़ते भी थे। क़ब 'सम' आयेगा, क़ब 'ठेका' लेना है—इसका ख़ास ख़्याल रखते थे। तबलानवाज़ों के तबले उनके कमर में कसे हुए आगे को लटके रहते थे। गायिका घूम-घूमकर महफ़िल में अपने फन का रंग बिखेरती थी।

इतिहासकार सलीम किदवई बताते हैं कि लखनऊ में 1938 से 1945 ई. के दौरान अख़्तरीबाई फ़ैज़ाबादी ने कुछ ताल्लुकेदारों, नवाबों व बड़े व्यावसायिक घरानों के यहाँ थोड़ी-बहुत महफ़िलों में खड़ी ठुमरियाँ की हैं। सलीम किदवई के इस बयान के बेहद क़रीब रखकर, मलका पुखराज का कुछ इसी तरह का संस्मरण देखना चाहिए, जो अख़्तरी के हुनर पर भी एक तरह से रोशनी डालता है। यहाँ मलका पुखराज अपनी शुरुआती ज़िन्दगी इस तरह याद करती हैं—*"मैं अपने संगीत की तालीम के दिनों में कथक सीखने दिल्ली आयी थी। उस्ताद मम्मन ख़ाँ, जिन्होंने गौहर जान को भी कथक सिखाया था—ने मुझे विधिवत कथक सिखाना शुरू किया। वे सुबह हर रोज़ दस बजे आ जाते थे और मेरा उनके साथ रियाज़ लगातार दोपहर एक बजे तक चलता था। शास्त्रीय संगीत के 'सा, रे, गा, मा, पा, धा, नी' वाली सरल ज़िन्दगी में नृत्य की 'ता, थई, थई, तत' वाली बीहड़ दुनिया मुझे रोज़ ही थका डालती थी। मेरे नृत्य के उस्ताद का मानना था कि जब तक मैं नृत्य की बारीकियों और उसके तोड़े, टुकड़े, परन आदि सीखकर अपने पूरे शरीर पर नियन्त्रण नहीं कर लेती, तब तक मेरे ख़्याल और ठुमरी की अदायगी में वजन नहीं आयेगा।"*[4]

अगर हम रूपकों का सहारा लेकर बेगम अख़्तर को पारिभाषित करें, तो पायेंगे कि वे संगीत की दुनिया की मीर तकी मीर थीं, जिसे इस बात का गहराई से एहसास था कि उसने अपनी प्रगतिशील सोच के चलते, कुफ्र तक अपने हिस्से उठा रखा है। मीर जब कहते हैं—*'मीर के दीनों मज़हब को अब/पूछते क्या हो उन्ने तो/कशका खैंचा दैर में बैठा/क़ब का तर्क इस्लाम किया'*, तो यही बात पलटकर बेगम अख़्तर पर भी चरितार्थ होती है, जिन्होंने परम्परागत मुस्लिम परिवेश को एक तरह से जी कर भी, नहीं जिया था। वे इबादत में यक़ीन करती थीं। रोज़ा रखना और मुहर्रम के दिनों में सोजख्वानी करना उन्हें पसन्द था, ज़रूरी लगता था। मगर बेगम का एक पक्ष वह भी है कि सारे बन्धन से आजाद होकर उन्होंने अपनी मर्ज़ी से ख़ुद की शर्तों पर जीना स्वीकारा। अब्बासी साहब के साथ रहते हुए गृहस्थी का बोझ ख़ुद के कन्धे पर उठाया और अन्तिम समय में मीर, मोमिन, जौक़ और ग़ालिब के जीवन की भयावह तल्ख़ियाँ बयाँ करने वाली अर्थपूर्ण ग़ज़लें भी डूबकर गायीं। कुछ लोग मानते हैं कि एक नवाब ख़ानदान के यहाँ का बुलावा उनके चौखट तक गया था—मगर अपनी मानवीय सुन्दरता

के चलते कभी दूसरी औरत बनना पसन्द नहीं किया और उनके घराने की ओर खुले दरवाज़े को हमेशा के लिए बन्द कर लिया। ऐसे तमाम मौक़ों पर, ग़ालिब की यह ग़ज़ल बेगम अख़्तर की स्थिति पर चस्पाँ करने लायक लगती है—

इब्न-ए-मरियम हुआ करे कोई
मेरे दुख की दवा करे कोई

अख़्तरीबाई विमर्श का एक अध्याय उस दिशा में भी खुलता है, जहाँ उत्तर प्रदेश का लोकरंग बिखरा हुआ है। कजरी, चैती, होरी, बारामासा, ठुमरी, दादरा, सादरा और मुबारक़बादी की प्रस्तुतियाँ उन्हें एक अलग ही रंगत का फ़नकार बनाते हैं। रागों पर आधारित बोलों और संगतियों द्वारा दिये जाने वाले संगीत में सायास की गयी संक्षिप्ति ने उनके कजरी, झूला और होली जैसे उप-शास्त्रीय गायन को अपने शुद्धतम रूप में एक ख़ास क़िस्म की 'बेगम अख़्तर रंगत' दी है। उनकी मृत्यु पर संगीत आलोचक उमा वासुदेव ने 'द पेट्रियाट' मैग्ज़ीन के 10 नवम्बर, 1974 के अंक में एक मृत्यु लेख लिखा था, जिसमें यह बात उन्होंने बड़ी प्रमुखता से उठायी थी—उनका मानना था कि— *'भारतीय उप-शास्त्रीय संगीत गायन के क्षेत्र में बेगम अख़्तर का योगदान अतुलनीय है। पहला, ठुमरी की उन विधाओं की प्रेरणा और विकास के लिए जिन्हें आज हम 'अख़्तरी का मुहावरा' या 'ठुमरी का अख़्तर घराना' कहते हैं और दूसरा, ग़ज़ल की अदायगी के सन्दर्भ में।'*[5]

इस 'बेगम अख़्तर रंग' को हम अवध के उस संगीत से सीधे जोड़कर देख सकते हैं, जिसमें यहाँ के कुछ प्रमुख इलाकों की धुनें गूँजती हुई सुनाई देती हैं। लखनऊ के अलावा फ़ैज़ाबाद, कानपुर, मिर्जापुर, बनारस, इलाहाबाद, मथुरा-वृन्दावन और अयोध्या में गायी जाने वाली पारम्परिक लोकधुनों पर आधारित कजरियों, झूलों, चैतियों और दादरों का लम्बा-चौड़ा इतिहास है। इस बात के भी पर्याप्त ऐतिहासिक साक्ष्य हैं कि बनारस की गौनिहारिनों से भारतेन्दु हरिश्चन्द्र और जयशंकर प्रसाद जैसे दिग्गज साहित्यकर्मियों की गहरी मित्रताएँ रही हैं। भारतेन्दु ने तो ढेरों कजरियाँ लिखी हैं, जिनमें *'प्यारी झूलन पधारो झुकि आये बदरा'* तथा *'कहनवा मानो ऐ दिलजानी'* विशेष रूप से उल्लेखनीय हैं। बेगम अख़्तर की गायी हुई प्रमुख कजरियों मसलन *'पपीहा धीरे-धीरे बोल'*, *'घिर कर आयी बदरिया राम'*, *'छा रही काली घटा जिया मोरा लहराए है'*, *'हमार कही मानो हो राजा जी'* तथा *'कोयलिया मत कर पुकार'* को इसी परम्परा में गिनना चाहिए। *'कोयलिया मत कर पुकार'* में बेगम अख़्तर की 'पुकार तान' अपने शिखर पर है, जहाँ से प्रेम और विरह को तरज़ीह देती हुई व्यथा पूरी लोक गरिमा के साथ उद्घाटित हो पायी है।

उर्दू अदब से निकलकर आने वाली महत्त्वपूर्ण ग़ज़लों का खज़ाना बेगम अख़्तर का खाँटी अपना इलाका था। एक तरह से उनके पीहर का घर। एक लड़की

के लिए जिस तरह उसका मायका बहुत भरोसे के लायक और ख़ुशी देने वाला होता है, कुछ-कुछ उसी तरह ग़ज़ल की दुनिया में जाकर कुछ कर दिखाने में बेगम को महारत तो थी ही, उन्हें ख़ूब मज़ा भी आता था। उनके द्वारा गायी हुई सारी ग़ज़लों को इत्मीनान से टटोलने पर एक राज़ हमारे हाथ लगता है। यह ग़ज़लें निहायत सादे ढंग से बेगम ने न गाकर, ख़्याल की उदारता के साथ गाया है। एक प्रकार से उनके ग़ज़लों की अदायगी, कहीं ख़्याल और ठुमरी के बीच का अवकाश भरती हुई सुनायी देती है। जिस तरह कोई कलाकार ख़्याल, ठुमरी, दादरा एवं चैती में ताल व राग के स्थापत्य को बहुत धैर्य के साथ पिरोता चलता है, ठीक उसी तरह बेगम अख़्तर ने अपनी ग़ज़लों की दुनिया को अलग करते हुए, ख़्याल व ठुमरी की परम्परा में सहज ढंग से विकसित होने दिया है। उनके यहाँ ग़ज़ल, ठुमरी की छाँव में सुस्ता कर ताज़ादम होती है। ठुमरी, ख़्याल का पल्लू पकड़े हुए 'विलम्बित' की नाव में बैठकर हौले-हौले किनारे तक जाती है। अगर एक वाक्य या परिभाषा में बेगम अख़्तर की तमाम सारी गायिकी को व्याख्यायित करना हो, तो कहना पड़ेगा—उनकी ग़ज़ल गायकी सुर के बड़े अहाते में उस धैर्य भरे विलम्बित की आराधना है; जिसमें उर्दू या हिन्दी का शब्द, किसी बन्दिश की तरह पूरी संरचना को आलोकित करने का उत्सव रचता है। इसी कारण, ग़ालिब, मीर, मोमिन, जिगर, ज़ौक, सौदा, फ़िराक़ और फ़ैज़ अहमद फ़ैज़ से उनका रिश्ता बेहद ख़ुशनुमा रहा है। एक गायक कलाकार और भाषा व अदब के ऐसे हुनरमन्दों का मेल इतना जीवन्त और सहज, बड़ी मुश्किल से नसीब होता है। *'जिक्र उस परीवश का'* तथा *'दाइम पड़ा हुआ तेरे दर पर नहीं हूँ मैं' (ग़ालिब), 'वो जो हम में तुम में क़रार था' (मोमिन), 'उल्टी हो गयी सब तदबीरें'* एवं *'दिल की बात कहीं नहीं जाती' (मीर तकी मीर), 'उज़्र आने में भी है' (दाग़), 'सर में सौदा भी नहीं' (फ़िराक़ गोरखपुरी), 'शाम-ए-फ़िराक़ अब न पूछ'* एवं *'आये कुछ अब्र कुछ शराब आये' (फ़ैज़ अहमद फ़ैज़), 'इतना तो ज़िन्दगी में किसी की ख़लल पड़े' (कैफ़ी आजमी)* तथा *'कुछ तो दुनिया की इनायात ने दिल तोड़ दिया' (सुदर्शन फाकिर)* जैसी तमाम सारी ग़ज़लों को सुनते हुए लगता है कि बेगम अख़्तर को जितनी फ़िक्र अपनी गायकी को लेकर होती थी, उतना ही ध्यान उन्होंने इन शायरों की भावनाओं का किया है।

उर्दू कविता की बहर व उसके रदीफ़-क़ाफिये का, संगीत की स्वर लहरियों के साथ किस तरह रिश्ता बनाया जाये कि शायरी की बेपनाह आवाज़ और कशिश, संगीत के साथ मिलकर और ज़्यादा निखर सके; इन दोनों छोरों पर बेगम अख़्तर बख़ूबी कामयाब हुई हैं। या हम इस तरह कह सकते हैं कि उन्होंने अपने इन फ़िक्रमन्द शायरों के साथ बड़ा दिलक़श याराना निभाया है। बेगम अख़्तर के बारे में यह आम प्रचलित धारणा रही है कि वे बिन्दास और मुखर होने के साथ ही दिलफेंक और यारबाश महिला थीं। उनकी यही चारित्रिक विशेषता अधिकांश उन

जगहों पर भी आसानी से व्यक्त हुई है, जो उनके सांगीतिक जीवन को अनमोल बनाते हैं। शायरी, कविता, शब्द, जज़्बात और समाज की जितनी महीन पकड़ इन पुरानी गायिकाओं के जीवन में हमें आसानी से दिखायी देती है, दुर्भाग्यपूर्ण ढंग से आज के आधुनिक समय में मिलने वाली गायिकाओं में इस बात की तमीज ढूँढ़ पाना बेहद टेढ़ा काम है।

ग़ज़लों की समृद्ध दुनिया से अलग, बेगम अख़्तर के पास ठुमरी की भी बड़ी विरासत मौजूद थी। वे ठुमरी के दोनों प्रकार—*'बोल बनाव की ठुमरी'* एवं *'बोल बाँट की ठुमरी'* को एक ही अधिकार से गा लेती थीं। *'कौन तरह से तुम खेलत होरी'*, *'तुम जाओ जाओ मोसे न बोलो'*, *'चली मोरी नैया किनारे किनारे'*, *'अँखियन नींद न आये'*, *'मैं तो तोरे दमनवा लागी'*, *'जब से श्याम सिधारे'*, *'न जा बलम परदेस'*, *'पिराई मोरी अँखियाँ'* और *'बौरा रे! हम परदेसी लोग'* में बेगम अख़्तर के सांगीतिक ज्ञान की परम्परागत उत्कृष्टता को आसानी से परखा जा सकता है। अपने गायन से ठुमरी के विरह का सहज उद्दीपन जगा पाना—बेगम के बायें हाथ का खेल था। उन्हें पता था कि संगीत की अलग-अलग विधाओं में कहाँ-कहाँ से अपनी व्यक्तिगत सोच को प्रवेश कराना है। पूरे पाँच दशकों में फैले हुए उनके संगीत जीवन का हम अध्ययन करें, तो यह चीज़ आसानी से समझ में आती है कि बेगम ने सालों साल किस मज़बूत मानसिक तैयारी के साथ 'रियाज़' किया होगा। 'रियाज़' उन जैसी ढेरों गायिकाओं के लिए 'इबादत' की तरह ही रहा होगा, जिसमें इस बात की फ़िक्र मिट जाती है कि क़ब, किस समय की नमाज़ कज़ा हो गयी और रियाज़ करने वाले के हाथों शुद्ध स्वर का एक कण भी पूरी तरह पकड़ में नहीं आया। इबादत का भूलना और तरन्नुम में लीन होकर अपना अहं गँवा देना—दोनों ही स्थितियाँ बड़े फ़नकारों को नसीब होती हैं। यह बात और है कि सुनते हुए कभी आप और हम में से कोई ऐसी किसी स्थिति का शिकार हो जाये।

अवध की होली हो, पूरब का ठेठ दादरा या बनारसी रंग में डूबा हुआ निर्गुण-बेगम अख़्तर की निगाह और पसन्द से कुछ भी अछूता नहीं रहा। *'ई सुन्दर सारी मोरी नइहर मा मइल भई/का लइके जइबै गवनवा हाय राम/हे गंगा मईया तोहे पियरी चढ़इबै/पियवा से कइदा मिलनवा हाय राम'* जैसे प्रसिद्ध निर्गुण को पारम्परिक लय में जिस अद्भुत कौशल के साथ उन्होंने गाया, या *'केसरिया अंगिया रंग डालो जी'* में बृज का फाग खेलने की मनोहारी दृश्यावली को उकेरने में वे भूल गयीं कि यहाँ होली में इतनी उन्मुक्त मस्ती जीने वाली वे खुद, मुहर्रम के मौक़ों पर नौहे के समय कितना रोती हैं। और इन सबसे अलग दादरा की सुरीली ज़मीन पर, *'आये बलम करम मोरे जागे'* तथा *'बलमवा तुम क्या जानो प्रीत'* जैसी बन्दिशें गाती हुई वे किसी भी तरह की तुच्छता, अजनबीपन और उदासी

के परे चली जाती हैं—प्रेम और ऐश्वर्य का एक गह्वर संसार रचने के लिए। इन चीज़ों को सुनना संगीत के अथाह संसार में, थोड़ा सा ही सही, मगर सुर की जागीर पाने जैसा है; जिसमें श्रोता और गायक के बीच का वह फ़ासला मिट जाता है कि कोई जान पाये कि इस असाधारण दुनिया में कौन फ़नकार है और कौन उसका मुरीद?

तमाम सारे कलाकारों, बुद्धिजीवियों एवं संगीत प्रेमियों के मत बेगम अख़्तर की गायिकी के बारे में भले ही अलग-अलग हों, मगर एक बात लगभग ज़्यादातर लोग ढकी-छिपी ज़ुबान से कहते रहे हैं कि उनका किसी के प्रेम में पड़ना अकसर लाज़मी होता था। प्रेम उनके लिए एक शगल था या अपनी गायकी को पुनर्विश्लेषित करने का ठिकाना, मुकम्मल ढंग से कुछ भी कहा नहीं जा सकता। हालाँकि प्रख्यात संगीत आलोचक शीला धर ने बेगम अख़्तर पर अपने एक लेख में स्पष्ट रूप से उनके प्रेम में पड़ने पर उँगली रखी है। वे कहती हैं—Akhtari Bai could not live without ishq, without being in love. If love did not happen, she had to invent it. And if the love she experienced was devoid of pain, she had to invent the pain too.[6] यह बात अपने आप में जितनी ख़ूबसूरत है, उतनी ही बेगम अख़्तर की आन्तरिक झलकियाँ देने में सक्षम। बावजूद इसके, उनके बहुतेरे चाहने वाले, जिन्होंने उन्हें क़रीब से देखा है—बताते हैं कि किसी प्रकार की चालाकी या हल्कापन बेगम अख़्तर के व्यक्तित्व में कभी नहीं रहा। प्रेम में अगर वे पड़ी भी होंगी, तो उसका सबसे रचनात्मक प्रभाव आज हम यही पाते हैं कि तमाम सारी अपनी गायी हुई ग़ज़लों और ठुमरियों में उन्होंने बहुत नफ़ासत के साथ इश्क़ के गुलबूटे खिलाये हैं।

अख़्तरीनामा तब तक अधूरा है, जब तक वह इस बात की पड़ताल नहीं कर लेता कि अख़्तरीबाई फ़ैज़ाबादी की जीवन-यात्रा में बेगम अख़्तर कहाँ किस मुक़ाम पर आकर शामिल हुई हैं। अख़्तरीबाई फ़ैज़ाबादी ने काकोरी के ताल्लुकेदार एवं पेशे से एक इज़्ज़तदार वक़ील, इश्तियाक़ अहमद अब्बासी के साथ निकाह किया था। अब्बासी साहब का ख़ानदान लखनऊ में पुराने रईसज़ादों में गिना जाता था और हैवलॉक रोड पर उनकी एक बड़ी-सी कोठी थी। अख़्तरीबाई के लिए यह निकाह एक बेहद दिलचस्प मोड़ पर इस कारण पहुँचा कि अब तक संगीत के हलकों में तवायफ़ मुश्तरीबाई की बेटी के रूप में जानी जाने वाली अख़्तरी, एकाएक इश्तियाक़ अहमद अब्बासी के साथ जुड़कर बेगम का ओहदा पा सकीं। इस निकाह की एक और सुन्दर आजमाइश यह थी कि अब्बासी साहब ने कभी भी बेगम अख़्तर को गाने के लिए नहीं रोका। सिर्फ़ इतनी पाबन्दी लगायी कि शादी-ब्याह के मौक़ों पर गायी जाने वाली मुबारक़बादी एवं राजा-महाराजाओं के दरबारों में होने वाली खड़ी महफ़िल वे आगे नहीं करेंगीं। दिल्ली, कलकत्ता एवं लखनऊ की तमाम महत्त्वपूर्ण महफ़िलों एवं मज़लिसों में, ए.आई.आर. (आकाशवाणी)

व दूरदर्शन के अधिकांश कार्यक्रमों में तथा देश-विदेश में होने वाली महत्त्वपूर्ण संगीत सभाओं में उनका गाना अपने शौहर के साथ रहते हुए भी बदस्तूर जारी रहा। 'अख़्तर मंज़िल' का सफ़र उनके शौहर के घर 'मतीन मंज़िल' में आकर जैसे अपने अधूरेपन को मुकम्मल बनाना चाहता था।

बेगम अख़्तर ने एक महत्त्वपूर्ण काम यह भी किया था कि उन्होंने उस युग में, जब अधिकांश शिष्य समाज का 'गण्डा बन्धन' केवल मर्द उस्ताद या गुरु करते थे, आगे बढ़कर अपनी शिष्याओं को गण्डा बाँधा था। यह 1952 का वाक़या है, जब पहली बार किसी महिला गायिका ने बाकायदा उस्ताद का दर्जा पाया व अपनी दो प्रमुख शिष्याओं शान्ती हीरानन्द एवं अंजलि बनर्जी को 'गण्डा बन्धन' के द्वारा शिष्य बनाया। इसके पूर्व कोई ऐसा ऐतिहासिक प्रमाण नहीं मिलता, जिसमें किसी गायिका ने यह रवायत चलायी हो। एक हद तक अपने चचेरे भाई एवं प्रगतिशील आन्दोलन के प्रणेता सज्जाद जहीर 'बन्ने मियाँ' की तरह बेगम अख़्तर भी आधुनिक ख़यालात की महिला थीं। उनके इस अभिनव प्रयोग के बाद ही, महिला कलाकारों द्वारा 'गण्डा बन्धन' का विधिवत सिलसिला आरम्भ हुआ।

बेगम अख़्तर की पूरी तस्वीर बनाने में कुछ और भी जोड़ने की ज़रूरत है। मसलन यह बात कि वे और विख्यात संगीत निर्देशक मदन मोहन आपस में गहरे दोस्त थे। दोनों घण्टों फ़ोन पर बात करते रहते थे, जिसमें अधिकांश बार मदन मोहन अपनी बनायी हुई नयी धुनों को उत्साहित होकर बेगम को सुनाते थे। दोनों में एक-दूसरे के लिए दोस्ती और आदर इस कदर समायी हुई थी कि यह हिसाब लगा पाना मुश्किल था कि कौन किसका ज़्यादा मुरीद था। हालाँकि बेगम अख़्तर उन्हें बड़े लाड़ से भरकर सिगरेट पीते हुए डाँटती भी थीं कि 'कमबख़्त तू मेरी धुनें चुरा लेता है। तेरी अधिकांश ग़ज़लों में मेरी धुनें सुनायी देती हैं।' इस पर मदन मोहन कभी भी जवाब नहीं देते थे, बल्कि मुस्कुराकर उन्हें मनुहार से अपनी कुछ नयी धुनें सुनाने लगते थे। इस तरह की मौज-मस्ती भरी बातें दोनों में बख़ूबी होती थीं, जिसकी तस्दीक मुझसे उनकी शिष्या शान्ती हीरानन्द जी ने की है। सलीम किदवई साहब ने मुझे यह बताया कि उन्हें मदन मोहन की बनायी 'दस्तक' फ़िल्म के एक गाने की धुन *'हम हैं मता ए कूचा ओ बाज़ार की तरह'* विशेष प्रिय थी। और यह भी कि 'मेरा गाँव मेरा देश' फ़िल्म का गीत *'मार दिया जाये कि छोड़ दिया जाये'* उन्हें बेहद पसन्द था। अकसर अपनी शिष्याओं से कहतीं कि गाओ और मुझे *'मार दिया जाये'* गाना सुनाओ। फ़िल्मी संगीत में शास्त्रीयता की पक्षधर रहीं बेगम अख़्तर 'पाकीज़ा' के गानों से कतई प्रभावित न थीं। उन्हें लगता था कि इस फ़िल्म के गाने बस यूँ ही हैं। अपने समकालीनों में उस्ताद अमीर ख़ाँ का बेहद सम्मान करती थीं और हरदम कान पर हाथ रखकर ही उनके बारे में अपने मुँह से कोई लफ़्ज़ निकालती थीं। मेंहदी

हसन की गायकी से प्रभावित बेगम अख़्तर को उत्तर प्रदेश के संस्कार गीतों से विशेष लगाव था। और यह भी कि उन्होंने यहाँ अवध के अपने लोगों से बेपनाह मुहब्बत की। शायद अपनी इसी तबीयत के कारण, ग़ालिब के जिस शेर को इबादत की निग़ाह से देखा, पढ़ा और जीवन भर सराहा—वह शेर था— *"इश्क से तबीअत ने, ज़ीस्त का मज़ा पाया/दर्द की दवा पायी, दर्द-ए-बेदवा पाया।"* ये बेगम अख़्तर के जीवन का ही रोचक प्रसंग है कि संगीत जीवन के शुरुआती दौर में उनका पहला ही पब्लिक कन्सर्ट पूरे तीन घण्टे तक बैठकर सरोजिनी नायडू ने सुना था और उनसे यह कहा था कि आज मैंने आपको दम साधकर सुना है, कल आप मुझे सुनियेगा। मेवाती घराने के प्रबुद्ध गायक पण्डित जसराज की संगीत प्रेरणा भी बेगम अख़्तर ही थीं, जो अपने बचपन में, बमुश्किल छह वर्ष की उम्र से उनकी गायकी के कायल थे।

बेगम अख़्तर को जानने वाले लोग बताते हैं कि कभी किसी समकालीन कलाकार से उन्होंने ईर्ष्या के हद तक चली जाने वाली प्रतिस्पर्धा नहीं की। हर एक शिष्या या उनसे मिलने वाली कम उम्र की स्त्रियों को 'बिटिया' कहकर पुकारती थीं। यह उनकी ज़ुबान में अवधी का घरेलूपन था, जो सामाजिक व्यवहार के समय अपनी तहज़ीब की नुमाइन्दगी कर देता था। उस ज़माने में जब अधिकांश गानेवाले फ़नकारों को *'हिन्दू संगीत'* एवं *'मुस्लिम संगीत'* के संकीर्ण दायरों में डालकर बहुतेरे लोग उनका मूल्यांकन सतही तौर पर करने लगते थे—ये बेगम अख़्तर जैसी कलाकार की महत्त्वपूर्ण उपस्थिति थी, जो इस तरह के किसी खाँचे में समा नहीं पायी; बल्कि 'अवध' के संगीत के बड़े रंगपटल पर चमक सकी। एक ऐसी परम्परा का वाहक बनीं, जिसका एक सिरा नवाब वाजिद अली शाह की ठुमरियों और ग़ज़लों के समृद्ध दरबार तक जाता था, तो दूसरा सिरा अवध के ग्रामीण अंचलों में दूर तक पसरे हुए आम के पेड़ों, झूलों और बौराई हुई कोयलिया के घोंसले में शरण पाता था।

बेगम अख़्तर को मात्र एक गायिका या अभिनेत्री मानकर देखने से संगीत के इतिहास को पूर्णता नहीं मिलती। उनकी जैसी महिला के जीवन में यह देख पाना, इतिहास, संस्कृति और समाज की निगाह से बड़ा प्रासंगिक है कि एक तवायफ़ की दुनिया से निकलकर आने वाली लड़की, किस तरह समाज के बने-बनाये बन्दोबस्त में अपने रहने के लिए, अपनी तरह से तोड़फोड़ करती है और बाई के लिबास से गुजरकर बेगम बनने का बाना अख़्तियार करती है। बेगम अख़्तर की कला के सर्वोत्तम क्षणों का जब कभी आगे भी नये ढंग से मूल्यांकन होगा, तब *'एक दिन का बादशाह'* या *'नसीब का चक्कर'* की अख़्तरी याद नहीं आयेंगी, बल्कि उस समय इश्क़ के अंजाम का जायजा लेने वाली एक श्रेष्ठ गायिका का चेहरा उभरेगा, जो अपने जीवन के अन्तिम दिनों तक, यही टीस लिये हुए गाती रहीं—

'कुछ तो दुनिया की इनायात ने दिल तोड़ दिया/और कुछ तल्ख़िए हालात ने दिल तोड़ दिया/हम तो समझे थे कि बरसात में बरसेगी शराब/आयी बरसात तो बरसात ने दिल तोड़ दिया/दिल तो रोता रहे और आँख से आँसू न बहें/इश्क़ की ऐसी रवायात ने दिल तोड़ दिया/वो मेरे हैं, मुझे मिल जायेंगे आ जायेंगे/ऐसे बेकार ख़यालात ने दिल तोड़ दिया/आपको प्यार है मुझसे, कि नहीं है मुझसे/जाने क्यूँ ऐसे सवालात ने दिल तोड़ दिया।'

तमाम अन्य तवायफ़ों के अफ़सानों से अलग, अख़्तरीबाई का ज़िन्दगीनामा दरअसल इस कारण भी प्रशंसनीय ढंग से साहित्य-कला-संगीत की दुनिया के लोग याद रखेंगे, क्योंकि सिर्फ़ उन्हें याद करते हुए वे एक प्रकार से मीर, ग़ालिब, मोमिन से लेकर ठुमरी, ग़ज़ल, कजरी के साथ पुराना फ़ैज़ाबाद, पुराना लखनऊ और पुरानी दिल्ली भी याद कर सकेंगे।

सन्दर्भ

1. सन् 2005 में सलीम किदवई से हुई रिकॉर्डेड बातचीत के टेप से।
2. सुर की बारादरी : यतीन्द्र मिश्र, पेंगुइन बुक्स इण्डिया, प्रथम संस्करण, 2009
3. हिन्दी फ़िल्म गीत कोश : हरमन्दिर सिंह 'हमराज', खण्ड-2, 1941-1950, समेर सिंह सचदेव प्रकाशन, कानपुर, प्रथम संस्करण, 1984
4. सांग संग टू - ए मेमॉयर : मलका पुखराज, इंग्लिश ट्रांसलेशन : सलीम किदवई, काली फॉर वुमेन, नयी दिल्ली, फर्स्ट एडिशन, 2003
5. द पेट्रियॉट मैग्ज़ीन : उमा वासुदेव, नयी दिल्ली, 10 नवम्बर, 1974
6. द कुकिंग ऑफ म्यूज़िक : शीला धर, परमानेण्ट ब्लैक, नयी दिल्ली, फर्स्ट एडिशन, 2001

इक़बाल रिज़वी

बेगम अख़्तर का फ़िल्मी सफ़र

रूह को छू लेने वाली उस आवाज़ की मलिका को जन्म लिए सौ साल से ज़्यादा हो गये हैं, लेकिन उनकी शोहरत है कि कम ही नहीं होती। आवाज़ की उस मलिका का नाम है बेगम अख़्तर। पहले उनका नाम अख़्तरीबाई फ़ैज़ाबादी था। बेगम अख़्तर की गायिकी के चर्चे आज भी होते हैं और जब तक संगीत रसास्वादन करने वाले इस दुनिया में रहेंगे, तब तक उनकी चर्चा होती रहेगी। लेकिन बेगम अख़्तर का फ़िल्मों से भी रिश्ता रहा है, इस बारे में ज़िक्र बहुत कम होता है।

7 अक्टूबर, 1914 को फ़ैज़ाबाद में जन्मी बेगम अख़्तर की माँ मुश्तरीबाई अपने समय की चर्चित तवायफ़ थीं। ये वो सामन्ती दौर था, जब बाकायदा संगीत की शिक्षा हासिल कर बेहतरीन आवाज़ वाली गायिकाएँ अपना हुनर पेश करती, तो उसे मुजरा करना कहा जाता था और मुजरा करने वाली गायिकाएँ तवायफ़ कहलाती थीं। तवायफ़ शब्द पर देह व्यापार का टैग तो बहुत बाद में लगा। नौटंकी और शादी या दूसरे समारोहों में होने वाले नाच को फ़िल्मी पर्दे ने मुजरा कहकर पेश किया, तो मुजरा के अर्थ ही बदल गये।

मुश्तरीबाई ने बचपन से ही बेगम अख़्तर की संगीत में दिलचस्पी देख ली थी। नन्ही अख़्तरी गलियों में घूमने वाले फकीरों के गीत हूबहू गा देती थीं। बचपन से ही बेगम अख़्तर की संगीत की तालीम पर माँ ने ख़ास ध्यान रखा। लेकिन जैसे-जैसे अख़्तरी बड़ी हो रही थीं, घर के आर्थिक हालात कमज़ोर होते जा रहे थे। परिस्थितिवश मुश्तरी और अख़्तरी को गया जाना पड़ा। यहाँ के नरेश गायिकाओं के बड़े क़द्रदान थे। लेकिन यहाँ का आबो-दाना ज़्यादा दिन तक नहीं चला। अपने उस्ताद अता मोहम्मद ख़ाँ और माँ के साथ वे कोलकाता आ गयीं, क्योंकि तब कोलकाता देश की सांस्कृतिक राजधानी थी।

तभी बेगम अख़्तर को सार्वजनिक रूप से अपना गायन पेश करने का मौका मिल गया। कोलकाता में बिहार रिलीफ़ फण्ड के लिए एक कार्यक्रम आयोजित हुआ।

इस कार्यक्रम में आने का वायदा करके भी संगीत के कई बड़े उस्ताद जब नहीं आये, तो नाराज़ श्रोताओं को सँभालने की ज़िम्मेदारी किशोरी अख़्तरी पर डाली गयी। सांवली-सी गोल-मटोल अख़्तरी का यह पहला सार्वजनिक कार्यक्रम था। डर के मारे वे सब भूल गयीं, लेकिन उस्ताद अता मोहम्मद के हिम्मत बढ़ाने पर पहली ग़ज़ल सुनायी। ग़ज़ल के बोल थे– *'तूने बुते हरजाई कुछ ऐसी अदा पायी, तकता है तेरी सूरत हर एक तमाशाई'*।

ग़ज़ल ख़त्म होते ही फ़रमाइश पर फ़रमाइश होने लगीं। अख़्तरी ने अपनी मर्ज़ी से ढाई घण्टे तक ग़ज़ल, दादरा और ठुमरी सुनायी। इस कार्यक्रम में सरोजिनी नायडू मुख्य अतिथि थीं। अख़्तरी की चमत्कारी आवाज़ से प्रभावित होकर अख़्तरी को एक साड़ी भेंट की।

समारोह में बेगम अख़्तर को मिली अभूतपूर्व सफलता ने उनकी माँ मुश्तरी के मन में यह उत्साह तो जगा ही दिया कि बेगम अख़्तर की गायिकी बेहतर ज़िन्दगी गुज़ारने में बहुत मददगार हो सकती है। वे देख रही थीं कि गौहर जान, जद्दनबाई, मलका जान और दूसरी तवायफ़ों को गायिकी से अच्छी आमदनी हो रही है। उस्ताद अता मोहम्मद और माँ मुश्तरी के साथ बेगम अख़्तर गायन की सम्भावनाएँ तलाशने के लिए कोलकाता में ही रुकी रहीं।

इस बीच मेगाफ़ोन रिकॉर्ड कम्पनी ने बेगम अख़्तर की गायी ग़ज़लों और ठुमरी के रिकॉर्ड जारी किये। रिकॉर्डिंग कम्पनियों के लिए अख़्तरी को गाने से उस्ताद अता हुसैन मना कर चुके थे। उनका कहना था कि अभी अख़्तरी इतनी परिपक्व नहीं हुई हैं। लेकिन बेगम अख़्तर को लग रहा था कि इस बहाने उनकी आवाज़ दूर-दूर तक जायेगी। इसलिए उन्होंने उस्ताद और माँ को बताये बिना मेगाफ़ोन कम्पनी से सम्पर्क किया। कम्पनी ने तत्काल बेगम अख़्तर की गायी ग़ज़लों, ठुमरी और दादरा का रिकॉर्ड जारी कर दिया। इस रिकॉर्ड को ख़ासी लोकप्रियता मिली। इस लोकप्रियता ने और बिहार रिलीफ़ फण्ड के लिए उनकी गायिकी को शोहरत ने उनके लिए पारसी शैली के नाटक खेलने वाली कम्पनियों के द्वार खोल दिये। कुछ पैसे कमा लेने की नीयत से बेगम अख़्तर ने पारसी शैली के नाटकों में काम करने का इरादा कर लिया। पहला रिकॉर्ड जारी होने के बाद से ही उनकी आवाज़ का सिक्का जम गया था। इसके बाद उनकी आवाज़ के रिकॉर्ड जारी होने लगे। उस समय कॉरिंथियन थियेटर कम्पनी पारसी शैली के नाटक खेलने वाली बड़ी कम्पनी थी। बेगम उस कम्पनी में शामिल हो गयीं। वहाँ उन्होंने 'रंगमहल', 'नयी दुल्हन' जैसे कई नाटकों में हिस्सा लिया।

ग्रामोफ़ोन रिकॉर्ड नाटकों के मंच से तैरती हुई बेगम अख़्तर की आवाज़ बहुत लोगों तक पहुँच रही थी। तब तक फ़िल्मों ने बोलना शुरू कर दिया था। कोलकाता उन

दिनों फ़िल्म निर्माण का सबसे बड़ा केन्द्र हुआ करता था। अच्छी आवाज़ वालों की फ़िल्मों के लिए शिद्दत से तलाश हो रही थी। ऐसे में ईस्ट इण्डिया फ़िल्म कम्पनी ने बेगम अख़्तर को अपनी फ़िल्मों में काम करने के लिए आमन्त्रित किया। हालाँकि बेगम के उस्ताद अता मोहम्मद ख़ाँ ने उन्हें फिर चेतावनी दी थी कि या तो गायन पर ध्यान केन्द्रित कर लो या फिर अभिनय कर लो, लेकिन पैसों की तंगी से जूझ रही बेगम अख़्तर ने गायिकी और अभिनय दोनों में सन्तुलन बिठाना शुरू कर दिया। बेगम अख़्तर परम्परागत रूप से सुन्दर तो नहीं थीं, लेकिन उनके व्यक्तित्व में बला का आकर्षण था। उनकी आवाज़ थोड़ी मोटी और भारी थी। लेकिन आवाज़ में जो दर्द-भरा नशीलापन था, वो सुनने वालों पर जादू का असर डालता था। ईस्ट इण्डिया कम्पनी उनकी इसी ख़ूबी का फ़ायदा उठाना चाहती थी।

ईस्ट इण्डिया फ़िल्म कम्पनी में जब बेगम अख़्तर दाखिल हुईं, तो वहाँ पारसी थियेटर में काम करने वाली बहुत-सी लड़कियाँ थीं। वहाँ जहाँआरा कज्जन, रोज और सबीहा के अलावा क़रीब बीस लड़कियाँ काम करती थीं, इनमें सबसे अधिक हैसियत जहाँआरा कज्जन की थी। वे पारसी थियेटर ही नहीं, बोलती फ़िल्मों के शुरुआती दौर की सुपर स्टार थीं। भारत के अलावा एशिया के दूसरे देशों में भी नाटक खेलकर नाम कमा चुकी थीं।

प्रसिद्ध गायिका नूरजहाँ के पति शौकत रिज़वी ने अपनी आत्मकथा में लिखा है कि उन सारी अभिनेत्रियों में जहाँआरा कज्जन सबसे शानदार उर्दू बोलती थीं। हालाँकि बेगम अख़्तर फ़ैज़ाबाद में पली-बढ़ी थीं, जो उर्दू का एक अहम केन्द्र था, लेकिन बेगम संवाद भले ही स्पष्ट उर्दू में बोलती थीं, पर आपसी बातचीत में अधिकतर उर्दू मिश्रित अवधी भाषा का इस्तेमाल करती थीं। जहाँआरा कज्जन को कम्पनी ने स्टूडियो के बाहर किराये पर फ्लैट ले कर दिया था, जबकि बेगम अख़्तर सहित स्थापित हो रही कुछ अभिनेत्रियाँ और एक्स्ट्रा गर्ल्स स्टूडियो में बने कमरों में ही रहती थीं।

इस कम्पनी के मालिक रायबहादुर करनानी की उम्र तब साठ साल थी, लेकिन वे बहुत रंगीन मिज़ाज आदमी थे। वो कम्पनी में काम करने वाली लड़कियों को हमेशा देवी कहकर सम्बोधित करते थे। वे शाम को नियमित रूप से स्टूडियो आया करते थे, उन्हें देवियों के झुरमुट में घिरे रहना पसन्द था। सारी लड़कियाँ शाम को अपनी-अपनी शिकायतें लेकर उनके पास पहुँचतीं और रायबहादुर हँस-हँस के अपने कैशियर घनश्याम से उनकी शिकायतें दूर करने के निर्देश देते थे। इस भीड़ में बेगम अख़्तर सबसे पीछे रहा करती थीं या फिर होती ही नहीं थीं।

शौकत रिज़वी के मुताबिक़ एक बार रायबहादुर जब देवियों के पास पहुँचे, तो बेगम अख़्तर नमाज़ पढ़ने की तैयारी कर रही थीं। रायबहादुर ने उनसे हँसते

हुए कहा कि अख़्तरी जी आप तो हमारे पास बिल्कुल आती ही नहीं हैं। बेगम अख़्तर ने बड़ी शालीनता से कहा रायबहादुर साहब आपसे क्या मुलाक़ात हो। आप तो एक ही लकड़ी से सबको हाँकना चाहते हैं। बेगम अख़्तर का इशारा था कि रायबहादुर उनसे भी एक्स्ट्रा देवियों की तरह व्यवहार करना चाहते थे, जो बेगम अख़्तर के लिए नागवार बात थी। बेगम अख़्तर परिवार की आर्थिक दशा सँभालने के लिए ही अभिनय के क्षेत्र में आयी थीं, लेकिन हर महीने जब उन्हें वेतन मिलता था, तो वे वेतन का एक भाग ज़रूरतमन्दों में बाँट दिया करती थीं।

ईस्ट इण्डिया कम्पनी कलकत्ता के बैनर पर राज हंस के निर्देशन में 1933 ई. में 'एक दिन का बादशाह' (किंग फार ए डे) फ़िल्म बनी। इसमें मज़हर ख़ाँ, अख़्तरी फ़ैज़ाबादी, अतहर, सविता देवी, इन्दुबाला और ए.आर. पहलवान ने अभिनय किया। गीतकार शंकर शास्त्री के गीतों को संगीतकार मोतीबाबू और एन.आर. भट्टाचार्य ने धुनों से सजाया। पारसी थियेटर में नाम कमा कर फ़िल्मों में आये फ़िदा हुसैन 'नरसी' उन दिनों कोलकाता में ही फ़िल्मों और नाटकों में काम कर रहे थे। फ़िदा हुसैन ने एक मुलाक़ात में बताया कि 'एक दिन का बादशाह' में कई गाने बेगम अख़्तर ने गाये थे, जिनमें से एक फ़िदा हुसैन को बहुत पसन्द था, जिसके बोल उन्हें याद थे। वो गीत था– *'वो असीरे दामे बला हूँ जिसे चैन तक भी न आ सके।'* फ़िदा हुसैन नरसी के मुताबिक़ यही फ़िल्म बेगम अख़्तर की पहली फ़िल्म थी।

1933 में बनी फ़िल्म 'नल दमयन्ती' में मज़हर ख़ाँ, मुख़्तार बेगम, के.सी. डे, इन्दुबाला और नर्मदा शंकर के साथ बेगम अख़्तर ने भी अभिनय किया। इस फ़िल्म में संगीतकार मास्टर नागर दास ने 17 गाने तैयार किये थे, जिनमें से कई बेगम अख़्तर ने गाये, लेकिन फ़िदा हुसैन नरसी को बेगम अख़्तर के गाये गीतों में से केवल एक गीत का मुखड़ा ही याद रहा, जिसके बोल थे– *'जाओ जाओ ना सताओ अपनी राह लो मैं हारी'*।

1934 में रिलीज़ हुई फ़िल्म 'रूपकुमारी' मादन थियेटर्स के बैनर तले बनी थी। इस फ़िल्म में अभिनय करने के अलावा बेगम अख़्तर ने गीत भी गाये, लेकिन कितने गीत गाये इसकी जानकारी नहीं मिलती। इसमें उनके अलावा मिस रोजी द्वारा भी गीत गाये जाने का उल्लेख मिलता है। लेकिन गीतों के बोल के बारे में सूचना अनुपलब्ध है। फ़िल्मों के वरिष्ठ इतिहासकारों ने लिखा है कि शुरुआत की कई फ़िल्मों के ग्रामोफ़ोन रिकॉर्ड जारी नहीं हुए थे। शायद 'रूपकुमारी' के भी रिकॉर्ड जारी ना हुए हों।

ऐसी ही एक फ़िल्म 'मुमताज़ बेगम' (1934) ईस्ट इण्डिया फ़िल्म कम्पनी के लिए इसे अख़्तर नवाज़ ने निर्देशित किया। इस फ़िल्म में बेगम अख़्तर के साथ

मज़हर ख़ाँ, ए. आर. पहलवान, अनवरी, गुल हमीद और अतहर ने अभिनय किया है। इस फ़िल्म में भी बेगम अख़्तर ने दो गीत गाये, लेकिन उनके बोलों का उल्लेख कहीं नहीं मिलता।

इसी साल 1934 ई. में बेगम अख़्तर की एक और फ़िल्म रिलीज़ हुई, नाम था 'अमीना'। काली फ़िल्म्स, कलकत्ता के बैनर में बनी इस फ़िल्म का निर्देशन अख़्तर नवाज़ ने किया और बेगम अख़्तर के साथ अभिनय भी किया। इसमें आगा जानी कश्मीरी, ज़रीना और महज़बीन के भी अहम किरदार थे। लेकिन इनके गीतों की जानकारी नहीं मिल सकी है।

बेगम अख़्तर की एक उल्लेखनीय फ़िल्म 'जवानी का नशा' (1935) भी थी। मादन थियेटर, जो टॉलीवुड स्टूडियो के नाम से काम करने लगा था, ने इस फ़िल्म का निर्माण किया। बेगम अख़्तर के साथ आगा जानी कश्मीरी, मास्टर खलील अहमद, मिस कौसर फ़ैज़ाबादी ने भी इसमें अभिनय किया। बेगम अख़्तर के हिस्से में दो गीत आये। एक था *'याद में तेरी जहाँ को भूलता जाता हूँ मैं'* और दूसरा था ठुमरी शैली में *'कोयलिया मत कर पुकार करेजवा लगे कटार'*। फ़िदा हुसैन नरसी के मुताबिक़ 'कोयलिया मत कर पुकार' ने बेगम अख़्तर को फ़िल्म क्षेत्र में भरपूर प्रसिद्धि दी। रमजान ख़ाँ के संगीत से सजा यह गीत ख़ूब पसन्द किया गया। बेगम अख़्तर ने इस गीत के ज़रिए जता दिया कि ग़ज़ल के अलावा ठुमरी और दादरा शैली के गायन पर भी उनकी मज़बूत पकड़ है। आगे चलकर उनकी इस शैली की कई रचनाएँ इतनी असरदार साबित हुईं कि आज तक सुनी जाती हैं।

अगले साल यानी 1936 ई. में बेगम अख़्तर की एक और फ़िल्म जारी हुई 'नसीब का चक्कर'। पेसी करानी के निर्देशन में बनी इस फ़िल्म में बेगम अख़्तर के साथ मोहम्मद इशाक़, अंगूरबाला और राजमणि ने अभिनय किया। इसमें बेगम अख़्तर के गाये एक ही गीत का उल्लेख मिलता है, जिसके बोल थे *'कलजुग है जब से आया माया ने जाल बिछाया'*। फ़िल्म के संगीतकार थे बृजलाल वर्मा।

इधर बेगम अख़्तर महसूस करने लगी थीं कि फ़िल्मों में काम करने के सिलसिले में रियाज़ करने का पर्याप्त समय नहीं मिल पा रहा था और फ़िल्मों में काम करने के इतने पैसे भी नहीं मिल पाते थे कि उनके लिए वे और सब भूल जायें। जबकि जहाँआरा कज्जन ही नहीं, मुश्तरी बेगम और दूसरी कुछ अन्य गायिका अभिनेत्रियाँ बेगम अख़्तर से ज़्यादा कमा रही थीं। ख़ुद को ग्लैमरस रूप में पेश करना ना तो बेगम अख़्तर को आता था, ना ही वे इसे पसन्द करती थीं। उन्हें उस्ताद अता मोहम्मद की चेतावनी याद आती रहती थी कि या तो गायिका बन जाओ या फिर हीरोइन बन लो।

बेगम अख़्तर ने अपनी माँ को फ़ैसला सुनाया कि वे गायिकी पर ही ध्यान

केन्द्रित रखना चाहती हैं, इसलिए अब वापस लौटने का समय आ गया है। बेगम अख़्तर फ़िल्मों को अलविदा कर लखनऊ लौट आयीं। यहाँ उन्हें रेडियो पर गाने का मौक़ा मिलने लगा। यहीं उनकी मुलाक़ात मदन मोहन से हुई, जो वहाँ संगीतकार के रूप में काम करने आये थे। आगे चलकर इन्हीं मदन मोहन ने फ़िल्मी दुनिया को अनेक शानदार और बेमिसाल गीतों का ऐसा तोहफ़ा दिया, जिसे आज तक भुलाया नहीं जा सका है। रेडियो के ज़रिए बेगम अख़्तर की आवाज़ घर-घर पहुँचने लगी।

मुम्बई में महबूब फ़िल्म 'रोटी' बनाने की तैयारी में लगे थे। उन्होंने फ़िल्म के संगीतकार और अपने गहरे दोस्त अनिल विश्वास से कहा कि फ़िल्म के लिए सरदार अख़्तर की आवाज़ में गीत रिकॉर्ड करें। अनिल विश्वास ने कहा कि सरदार अख़्तर की आवाज़ अच्छी है, लेकिन वे प्रोफ़ेशनल गायिका नहीं हैं। महबूब ने नाराज़गी जताते हुए कहा कि तुम्हें क्या बेगम अख़्तर ला कर दूँ, तब गीत रिकॉर्ड करोगे। अनिल विश्वास ने कहा–'हाँ! अगर उन जैसी गायिका लाओ, तो फ़िल्म में चार चाँद लग जायेंगे'। महबूब को पता था कि बेगम अख़्तर ने फ़िल्मों में काम करना छोड़ दिया है, लेकिन महबूब बहुत ज़िद्दी फ़िल्मकार थे। एक सप्ताह बाद महबूब ने अनिल विश्वास से कहा कि वे गीतों की रिकॉर्डिंग की तैयारी करें, क्योंकि उन्होंने बेगम अख़्तर को फ़िल्म 'रोटी' में काम करने के लिए राजी कर लिया है।

रोटी में बेगम अख़्तर ने अभिनय के साथ छह गीत गाये। बेगम अख़्तर को फ़िल्म में काम करने के लिए पच्चीस हज़ार रुपये दिये गये। लेकिन बेगम अख़्तर के साथ 'रोटी' के दौरान जो कुछ हुआ, वह उनके सम्मान के लिए बहुत तकलीफ़देह था। 'रोटी' में हीरो शेख मुख़्तार थे। चन्द्रमोहन और कन्हैयालाल के अलावा इसमें सितारा देवी ने भी काम किया था।

बताया जाता है कि अभिनेत्रियों से अकसर बेअदबी कर देने वाले और फ़िल्म के सेट पर तानाशाह रवैया अपनाने वाले महबूब ने बेगम अख़्तर से कुछ ऐसा कह दिया कि बेगम अख़्तर ने कड़ा एतराज़ जताया। महबूब को यह बर्दाश्त नहीं था कि कोई उनकी बात पर इस तरह प्रतिक्रिया दे। नतीजे में बेगम अख़्तर के कई सीन और उनके गाये कुछ गीत फ़िल्म से निकाल दिये गये। 'रोटी' के लिए बेगम अख़्तर के गाये दो गीत–*'उलझ गये नयनवा छूटे नहीं छुटाये'* और *'रहने लगा है दिल में अँधेरा तेरे बग़ैर'* उनके यादगार फ़िल्मी गीतों में शुमार किये जाते हैं।

बेगम अख़्तर के गीत फ़िल्म में से निकालने के मुद्दे पर फ़िल्म इतिहासकार और पत्रकार बनी रूबेन ने संगीतकार अनिल विश्वास के हवाले से लिखा है कि फ़िल्म बनाने वाली कम्पनी नेशनल स्टूडियोज़ का गीतों के रेकार्ड जारी करने वाली

कम्पनी एच.एम.वी. से अनुबन्ध था, लेकिन बेगम अख़्तर का एच.एम.वी. से क़रार नहीं था। फ़िल्म 'रोटी' रिलीज़ होने के काफ़ी समय बाद, 'रोटी' में गाये बेगम अख़्तर के गीतों का रिकॉर्ड मेगाफ़ोन कम्पनी ने जारी किया। बहरहाल सच्चाई जो भी रही हो, 'रोटी' वाली घटना के बाद बेगम अख़्तर का दिल फ़िल्मी दुनिया से खट्टा हो गया। उन्हें उस्ताद की बात याद आयी कि किसी एक पर ध्यान केन्द्रित करो। इसके बाद बेगम ने गायिकी पर सारा ध्यान केन्द्रित कर लिया।

हरमिन्दर सिंह 'हमराज' के फ़िल्म गीत-कोश से पता चलता है कि सन् 1945 में फ़िल्म 'पन्ना दाई' जिसमें दुर्गा खोटे, चन्द्रमोहन, मुबारक, अजूरी और लीला मिश्र ने मुख्य भूमिका निभायी, में बेगम अख़्तर की आवाज़ में दो गीत शामिल हैं। संगीतकार ज्ञानदत्त के संगीत निर्देशन में दीवान शरर के लिखे गीत के बोल थे– *'मैं राजा को अपने रिझा के रहूँगी'*। जबकि दीनानाथ मधोक के लिखे गीत के बोल थे– *'फस्ले गुल आयी हमें याद तेरी सताने लगी'*। मगर इस बात का उल्लेख अभी तक नहीं मिल सका है कि बेगम अख़्तर ने ये गीत क़ब, किन परिस्थितियों में किसके आग्रह पर गाये गये, क्योंकि फ़िल्म 'रोटी' की घटना के बाद उन्होंने फ़िल्मी दुनिया की ओर पलटकर नहीं देखा।

कई साल बाद अपने दोस्त संगीतकार मदन मोहन के बहुत दबाव डालने पर बेगम अख़्तर ने मदन मोहन के संगीत निर्देशन में बनी फ़िल्म 'दाना पानी' (1953) और 'एहसान' (1954) में केवल एक गीत गाया, लेकिन पर्दे पर नज़र नहीं आयीं। इसके बाद बेगम अख़्तर ने फ़िल्मों से पूरी तरह किनारा कर लिया। बेगम फ़िल्मों में अभिनय तो छोड़ ही चुकी थीं और अब वे फ़िल्मों में गाना भी नहीं गायेंगी, यह जानने के बावजूद सत्यजित रे बेगम अख़्तर के पास पहुँचे और उन्हें अपनी फ़िल्म 'जलसाघर' (1958) में काम करने के लिए राजी कर ही लिया। इसमें बेगम अख़्तर को बैठक में ठुमरी गाते हुए फ़िल्माया गया। जिसके बोल थे– *'भर-भर आयीं मोरी अँखियाँ पिया बिन'*। 'जलसाघर' बेगम अख़्तर की आख़िरी रिलीज़ फ़िल्म थी।

अब यह सोचकर हैरानी होती है कि बेगम अख़्तर की बेमिसाल लोकप्रियता और दमदार आवाज़ का इस्तेमाल फ़िल्मों में आगे क्यों नहीं किया गया? हो सकता है कि बेगम अख़्तर गायिकी के जिस स्तर पर पहुँच गयी थीं, फ़िल्मों में उस स्तर के प्रस्ताव उन्हें ना मिले हों। हालाँकि वे जितनी बड़ी फ़नकार थीं, उतनी ही नेक इन्सान भी थीं।

वे नियमित रूप से मुम्बई में संगीत कार्यक्रमों में हिस्सा लेने जाया करती थीं। उनकी झलक पाने को बेक़रार संगीत के दीवानों की कमी नहीं थी। फ़िल्मी दुनिया में उनके चाहने वालों की ख़ासी संख्या थी। उनकी किसी ऐसी ज़िद का

भी उल्लेख नहीं मिलता कि उन्होंने फ़िल्मों में गीत ना गाने की कसम खायी हो। क्योंकि बीच-बीच में एक-दो प्रयास ज़रूर हुए और बेगम अख़्तर गाने के लिए राजी हो गयीं।

मिसाल के लिए फ़िल्म निर्माता और नृत्यकार मनोहर दीपक ने 1968 में अपनी फ़िल्म 'पानी' के लिए बेगम अख़्तर से एक गीत गवा ही लिया। दरअसल ये मयकश हैदराबादी की लिखी एक ग़ज़ल थी– *'शराबे ताब को दो आतिश बना के पिला–पिलाने वाले को नज़र से नज़र मिला के पिला'*। इसका संगीत दिया शंकर-जयकिशन ने। लेकिन यह फ़िल्म पूरी नहीं बन सकी।

यतीन्द्र मिश्र

अयोध्या रियासत में अख़्तरी की महफ़िलें

अयोध्या के सबसे प्रभावी महाराजा सर प्रताप नारायण सिंह 'ददुआ महाराज' द्वारा आरम्भ किया हुआ दशहरा एवं होली के पर्व पर लगने वाला आम नागरिकों से मिलने का दरबार, सन् 1947 तक (भारत की स्वतन्त्रता प्राप्ति के दिनों तक) उसके तत्कालीन अन्तिम शासक महाराजा जगदम्बिका प्रताप नारायण सिंह के राजा रहते हुए पारम्परिक रूप से निभता रहा। इन दो पर्वों पर लगने वाला दरबार, एक हद तक तत्कालीन नरेश का अपनी जनता से मिलने का एक ऐसा अनुपम अवसर सुलभ कराता था, जिसमें सांस्कृतिक गतिविधियाँ अपने चरम पर होती थीं।

इस पूरे दृश्य को खींचने के पीछे मेरा उद्देश्य मात्र इतना है कि मैं यह चित्रित कर सकूँ कि वर्ष भर के तमाम अन्य सामान्य दिनों से अलग, राजपरिवार द्वारा निर्णीत इन दोनों दरबार समारोहों का सजना, ऐसा अर्धवार्षिक सार्वजनिक आयोजन था, जिसमें जहाँ एक ओर किसी के भी आने की छूट शामिल थी, तो वहीं दूसरी ओर पूरी रियासत से आने वाले तमाम सारे गुजारेदारों, श्रीमन्तों, वणिक समाज तथा कलावन्तों के आपसी मेल-मिलाप से एक आत्मीय जलसा सम्पन्न होता था। आज भले ही, सात दशक बीत जाने के बाद यह सारी बातें कुछ निर्जीव या ऐतिहासिक-सी लगें, मगर इस बात से कौन इनकार कर सकता है कि उन दिनों ऐसी ही ढेरों राजदरबारों की महफ़िलों से निकलकर अनेकों गुणीजनों को राज्याश्रय प्राप्त हुआ था। यह ऐतिहासिक तथ्य बेहद महत्त्वपूर्ण है कि भारत के तमाम सारे मूर्धन्य कलाकार, ढेरों देसी रियासतों से निकलकर आज हमें सुलभ हो सके हैं। सरसरी तौर पर याद करने से हमें पता लगेगा कि बड़ौदा रियासत से अब्दुल करीम ख़ाँ, उस्ताद फैय्याज ख़ाँ एवं सिद्धेश्वरी देवी, ओरछा से असगरी बाई, कश्मीर से बेगम मलका पुखराज, राजस्थान की एक छोटी-सी रियासत आमलेटा से उस्ताद अल्लादिया ख़ाँ, कोल्हापुर से मंझी ख़ाँ जैसे बहुतेरे दिग्गज श्रीमन्तों एवं गुणीजनों की परम्परा का निर्वाह स्वाधीनता पूर्व भारत की

तमाम सारी छोटी-बड़ी रियासतों, नवाबों एवं रायबहादुरों—ज़मींदारों का मुखापेक्षी रहा है। यहाँ यह याद करना भी प्रीतिकर है कि बहुत सारी बाइयाँ, नर्तकियाँ ढेरों रियासतों में समय-समय पर अपनी कला का सिक्का जमाने पहुँचती रहती थीं। उदाहरण के तौर पर, रसूलनबाई जैसी पूरब-अंग गायिकी की मशहूर ठुमरी गायिका का एक समय में इतना नाम हो गया था कि वह वर्ष भर *रतलाम, पन्ना, इन्दौर, रामपुर, रींवा, दरभंगा, ओरछा, बनारस* आदि दरबारों की चहेती गायिका बनी हुई थीं। इसी क्रम में *जानकीबाई छप्पनछुरी, कमला जान, विद्याधरी देवी, बड़ी मोतीबाई* एवं *गौहर जान* का नाम भी उल्लेखनीय ढंग से याद करने योग्य है।

दशहरा और होली के दरबार में लगातार शिरकत करने वाली सबसे महत्त्वपूर्ण उपस्थिति के रूप में हम **अख़्तरीबाई फ़ैज़ाबादी** का स्मरण कर सकते हैं, जिन्हें आज **'मलका-ए-तरन्नुम'** बेगम अख़्तर के नाम से जाना जाता है। वे दोनों ही समारोहों में उपस्थित रहती थीं तथा अपनी भाव-प्रवण गायिकी से अयोध्या के रसिक समाज को विभोर कर देती थीं। यहाँ यह देखना उल्लेखनीय है कि जिस दौर में बेगम अख़्तर ने अयोध्या रियासत में अपनी सेवाएँ दीं, वह महाराजा सर प्रताप नारायण सिंह 'ददुआ महाराज' तथा महारानी जगदम्बा देवी के पुत्र राजा जगदम्बिका प्रताप नारायण सिंह के कार्यकाल का ज़माना था। ये ही आज़ादी तक अयोध्या के राजा रहे तथा आपके ही दौर में अख़्तरीबाई फ़ैज़ाबादी का आना-जाना इस घराने में सम्भव हुआ। फ़ैज़ाबाद और अवध के गजेटियर, बेगम अख़्तर पर मिलने वाली बेहद कम प्रासंगिक सामग्री और फ़ैज़ाबाद में उनके प्रवास के वाक़यों को आपस में गूँथकर देखने पर यह तथ्य हमें उपलब्ध होता है कि वे यहाँ फ़ैज़ाबाद में 1935 से लेकर 1943 तक मौजूद रहीं। जिसका सीधा-सा अर्थ यह भी निकलता है कि लगातार आठ वर्षों तक वह अयोध्या राजदरबार की प्रतिष्ठित गायिका के बतर्ज़, इतिहास के पन्नों में दर्ज़ हैं। इतिहासकार सलीम किदवई का भी यह कथन क़ाबिलेग़ौर है कि *"लखनऊ और उसके आसपास के शहरों में 1938 से 1945 के मध्य, अख़्तरीबाई ने खड़ी महफ़िलें की हैं।"* [1] इसका आशय यह हुआ कि मुबारक़बादियों और ठुमरी की अदायगी में नृत्य और अभिनय का समावेश भी उन्होंने इन राजदरबारों की महफ़िलों में अवश्य ही किया होगा।

इस तथ्य के साथ यह सूचना भी स्वतः ही जुड़ी हुई है कि फ़ैज़ाबाद छोड़कर, जब वे लखनऊ और मुम्बई की ओर प्रस्थान करती हैं, तो यह वही ज़माना है, जब हमें बेगम अख़्तर सिनेमा के रुपहले पर्दे पर *मिस अख़्तरीबाई फ़ैज़ाबादी फ़िल्म स्टार* के रूप में नज़र आती हैं। आप 1933 से लेकर 1943 के मध्य मिलने वाले एच.एम.वी., डावरकीन, ट्विन एवं मेगाफ़ोन जैसे तवे वाले रिकॉर्ड कम्पनियों के इश्तिहार देखें, तो पायेंगे कि एक उभरती हुई ख़ूबसूरत सी अदाकारा अख़्तरीबाई के रूप में उन पन्नों और रिकॉर्ड कवरों पर मौजूद हैं। अख़्तरीबाई फ़ैज़ाबादी के

साथ उन दिनों जिन समकालीन गायिकाओं, फ़िल्म अभिनेत्रियों की सूची सिनेमा इण्डस्ट्री में रिकॉर्ड कम्पनियों के प्रचारों पर एक साथ दिखायी पड़ती है—उनमें प्रमुख रहीं—*अंगूरबाला तथा अनारबाला, जहाँआरा कज्जन, ख़ुर्शीद, कमला झरिया* एवं *सितारा कानपुरी*।

यह मेरे जैसे लेखक और संगीतप्रेमी के लिए बहुत उपयोगी बात है कि बेगम अख़्तर की मौसीक़ी के इतिहास के कुछ पन्ने, हमारे घराने के राजदरबार में होने वाले महफ़िल संगीत के माध्यम से भी बनते हैं। पुराने लोग याद करते हैं कि बेगम को पूरे अदब से लेने जाने का ज़िम्मा जिन कारबरदारों पर था, वे समारोह के बीसों दिन पहले ही इस बात को लेकर उत्साहित हो जाते थे कि उन्हें अपने दौर की सबसे मशहूर अदाकारा का इस्तक़बाल करना है। उन्हें लेने महाराजा जगदम्बिका प्रताप नारायण सिंह की प्रिय सफ़ेद रंग की मर्सिडीज़ बेन्ज कार जाती थी, जिसका नम्बर 126 था। यह गाड़ी अपनी छत की ओर खुली, बग्घीनुमा शक़्ल में होती थी, जिसे ख़ास मौक़ों पर ही निकाला जाता था। गाड़ी के बख़ान से दरअसल मैं बेगम अख़्तर की हैसियत का बख़ान करना चाहता हूँ कि यह उन दिनों राजदरबारों की रवायत थी कि किसी गुणी कलावन्त का सम्मान करने के लिए उसकी आवाजाही के बन्दोबस्त से लेकर उसका राजपरिवार में आना, सभी कुछ हद दर्ज़े का स्तरीय हो। मेरे पिता श्री बिमलेन्द्र मोहन प्रताप मिश्र को उन दिनों ड्राइवरों में प्रमुख रहे स्व. अब्दुल मजीद ने यह बताया था कि बेगम को लेने जाने के लिए रियासत के सारे ड्राइवरों में होड़ लगती थी कि इस बार की दरबार महफ़िल के लिए किस ड्राइवर का चयन हुआ है। इसके पीछे कारण यह था कि अव्वल तो अख़्तरीबाई जैसी बड़ी गायिका को लाने का श्रेय उस पर महाराजा की प्रिय मर्सिडीज़ कार चलाने का दुर्लभ मौक़ा हासिल होता था, साथ ही इस पूरे मामले का सबसे ज़बर्दस्त आकर्षण उनमें यह रहता था कि जो भी ड्राइवर उस दिन अख़्तरीबाई की सेवा में तैनात होता था, उसे वे कार्यक्रम के बाद घर लौटने पर भरपूर बख़्शीश, कपड़े और मिठाइयाँ देकर लौटाती थीं।

अख़्तरीबाई के सन्दर्भ में एक वाक़या संगीत से थोड़ा हटकर, यहाँ यह भी सुनाना चाहूँगा कि जब वे महफ़िली संगीत को अंजाम दे रही होती थीं, तो उसके फ़ौरन बाद एक तश्तरी में अपनी प्रणति निवेदन के सन्दर्भ में ग्यारह या इक्कीस या एक सौ आठ अशर्फ़ियाँ महाराज को नज़र करती थीं, जो तुरन्त आदरपूर्वक ग्रहण करते हुए दो गुना करके लौटाया जाता था। इस पूरी रवायत में न कलाकार और न ही राजा की कोई अहं की तुष्टि का निवारण या ब्याज होता था, न ही किसी प्रकार के रस्मी चलन का व्यवहार—बल्कि वह एक सहृदय कलाकार का अपने राजा के प्रति आभार ज्ञापन था, तो दूसरी ओर वह एक सज्जन शासक का अपनी रियासत में से एक मूर्धन्य कलाकार का सम्मान करने का नफ़ासती

ढंग। इस सन्दर्भ में एक ऐतिहासिक घटना यह हुई कि राजा जगदम्बिका प्रताप नारायण सिंह जी ने लगभग पचास-साठ एकड़ का एक भू-भाग अख़्तरीबाई को दे दिया। बहुत दिनों बाद, जब वे पूरी तरह फ़ैज़ाबाद और लखनऊ छोड़कर बाहर जाने लगीं, तो वह तत्कालीन नरेश को वही ज़मीन वापस लौटाने आयीं। राजा के तमाम प्रकार से इनकार करने के बावजूद वे इस इसरार के साथ उसे यह कहकर वापस लौटा गयीं *"हुज़ूर! आपने मेरी वज़ादारी की, इसके लिए ताउम्र शुक्रगुज़ार रहूँगी, लेकिन अगर मैं इसे बेचकर जाती हूँ, तो फ़ैज़ाबाद की तारीख़ मुझे मुआफ़ नहीं करेगी कि एक गानेवाली बाई ने राजा के दिये हुए उपहार का सौदा कर लिया। इसलिए यह आपके पास ही रहेगा।"*[2] यह छोटा-सा रचनात्मक इतिहास इस बात की गवाही देने के लिए काफ़ी है कि एक बाई और उसके तत्कालीन राजा के बीच सम्मान का कितना अहम रिश्ता सम्भव होता था। आज के सन्दर्भ में यह और भी अधिक प्रासंगिक है, जबकि हम छोटी-छोटी भौतिक चीज़ें से आक्रान्त होकर अपने व्यक्तिगत रिश्ते तक समाप्त कर डालते हैं। बेगम अख़्तर द्वारा लौटाया हुआ भूमि का उतना ही बड़ा रक़बा, आज भी हमारे परिवार की विरासत का अंग है, जो वर्तमान फ़ैज़ाबाद के मोहतरिम नगर (दर्शन नगर) इलाके में मौजूद है। रिश्तों की जिस आपसी गर्मजोशी, सम्मान देने की बेलौस परम्परा तथा अपनी कला और ईमान को सर्वोपरि मानकर बाक़ी चीज़ें को हेय देखने की दृष्टि इन कलाकारों ने भी जाने-अनजाने हमको सौंप दी है, दुर्भाग्य से वह अब बहुत कुछ पढ़े-लिखे तबके से भी बाहर की बात लगती है।

मैं आपको बेगम अख़्तर का जो वाक़या सुना रहा था, उसमें यह बताना भी शामिल है कि वे होली और दशहरा के दरबारों में *पेशवाज़* पहनकर आती थीं और अपनी अर्द्धशास्त्रीय गायिकी के सम्मोहन से पूरे अयोध्या के समाज को बाँध लेती थीं। *पेशवाज़*—एक विशेष प्रकार का स्त्रियों का पहनावा है, जिसमें चूड़ीदार पायजामे से होकर एक लम्बा अंगरखेनुमा कुर्त्ता पहना जाता है और उस पर बड़ी सी चुनरी पड़ी होती है। प्रचलित अर्थों में एक वधू के शृंगार जैसा आवरण है, जिसमें इस एक बात का ख़ास ख़याल रखा जाता था कि कहीं से भी ज़िस्म की ज़रा-सी भी नुमाइश न हो सके। मेरी दादी स्वर्गीया राजकुमारी विमला देवी जी मुझे बताया करती थीं कि वे उस समय बहुत छोटी थीं और बेगम को कुछ गाते हुए देखने में उनका ध्यान इस एक बात की ओर हमेशा लगा रहता था कि चुपके से वे उनके सौन्दर्य का पूरा नज़ारा ले सकें। वे कहती थीं कि कई बार की महफ़िलों के गायन के बाद भी वे यह जान न पायीं कि बेगम किस तरह अपने कपड़े पहनती हैं और किस विशेष अन्दाज़ से अपना दुपट्टा लपेटती हैं कि उनकी उँगलियों की पोरें तक दिख नहीं पातीं। जब मैं यह सब सुनता था, तब मेरे आश्चर्य का ठिकाना नहीं रहता था कि प्रचलित अर्थों में एक बाई, जिसका

कार्य गायन-वादन-नृत्य के साथ समाज का मनोरंजन करना है, वह भी इतनी नैसर्गिक गरिमा के साथ कहीं उपस्थित रह सकती है।

बेगम अख़्तर जो ख़ास चीज़े ऐसे अवसरों पर सुनाती थीं, उसमें *मुबारक़बादी, ठुमरी, कजरी, चैती* और *होली* प्रमुख होती थी। गायिकी का एक विशेष प्रकार भी ऐसे अवसरों पर गाया जाता था, जिसे *सादरा* कहते हैं। मुझे संगीत पर कई पुस्तकें लिखने के दौरान यह जानकारी हासिल हुई कि राजदरबारों के महफ़िल संगीत के लिए गुरुजन अपनी योग्य शिष्य-शिष्याओं, बाइयों और परन पढ़ने वालों को सादरा सिखाते थे। *सादरा*–दरअसल ख़्याल का एक अभिनव प्रकार है, जिसे प्रचलित अर्थों में हम ऐसा दादरा मानते हैं, जो झपताल पर निबद्ध किया गया हो। गिरिजा देवी ने मुझे यह बताया था कि उस्ताद मौज़ुद्दीन ख़ाँ जैसे बड़े गुरु ने भी अपनी शिष्याओं मसलन–रोशनआरा बेगम और बड़ी मोतीबाई को भी इन महफ़िलों में गाने के लिए सादरा सिखाया था।

उनकी कुछ ठुमरी और दादरे जो मेरी दादी याद करती थीं, जो उन्होंने इन मौक़ों पर गाये और जो बाद में मेगाफ़ोन, एच.एम.वी. और अन्य कम्पनियों ने भी पूरे सम्मान के साथ बाज़ार में उतारे, वे हैं–*'मुफ़्त हुए बदनाम साँवरिया तेरे लिए', 'कैसी ये धूम मचाई कन्हाई', 'पिया मिलन हम जाइब हो रामा', 'पिरायी मोरी अखियाँ', 'कौन तरह से तुम खेलत होरी', 'न जा बलम परदेस', 'केसरिया अंगिया रंग डालो जी', 'बलमवा तुम क्या जानो प्रीत', 'आये बलम करम मोरे जागे', 'छा रही काली घटा जिया मोरा लहराए है', 'कोयलिया मत कर पुकार'* तथा *'मोरी बारी सी उमरिया गौने की आयी रतियाँ'* आदि हैं। इनके अतिरिक्त कुछ उन महत्त्वपूर्ण बन्दिशों को यहाँ रेखांकित करना चाहता हूँ, जो अख़्तरीबाई फ़ैज़ाबादी *बैठकी* और *खड़ी* दोनों ही तरह की महफ़िलों के दौरान अंजाम देती थीं। ये इसलिए भी ख़ास है कि उन्होंने ऐसी बन्दिशों को हमेशा ही ठेठ पारम्परिक धुनों पर सजाते हुए पूरब अंग की पूर्व प्रचलित घरानेदार अदायगी की छाँह तले ही अपनी गायिकी में उतारा। ऐसे में एक *रसिया, ठुमरी* एवं *होली* का पद यहाँ प्रस्तुत है–

डफ काहे को बजाये
मैं तो आवत रही डफ काहे को...
डफ के बजाये मोरा उलझत हालो
हालो खम्भा किवाड़ रे डफ काहे को...
डफ की गूँजे सुनी महलन में
पूछत मोर फटत छाती डफ काहे को...
हाँ हाँ डफ काहे को बजाये।[3]

x x x

चला हो परदेसिया नैना लगाये
आज की रैन तुम यहीं रहो रतियाँ
सबेरे चले जइयो जी नैना लगाये
आये न थे तो जाने लगी बेक़रारगी
आये भी वो तो आग लगा के चले गये
चला हो परदेसिया नैना लगाये।[4]

x x x

होरी खेलन कैसे जाऊँ सखी री
बीच में ठाढ़ो कन्हैया रे दईया
ए री कैसे जाऊँ सखी री
राहे-बाट में रोकत-टोकत
कौने गाँव की रीत रे दईया
होरी खेलन कैसे जाऊँ सखी री।[5]

हालाँकि यह तथ्य भी कम दिलचस्प नहीं कि मेरे पिता को रियासत के क़रीबी एवं बुज़ुर्ग स्व. लाल श्री जयशंकर नाथ ने यह बताया था कि अख़्तरीबाई हर बार महफ़िल की शुरुआत अपने सिग्नेचर बन चुके गीत *'दीवाना बनाना है तो दीवाना बना दे, डर है कहीं तक़दीर तमाशा न बना दे'* से करती थीं, जिसे बहज़ाद लखनवी ने लिखा था। और इसी एक गाने के चलते पूरी महफ़िल जोशो-ख़रोश से भरकर उनकी अदायगी के मोहपाश में एकाएक बँध जाया करती थी। उसके बाद *ठुमरी, दादरा, चैती, सादरा* और फ़रमाइशी *ग़ज़लों* का दौर अपने पूरे शबाब पर चलता था।

राजदरबारों का महफ़िल संगीत इस बात के लिए भी अपने आप में बहुत नवप्रवर्तनकारी या इनोवेटिव माना जाता है कि उसमें अधिकांश चीज़ें की अदायगी तुरन्त की जाती थी, क्योंकि उपस्थित समुदाय फ़रमाइशों के दौर में डूब जाता था। यह एक बड़ी बाई या नृत्यांगना के लिए भी बहुत मान और ठसके का बायस होता था कि उसके प्रदर्शन के दौरान कितने ऐसे रसिक मौजूद रहे, जिन्होंने बार-बार मान-मनुहार कराकर कुछ अतिरिक्त गायिकी या उपज सम्भव करवायी।

इस सन्दर्भ में यह बात सिर्फ़ अयोध्या के मद्देनजर ही महत्त्वपूर्ण नहीं है, वरन यह उन अन्य रियासतों के सन्दर्भ में भी माकूल बैठती है कि उन कुल-परम्पराओं ने अपने-अपने रक़बों के बड़े कलाकारों को कितना और कैसा समय, स्थान और सम्मान प्रदान किया।

अख़्तरीबाई फ़ैज़ाबादी के अलावा होली और दशहरा दरबार में आने वाले अन्य बड़े कलाकारों में बनारस की मशहूर गायिकाएँ *बड़ी मोतीबाई, छोटी मोतीबाई* और शहनाईनवाज़ *उस्ताद बिस्मिल्ला ख़ाँ* साहब जैसे दिग्गज़ों के नाम उल्लेखनीय हैं।

सन्दर्भ

1. ज़िक्र उस परीवश का : बेगम अख़्तर इन लखनऊ, सलीम किदवई, राइटिंग्स ऑन लखनऊ, एडिटर—वीना तलवार ऑल्डेनबर्ग, पेंग्विन बुक्स, 2007।
2. अयोध्या की राजकुमारी स्वर्गीया श्रीमती विमला देवी से मिली जानकारी के आधार पर।
3. अख़्तरीबाई फ़ैज़ाबादी द्वारा गायी बन्दिश, मेगाफ़ोन रिकॉर्ड कोलकाता से साभार, 1937।
4. अख़्तरीबाई फ़ैज़ाबादी द्वारा गायी बन्दिश, मेगाफ़ोन रिकॉर्ड कोलकाता से साभार, 1937।
5. अख़्तरीबाई फ़ैज़ाबादी द्वारा गायी बन्दिश, मेगाफ़ोन रिकॉर्ड कोलकाता से साभार, 1937।

डॉ. रख़्शंदा जलील

ऐ मोहब्बत तेरे अंजाम पे रोना आया...

शायरी के पाठ

मेरी बहन अपने मेडिकल कॉलेज के हॉस्टल के दिनों का एक मज़ेदार वाक़या सुनाती थीं, जब वो और उसके सहपाठी, मेडिकल की कठिन पढ़ाई से उपजी नीरसता तोड़ने के लिए उसके पुराने टेपरिकॉर्डर से संगीत सुनते थे। उसकी एक दोस्त जो दक्षिण भारत से थी और जिसे बहुत कम उर्दू आती थी, अकसर उससे वो गाना बजाने को कहती थी, जहाँ—एक औरत को लगातार उल्टियाँ हो रही हैं और दवाइयाँ काम नहीं कर रहीं। उसका आशय बेगम अख़्तर की ग़ज़ल *'उल्टी हो गयीं सब तदबीरें, कुछ न दवा ने काम किया'* से था।

मुड़कर देखने पर मैं इस वाक़ये को बहुत काम का पाती हूँ : हमेशा दोहराये जाने वाले आदर्श कि संगीत विभिन्न लोगों, संस्कृतियों को जोड़ता है, से ज़्यादा इस बात से कि कैसे अलग-अलग समय पर, अलग-अलग लोगों ने बेगम अख़्तर के संगीत से अपने लिए अलग चीज़ें ली हैं और विभिन्न तरीक़ों से इस्तेमाल की हैं। एक समाजशास्त्री उनके सफ़र को एक गायिका, तवायफ़ (महफ़िल की गायिका), फ़िल्म अभिनेत्री और रिकॉर्डिंग आर्टिस्ट अख़्तरीबाई फ़ैज़ाबादी से लेकर एक कॉन्सर्ट की विलक्षण कलाकार बेगम अख़्तर तक देखेगा। एक भारतीय महिला की सम्मान और इज़्ज़त की खोज के रूप में, जिसमें वो अपना पुराना कलेवर उतारकर अपने लिए एक नया किरदार बुन लेती है। कलकत्ता में ईस्ट इण्डिया कम्पनी द्वारा बनायी गयी फ़िल्में 'एक दिन का बादशाह' और 'नल-दमयन्ती' (1933) से लेकर महबूब ख़ाँ की 'रोटी', 'दाना-पानी' और 'एहसान' में बेगम अख़्तर ने कई तरीक़े के रोल निभाये। उन्होंने 1965 ई. में फ़िल्मों में काम करना छोड़ दिया और अपने आप को पूरी तरह से बदल लिया। एक शुद्ध समाजशास्त्री के दृष्टिकोण से यह देखना बहुत रोचक होगा कि कैसे एक तवायफ़ की बेटी, जो अपने धनाढ्य प्रशंसकों के लिए गाती थी, एक शरीफ़ ख़ानदान में विवाह

करके अपने आपको एक सम्मानित बेगम की हैसियत दिलाती है। उनका फ़िल्मी सफ़र लगभग दो दशकों तक चला, पर वो उनको उतनी प्रसिद्धि नहीं दिला पाया, जितना बाद में उन्हें उनकी सांगीतिक यात्रा ने दी। आज के संगीतज्ञों के लिए, ख़ासकर महिला संगीतकारों के लिए बेगम के इस रूपान्तरण से उनको एक औरत और एक कलाकार होने की मुश्किल सन्तुलन को साधते हुए देखने से ख़ासा कुछ सीखने को मिलेगा।

बेगम अख़्तर की वो शालीन और गरिमा झलकाती साड़ियाँ, ढीले-ढाले जूड़े में बँधे उनके बाल, भड़कीले गहनों को छोड़कर उनकी नाक में चमकने वाला वह हीरा, वह त्वरित घनिष्ठता जो वो देखकर अपने श्रोताओं से बना लेती थीं और वो उनके धीर-गम्भीर व्यक्तित्व पर एकाएक फूट पड़ने वाली मुस्कुराहट, जो उन्हें तवायफ़ परम्परा से आने वाली गायिकाओं से एकदम अलग कर देती थी। आज की महिलाओं के लिए उन्होंने रास्ता दिखाया और एक ऐसा उदाहरण प्रस्तुत किया, जिससे शिक्षा ली जा सके। उर्दू साहित्य-प्रेमियों के लिए उनकी ग़ज़लों की एक विस्तृत फ़ेहरिस्त है, जिसमें उन्होंने बड़े शायरों के साथ-साथ ऐसे शायरों को भी गाया, जिनको ज़्यादा लोग नहीं जानते थे। उनसे पहले किसने ग़ालिब और शकील बदायूँनी या मीर तक़ी मीर और बहज़ाद लखनवी या फिर मोमिन ख़ाँ मोमिन और जिगर मुरादाबादी को उतनी ही सहजता से गाया था? ऊँचे और नीचे के आपसी सहकार और शास्त्रीय व सम-सामयिक संगीत का पहले कभी इतनी सहजता से समन्वय नहीं हुआ था।

एक संगीतकार के लिए बेशक़ उनकी अप्रतिम आवाज़ और शास्त्रीय संगीत की तैयारी है, जो उनके गायन में लगने वाले हर सुर में अपना सौन्दर्य छोड़ देती है। फिर चाहे वे ग़ज़ल गायें या दादरा या ठुमरी और एक संगीत इतिहासकार और जीवनी-लेखक के लिए—उनकी ज़िन्दगी है, जिसमें बहुत सारी ढँकी-छिपी बातें, प्रसिद्धि और ग़म, सच और आधे सच मौजूद हैं। एक साहित्य के इतिहासकार के रूप में जिसको अर्द्धशास्त्रीय संगीत की थोड़ी ही समझ हो, जो चीज़ कौतूहल से भरती है, वो है उनकी शायरी का चयन।

मेंहदी हसन की तरह, जो उनके बाद आये और आम लोगों तक ग़ज़ल को लेकर गये, बेगम अख़्तर आसान ग़ज़लें चुनती थीं। वे हर एक शब्द को घण्टी की मधुर आवाज़ जैसी स्पष्टता से उच्चारण करती थीं। उन्होंने एक ऐसा सन्तुलन बिन्दु ईज़ाद किया, जिसमें क्लिष्ट और आसान, ग्रामीण और शहरी का एक सहज मिलन देखा जा सकता था और जिसमें कोई दरारें नहीं थीं। अगर वो उर्दू के मूर्धन्य शायर मोमिन ख़ाँ मोमिन की ग़ज़ल *'वो जो हम में तुम में क़रार था/तुम्हें याद हो कि न याद हो'* गाती थीं या फिर मिर्ज़ा असद उल्लाह ख़ाँ 'ग़ालिब' की *'इब्ने मरियम हुआ करे कोई/मेरे दर्द की दवा करे कोई'*, तो

साथ ही उन्हें शकील बदायूँनी, जो हिन्दी फ़िल्म इण्डस्ट्री के जाने-माने शायर थे, की *'ऐ मोहब्बत तेरे अंजाम पे रोना आया'* और बहज़ाद लखनवी की बेइन्तहा ख़ूबसूरत और काव्यात्मक *'दीवाना बनाना है तो दीवाना बना दे'* या फिर शमीम जयपुरी की *'सख़्त है इश्क़ की रहगुज़र'* के लिए भी याद किया जाता है। यह दोनों ही ऐसे शायर थे, जिन्हें ज़्यादा ख्याति नहीं मिली थी, जब तक बेगम अख़्तर के शानदार गायन ने उनकी ग़ज़लों को अमर नहीं कर दिया। और कौन भूल सकता है *'अब छलकते हुए साग़र नहीं देखे जाते'* की वो सोज़ से भरी हुई गमक, जिसको अली अहमद जलीली नाम के एक ऐसे शायर ने लिखा था, जिन्हें शायद ही कोई पहले जानता हो। जब तक उनके शब्द एक बेहद बड़े स्तर पर श्रोताओं के सामने पहुँच गये, सिर्फ़ इसलिए कि उन्हें ख़ुद बेगम अख़्तर ने गाया था। इनमें से कुछ ग़ज़लों को क़रीब से देखना महत्त्वपूर्ण होगा : पन्ने पर पढ़े जाने से बदक़िस्मती से वे अपना कुछ जादू खो देते हैं, इस बात को प्रमाणित करते हुए कि एक ग़ज़ल मूलतः गाने के लिए लिखी जाती है और एक नज़्म से अलग होती है, जिसे पढ़ा जा सकता है।

अब छलकते हुए साग़र नहीं देखे जाते
तौबा के बाद ये मंज़र नहीं देखे जाते

मस्त कर के मुझे औरों को लगा मुँह साक़ी
ये करम होश में रहकर नहीं देखे जाते

साथ हर एक को इस राह में चलना होगा
इश्क़ में रहज़नों रहबर नहीं देखे जाते

हमने देखा है ज़माने का बदलना लेकिन
उनके बदले हुए तेवर नहीं देखे जाते

शकील बदायूँनी की यह ग़ज़ल भी उसी बात को आगे बढ़ाती है—

ऐ मोहब्बत तेरे अंजाम पे रोना आया
जाने क्यूँ आज तेरे नाम पे रोना आया

यूँ तो हर शाम उम्मीदों में गुज़र जाती थी
आज कुछ बात है जो शाम पे रोना आया

कभी तक़दीर का मातम कभी दुनिया का गिला
मंज़िल-ए-इश्क़ में हर गाम पे रोना आया

मुझ पे ही ख़त्म हुआ सिलसिला-ए-नौहागरी
इस क़दर गर्दिश-ए-अय्याम पे रोना आया

जब हुआ ज़िक्र ज़माने में मोहब्बत का 'शकील'
मुझ को अपने दिल-ए-नाकाम पे रोना आया

अगर वे अपने रागों पर आधारित ग़ज़लों में एक अलग लोच लाती थीं, तो वो उनकी ठुमरी थी, जिसमें बेगम अख़्तर एक नयी जीवन्तता, एक नयी ज़िन्दगी भर देती थीं। भारत के आभिजात्य रसिक राजाओं और ताल्लुकेदारों की महफ़िलों से छीनकर वे इसको आम आदमी के बीच एक ऐसी चीज़ की तरह लेकर आयीं, जिसमें पुरसोज़ ख़ूबसूरती के साथ धड़कता हुआ दर्द शामिल था।

उस समय के बड़े कलाकारों जैसे गौहर जान के द्वारा ग्रामोफ़ोन कम्पनियों के लिए रिकॉर्ड किये गये ठुमरियों, दादरों, होरी, कजरियों, जिन्हें अवध-दरबार के नवाबों ने भी भरपूर प्रश्रय दिया, विरह या फुरक़त के ही धरातल पर खड़ी नज़र आती थीं। उनमें ज़्यादातर ग्रामीण अंचलों की छवियाँ होती थीं, अपने महबूब या प्रियतम के लिए उस शिद्दत, उस चाहत को दिखाने के लिए, जिसको बुझाया नहीं जा सकता था। जब बेगम अख़्तर ने कई शास्त्रीय बन्दिशों, जैसे *'लागी बेरिया पिया के आवन की'* और *'कोयलिया मत कर पुकार, करेजवा लागे कटार'* को इसी रूप में गाया। उनको इस बात का भी श्रेय जाता है कि उन्होंने ठुमरी के रंग-पटल को बहुत नये ढंग से आगे बढ़ाया।

बेगम अख़्तर के संगीत की कोई भी बात तब तक पूरी नहीं होती, जब तक हम उन कहानियों की बात न करें, जो भले ही अज्ञात या मनगढ़न्त हों पर उनकी परम्परागत शैली से इतर शायरी की पसन्द और उनके अज्ञात शायरों के प्रति दरियादिली से भरी हुई हैं। जब कैफ़ी आज़मी मात्र ग्यारह वर्ष के थे, उन्होंने लिखा– *'इतना तो ज़िन्दगी में किसी की ख़लल पड़े, हँसने से हो सुकूँ न रोने से कल पड़े'* और इसे एक मुशायरे में सुनाया। बेगम अख़्तर ने इस ग़ज़ल को संगीत में बाँधा और इसे विभाजन पूर्व भारत में राष्ट्रीय स्तर की ख्याति दिलवाई। मगर इन सारी किंवदन्ती जैसी कहानियों में जो सबसे अच्छी कहानी है, वो है सुदर्शन फाक़िर के बारे में।

एक बार जब बेगम जालन्धर रेडियो स्टेशन, ऑल इण्डिया रेडियो में गयी हुई थीं, फाक़िर साहब, जो वहाँ काम करते थे, उन्होंने अपनी एक ग़ज़ल उनको नज़राने के रूप में दी : बेगम ने न सिर्फ़ उनका यह नज़राना स्वीकार किया, बल्कि तुरन्त ही उसे संगीत में बाँधकर कुछ ही घण्टों के भीतर गा भी दिया। वो ग़ज़ल थी–

कुछ तो दुनिया की इनायात ने दिल तोड़ दिया
और कुछ तल्ख़ि-ए-हालात ने दिल तोड़ दिया

हम तो समझे थे के बरसात में बरसेगी शराब
आयी बरसात तो बरसात ने दिल तोड़ दिया

दिल तो रोता रहे और आँख से आँसू न बहे
इश्क़ की ऐसी रवायात ने दिल तोड़ दिया

वो मेरे हैं मुझे मिल जायेंगे आ जायेंगे
ऐसे बेकार ख़याला‍त ने दिल तोड़ दिया

आपको प्यार है मुझसे कि नहीं है मुझसे
जाने क्यूँ ऐसे सवालात ने दिल तोड़ दिया।

बेगम अख़्तर की आवाज़ की उस जानी-पहचानी कशिश के साथ-साथ सुदर्शन फ़ाकिर की शायरी ने इस ग़ज़ल को दिल टूटने और ग़म का एक ऐसा गीत बना दिया है, जो इसके रिकॉर्ड होने के दशकों बाद भी इसे यादगार बनाता है।

अंग्रेज़ी से अनुवाद : यतीन्द्र एवं शुभांगी मिश्र

कुणाल रे

'जलसाघर' में बेगम अख़्तर

1958 में प्रदर्शित हुई सत्यजित रे की 'जलसाघर' एक कालजयी फ़िल्म है। रे की फ़िल्मों में यह मेरी पसन्दीदा फ़िल्म है। इस पर और अधिक चर्चा होनी चाहिए, इसे और अधिक बार देखा जाना चाहिए। दरअसल इसी फ़िल्म के चलते फ़िल्मप्रेमी फ्रांस में रे के बहुत प्रशंसक बने और फ़िल्म समीक्षक डेरेक माल्कॅम ने 'जलसाघर' को 'पथेर पांचाली' और 'चारुलता' जैसी रे की बाक़ी कालजयी फ़िल्मों से उत्कृष्टतर माना है। एक और सुप्रसिद्ध फ़िल्म समीक्षक रॉजर ऐगबर्ट इसे रे की 'सब से विचारोत्तेजक फ़िल्म' कहते हैं। 'अपराजितो' से लगे आर्थिक झटके के बाद सत्यजित रे ऐसी भीड़लुभाऊ फ़िल्म बनाना चाहते थे जिसमें नाच-गाना भी हो।

बनारस में हुई एक दुर्घटना के कारण रे कुछ अरसा बिस्तर पर रहे, इस दौरान उन्होंने बहुत-सी बांग्ला किताबें पढ़ीं। तभी उन्होंने ताराशंकर बंद्योपाध्याय की वह कहानी पढ़ी जिस पर 'जलसाघर' आधारित है। रे की फ़िल्मों की आलोचना उनके ग़ैर-राजनीतिक होने के कारण हुई है, लेकिन उनकी कई फ़िल्मों को ध्यान से देखा जाये तो उनके आलोचक ग़लत साबित होते दिखते हैं। उनकी फ़िल्मों में राजनीति, नारे के स्तर पर नहीं होती, लेकिन संवेदनशील दर्शक हमेशा ही राजनीति की झलक देख लेता है।

'जलसाघर' ऐसी ही फ़िल्म है। सामन्ती अभिजातवर्ग के पराभव और नये बूर्ज्वा विशिष्ट वर्ग के उदय को दिखाते हुए 'जलसाघर' में संगीत का उपयोग फ़िल्म के राजनीतिक सुर और उसकी पतनशील पृष्ठभूमि को रेखांकित करने के लिए होता है। संगीत सामन्ती अभिजातवर्ग के मनोभाव को पकड़ पाने में मदद करता दिखता है। नायक बिश्वम्भर रॉय (यह भूमिका छबि बिस्वास ने निभायी है) संगीत का शौक़ीन है जो अकसर अपने जलसाघर में महफ़िलें सजाता है। यहाँ हमें याद रखना होगा कि जलसाघर भारत में प्रदर्शन कलाओं के लम्बे इतिहास में

एक महत्त्वपूर्ण संस्था रहा और कलाकारों के लिए यह शायद अकेली ऐसी जगह था, जहाँ वे अपनी कला प्रस्तुत करने के साथ ही दर्शकों-श्रोताओं से संवाद भी कर पाते थे। अलबत्ता 'वर्ग' की मर्यादा बनी रहती थी। महफ़िलों में कलाकार और दर्शक-श्रोता पास-पास होते थे। बहुत से भारतीय और विदेशी शहरों में अब काफ़ी होने लगी घरेलू बैठकों को महफ़िल की तर्ज़ पर समझा जा सकता है—चुनिन्दा मेहमानों के लिए प्रस्तुति देने के लिए कलाकार को घर में निमन्त्रित किया जाता है और यह व्यवस्था कलाकार के लिए आर्थिक रूप से ठीक-ठाक होती है। हाल के दिनों में मैं ऐसे घरों में गया हूँ, जहाँ संगीत पर चर्चा और बैठकों के लिए बनी ऐसी जगहें घरों के विन्यास का हिस्सा हैं और पहले से बहुत ज़्यादा लोकतान्त्रिक हैं। यह घरेलू बैठकें बहुत से उभरते, युवा कलाकारों के लिए वैकल्पिक अर्थार्जन का साधन बन गयी हैं।

बहरहाल, पहले सामन्ती वर्ग से मिलने वाला संरक्षण कलाकार समुदाय के लिए महत्त्वपूर्ण हुआ करता था। 'जलसाघर' का केन्द्रीय चरित्र बिश्वम्भर रॉय वर्तमान की अनदेखी कर रहा है। उसका कोश ख़ाली होता जा रहा है, लेकिन उसकी महफ़िलों का सिलसिला रुकने में नहीं आ रहा। महफ़िलें उसकी दौलत, अधिकारों, सामाजिक स्थिति और कलारसिक के रूप में उसकी प्रतिष्ठा की द्योतक हैं। इन महफ़िलों में दिग्गज कलाकार प्रस्तुति देते हैं। बिश्वम्भर रॉय अपनी शान दिखाता मेहमानों को बढ़िया खिलाने-पिलाने का मज़ा लेता है। वह ख़ुद को कला का संरक्षक मानता है और प्रतिष्ठित कलाकारों से अपनी जान-पहचान को नियामत समझता है—जिन के पीछे लोग पागल रहते हैं, वे कलाकार उसके एक बुलावे पर चले आते हैं। अपने जलसाघर में कुछ ख़ास कलाकारों को पेश करके वह अपने मेहमानों के लिए एक ख़ास तरह की अभिरुचि प्रस्तुत कर रहा है। उसकी महफ़िलें मेहमानों का परिचय देश के कुछ प्रमुख कलाकारों से करवाती हैं। इस तरह 'जलसाघर' भारतीय शास्त्रीय संगीत के इतिहास की एक महत्त्वपूर्ण परम्परा को दर्ज़ करती है।

यहाँ सत्यजित रे को वास्तविकता और कल्पना के बीच तालमेल बैठाते देखना भी रोचक है। 'जलसाघर' में भारतीय शास्त्रीय संगीत और नृत्य के कुछ चमकते सितारे, पृष्ठभूमि से आती आवाज़ों के रूप में और साक्षात भी मौजूद हैं। हालाँकि वे अपनी ही भूमिका में नहीं, बल्कि काल्पनिक नामों वाले कलाकारों के रूप में पर्दे पर दिखते हैं। बिस्मिल्ला ख़ाँ की एक झलक दिखती है, फ़िल्म के अन्तिम भाग में रौशन कुमारी का लम्बा कथक का टुकड़ा है और बेगम अख़्तर की चार मिनट से भी कम अवधि की उपस्थिति हर संगीत-प्रेमी की स्मृति में गहरी खुदी है। उस दौर के इन दिग्गजों की महत्ता को स्वीकार करके रे इस फ़िल्म में भारतीय प्रदर्शन कलाओं के एक बहुत महत्त्वपूर्ण पक्ष को दर्ज़ करते हैं। फ़िल्म का संगीत ही उस्ताद विलायत ख़ाँ ने तैयार किया है। संगीत तैयार करते हुए

रे और उस्ताद के बीच मतभेद भी हुए। रे ने शायद कुछ प्रस्तुतियों की अवधि में काट-छाँट की, फ़िल्म के हित में कुछ प्रस्तुतियों में फेरबदल भी किये, लेकिन उसके परिणाम सार्थक रहे। जहाँ दर्शकों को सामन्ती व्यवस्था के अवसान का भान लगातार बना रहता है, वहीं बिश्वम्भर को जैसे कुछ ख़बर ही नहीं, शायद उसे इसकी ख़ास परवाह भी नहीं। पुराने ज़मींदारों की शौक़ीनी और अभिरुचि की नक़ल करता उभरता बूर्ज्वा अभिजात वर्ग भी महफ़िलें सजाता है। फ़िल्म के सभी महत्त्वपूर्ण क्षणों में संगीत उपस्थित है। फ़िल्म के क्रेडिट धीरे-धीरे उभरते सितार के मीठे सुरों के साथ सामने आते हैं, पृष्ठभूमि में जलसाघर और सामन्ती जीवनशैली का प्रतीक झूमर दमक रहा है—फ़िल्म की गति-मति यहीं तय हो चुकी है। पृष्ठभूमि का संगीत कहीं-कहीं आसन्न संकट के बारे में चेताता है और कहीं वह आनन्द का प्रस्फुटन है।

मेरे विचार से रे संगीत, उसके सामाजिक-सांस्कृतिक पक्षों और कुछ ख़ास लोगों के जीवनों में उसकी अवस्थिति के बारे में भी फ़िल्म बना रहे थे; चाक्षुष रूप के माध्यम से संगीत जैसी अमूर्त चीज़ को पकड़ पाना कठिन काम ही रहा होगा। 'जलसाघर' का आरम्भ और अन्त, दोनों ही संगीत से होते हैं। फ़िल्म के शुरुआती हिस्से में बेजोड़ बेगम अख़्तर पीलू में निबद्ध ठुमरी *'भर-भर आयीं मोरी अँखियाँ'* गाती दिखती हैं। बेगम के दिखने से पहले पर्दे पर उनकी मद्धम आवाज़ के साथ नीम अँधेरा, महल और झूमर उभरते हैं; फिर वह दिखती हैं तानपूरे के साथ गाती। उनके ठीक पीछे एक बड़ा-सा शीशा है, श्रोता उसी में दिखते हैं। दृश्य पर बेगम का प्रभुत्व है। जब वह हैं तो किसी और की क्या ज़रूरत? उनके साथ तबले, हारमोनियम और सारंगी पर उनके संगतकार दिखते हैं। फ़िल्म उनके गायन की एक झलक भर दिखाती है, दर्शक-श्रोता अतृप्त रह जाते हैं। मेरे लिए यह ज़बर्दस्त है क्योंकि बेगम विरह यानी कामना में डूबी हैं! गीत के ख़त्म होने पर भी इसका प्रभाव बना रहता है और जैसे अगले दृश्य पर छलक जाता है, जहाँ बिश्वम्भर की पत्नी महफ़िल के लिए अपने गहने बेचने के कारण उसे डाँट रही है।

डीवीडी पर यह फ़िल्म देखते हुए मैं बेगम को गाते सुनने के लिए बार-बार रीवाइण्ड और पॉज़ करता हूँ। मुझे पता है कि बहुत से लोग ऐसा करते होंगे। जब सत्यजित रे ने बेगम अख़्तर को इस फ़िल्म में गाने के लिए निमन्त्रित किया था, तब उनकी लोकप्रियता देखने लायक थी। फ़िल्म में उनकी उपस्थिति जहाँ उनके प्रशंसकों को खींच लाती है, वहीं यह ज़मींदार की सांगीतिक अभिरुचि का संकेत भी देती है। बेगम का गायन ज़मींदार की ताक़त के साथ ही व्यवस्था की पतनशीलता को भी अभिव्यक्त करता है। वह भी कहता है कि ऐसा गायन सुनने के लिए मैं अपनी आख़िरी कौड़ी भी ख़र्च कर दूँगा।

फ़िल्मों के प्रशंसक इस भूमिका के लिए बेगम के चुनाव पर चकित हुए थे,

लेकिन वह खुले गले से पीड़ा और विरह का गीत गा रही हैं। क्या उनका गायन फ़िल्म की आगे की दिशा नियत करता है? लगता तो यही है! इस घटना के बाद हालात बिगड़ते चले जाते हैं। एक दुर्घटना में बेटे और पत्नी की मृत्यु से ज़मींदार के जीवन में विरह और बिछोड़ा आते हैं। बेगम की ठुमरी फ़िल्म का मिज़ाज तय करती है, वह जैसे आगामी घटनाओं का पूर्व संकेत है। वह पिया का इन्तज़ार करती दुल्हन जैसे विन्यास में दिखती हैं। उनका गायन करुण है, स्थिति को देखते हुए दुःख और पीड़ा आसन्न ही हैं। जब भी बेगम *'कारी बदरिया'* पर आती हैं, कैमरा बिश्वम्भर के चेहरे के भाव दिखाता है। यह कारी बदरिया जल्दी ही उसके जीवन पर छा जाती है, शायद वह जानता भी है कि यह अवश्यंभावी है। लेकिन वह संगीत में डूबा है। जैसे वह उसकी अफ़ीम है। बिशम्भर को अपनी पत्नी और बेटे की मौत की ख़बर भी उसके यहाँ चल रही महफ़िल में मिलती है।

फ़िल्म में बेगम अख़्तर एक पेशेवर गायिका की भूमिका में हैं, जिसे गाने के लिए पैसा दिया जाता है। क्या यह उनके उस पीछे छूटे जीवन की झलक है, जो वह अपने विवाह से पहले जीती रही थीं? ज़मींदार के जलसाघर में गायिका और श्रोताओं के बीच की दूरी एक ख़ास तहज़ीब का संकेत भी देती है। यह चाक्षुष बिम्बावली मुझे मुग्ध करती है। उनके गायन के दौरान श्रोता पुरुष सिर हिलाते दाद देते हैं और मन्त्रमुग्ध से सुनते हैं। कैमरा श्रोताओं के चेहरों पर ठिठकता है, वह महिम गांगुली (जिसे बिश्वम्भर सख़्त नापसन्द करता है) का चेहरा दिखाता है, जो अपने मदिरा पात्र में ज़्यादा डूबा लगता है। आप बता सकते हैं कि उस की रुचि चल रहे गायन में नहीं है। उसके चरित्र का यह उन्मोचन गायन के दौरान होता है। इस तरह फ़िल्म के कथ्य में गाना ही नहीं, उसके गाये जाने के दौरान हो रहा सब कुछ और गायन पर प्रतिक्रियाएँ भी बहुत महत्त्वपूर्ण हैं।

आपको जलसाघर का शानदार अन्तरंग, झूमर की सतत उपस्थिति और सफ़ेद कपड़े पहने, दाद में सिर हिलाते पुरुष दिखायी देते हैं। यह अपने आप में एक भव्य बयान है। इस तरह गीत अपने आप में एक नया पाठ बन जाता है, जो फ़िल्म की पृष्ठभूमि और उसके चरित्रों के बारे में कितना कुछ उद्घाटित करता है। सत्यजित रे ने अपनी फ़िल्मों में गहरी समझदारी में संगीत का उपयोग किया है, वे जानते थे कि मुझे कैसा भाव चाहिए और उस भाव को कौन जगा पायेगा। 'जलसाघर' में करुण रस का उद्रेक बेगम अख़्तर से बेहतर कौन कर पाता? पर्दे पर तीन मिनट और कुछ सेकेण्ड की अपनी उपस्थिति के दौरान वह कैमरे की ओर देखती तक नहीं और फिर भी भारतीय सिनेमा के इतिहास का वह अविस्मरणीय पल रच देती हैं, जो बहुत से कारणों से मूल्यवान है। इनमें से एक कारण पर्दे पर उनकी उपस्थिति है।

अंग्रेज़ी से अनुवाद : मधु बी. जोशी

अनीश प्रधान

एक पुरकशिश आवाज़

मेरे लिए बेगम अख़्तर की आवाज़, एक ऐसी आवाज़ थी, जिसे मैंने किशोरावस्था में जब पहली बार सुना था, तो सम्मोहित होने की हद तक उसमें डूब गया था। आज तक उस आवाज़ से मेरा नाता बना रहा और दशकों बीत जाने के बाद भी मैं उस आवाज़ की ख़ूबसूरती में ख़ुद को बँधा पाता हूँ। ऐसी आवाज़ें कम होती हैं, मगर उनके फैलाव और प्रभाव दूर तक जाते हैं। सच बताऊँ तो मैंने कभी रुककर ये नहीं सोचा कि उनकी आवाज़ या संगीत में ऐसा क्या था, जो इतने जुनून और शिद्दत से मुझे अपनी ओर खींचता था। क्या यह उनकी आवाज़ का दर्द था, क्या यह उनकी आवाज़ का वो चिर-परिचित फट जाना था, क्या यह उनका मौसीक़ी और शायरी को पास लाने का नायाब तरीक़ा था, क्या यह उनकी गायकी की वो बेहद ख़ूबसूरत हरकतें थीं, जो वो बेहद सहजता से ले लेती थीं, या वह सहज ही उपजा तरीक़ा था, जिससे वे अपने संगतकारों से एक संवाद स्थापित कर लेती थीं। ये सब था या इनसे भी कुछ ज़्यादा? शायद यह उन चीज़ें में से एक है, जो तर्क और मेधा के पार जाते हैं। मुझे लगता है कि उनके सन्दर्भ में जो सबसे निकट हम आ सकते हैं, उसको परिभाषित करने में, वो एक ऐसे शब्द के प्रयोग से हो सकता है, जिसका ऐसी परिस्थितियों में संगीतकार अकसर इस्तेमाल करते हैं। मैं बात कर रहा हूँ तासीर की। उस कशिश, उस गुण की जो इस ऊँचाई के कलाकारों के गायन में अन्तर्निहित होता है। यह उनकी तासीर ही थी, जिसमें वो सब था, जिसकी मैं बात करना चाहता हूँ।

संगीत विद्वान कैलाश चन्द्र देव बृहस्पति, जो 'आचार्य बृहस्पति' के नाम से जाने जाते हैं, उनके द्वारा लिये गये एक इण्टरव्यू में बेगम अख़्तर ने कहा था कि 'तासीर रचने के लिए सुर की सच्चाई सबसे ज़रूरी है।' 'सुर की सच्चाई'—अर्थात वह शुद्धता और सूक्ष्मता, जिससे सुर लगाया गया हो। बेशक़ बेगम अख़्तर ने जो अपने बचपन में कठोर और अनुशासित संगीत की शिक्षा पायी थी, वो उनके गायन में

तासीर पैदा करने के लिए बेहद ज़रूरी साबित हुई। यह वो सूत्र हैं, जो सदियों का ज्ञान अपने में लिए हुए गुरु-शिष्य परम्परा द्वारा पीढ़ी-दर-पीढ़ी हस्तान्तरित होते आये हैं...और मुझ जैसे संगीत के विद्यार्थियों को प्रेरित करते रहते हैं।

हिन्दुस्तानी शास्त्रीय संगीत की किसी भी विधा में पारंगत होने के लिए कोई शॉर्टकट, सीधा-सपाट या आसान रास्ता नहीं है। अथक परिश्रम से किया गया नियमित रियाज़ ही संगीत में बेहद काम की चीज़ है। पर सांगीतिक प्रतिभा के सबसे धनी के लिए भी रियाज़ कभी-कभी बोझिल हो उठता है, जैसा कि हमें उसी इण्टरव्यू में बेगम अख़्तर के बताये एक निजी अनुभव से पता चलता है। वो दस-ग्यारह साल की उम्र में पटियाला घराने के अता मोहम्मद ख़ाँ से ली गयी तालीम के बारे में बताती हैं। जैसा कि गुरु-शिष्य परम्परा में चलन था, अता मोहम्मद ख़ाँ उन्हें एक से डेढ़ साल तक रोज़ाना एक ही चीज़ सिखाते रहे। सुबह राग भैरव और रात में राग यमन। सुबह की शिक्षा तीन बजे से शुरू हो जाती थी, जो सर्दियों में छोटी बेगम अख़्तर के लिए अतिशय कष्टदायी हो उठती थी। वे याद करती हैं कि कैसे उनके उस्ताद तानपूरा मिलाकर उनके सामने रख देते थे और वो आधी नींद में ही गाना शुरू कर देती थीं।

स्पष्ट रूप से कई गुरुओं की तरह अता मोहम्मद ख़ाँ भी एक कठोर शिक्षक थे। बेगम एक प्रसंग याद करती हैं कि कैसे उन्हें एक राग पसन्द नहीं आया था और इसलिए उन्होंने वो नहीं सीखा। इसके जवाब में उनके उस्ताद ने उन्हें तब तक कुछ भी सिखाने से इनकार कर दिया, जब तक बेगम ने उनकी बतायी बन्दिश सीख नहीं ली। तमाम माफ़ीनामों और अनुनय-विनय के बाद ही उस्ताद ने संगीत की तालीम पुनः प्रारम्भ की।

मेरे ज़ेहन में बेगम अख़्तर की आवाज़ की सबसे पुरानी याद शायद ऑल इण्डिया रेडियो के कार्यक्रमों की है। परन्तु एक विस्तृत समय-अवधि में मेरा उनके गायन से परिचय एक ग़ज़ल संग्रह के माध्यम से हुआ। यह ग़ज़लें मुझे एक संगीत-प्रेमी ने लांग प्ले रिकॉर्ड से कैसेट में डलवाकर दी थीं। मुझे बहुत स्पष्ट ढंग से वह वक़्त याद है, जब मैं जितना इनकी विशुद्ध कलात्मक प्रस्तुति से खिंचकर और उतना ही उनकी मेरी भावनात्मक मनोदशा को प्रतिबिम्बित करने की क्षमता से भी आकर्षित होकर दिन में कई-कई बार इन ग़ज़लों की तरफ़ मुड़ता था। मैं उस समय शायरी को बहुत अच्छे तरीक़े से नहीं समझता था, पर तब भी बेगम का गायन, उनकी आवाज़ का सम्मोहन की हद तक जाने वाला आकर्षण, उनका कहन कुछ ऐसा था कि उनको बार-बार सुनने से मैं ख़ुद को रोक नहीं पाता था।

तब तक मैं क़रीब एक दशक तक तबले का विद्यार्थी रह चुका था और जैसा कि तबलावादकों में आम है, मुझे शायद तबले की रिकॉर्डिंग की ओर आकर्षित होना

चाहिए था। पर यहाँ मैं था, एक ऐसी आवाज़ के जादू में क़ैद, जिसके जैसा कोई और न था। जैसे-जैसे मैं बड़ा हुआ और तबले के विद्यार्थी और वादक के रूप में अनुभव प्राप्त किये, मैंने संगीतप्रेमियों से बेगम अख़्तर की रिकॉर्डिंग्स इकट्ठी करनी शुरू कर दी। इनमें से कई बेगम के अतिरेकी प्रशंसक भी थे।

ख़ुशक़िस्मती से अब उनकी कुछ रिकॉर्डिंग्स इण्टरनेट पर भी उपलब्ध हैं। इनमें वो रिकॉर्डिंग्स भी हैं, जो दूरदर्शन में तब बनायी गयी थीं, जब दूरदर्शन एकमात्र भारतीय टी.वी. चैनल हुआ करता था और उस दौर में टी.आर.पी. की कोई दौड़ नहीं थी। यह सरकारी चैनल अधिकतर सरकार के प्रचार के लिए इस्तेमाल होता था, पर साथ ही इसमें भारत के कुछ सबसे अद्वितीय संगीतज्ञों को भी प्रदर्शन के लिए जगह मिलती थी। इनमें आमन्त्रित मेहमानों के सामने स्टूडियो कॉन्सर्ट होते थे, महान संगीतकारों के साक्षात्कार होते थे और नियमित स्टूडियो में ऐसे प्रोग्राम भी होते थे, जिनमें कोई श्रोता नहीं रहता था, जिसके चलते वो रिकॉर्डिंग संगीतकारों को असहज भी कर जाती थी। इससे महत्त्वपूर्ण यह है कि यह कार्यक्रम सिर्फ़ ऐसे कला-मर्मज्ञ निर्माताओं (प्रोड्यूसरों) की वजह से सम्भव हो पाये, जिन्होंने कष्ट लेकर ऐसे नवाचार से भरे हुए प्रोग्राम बनाये। वे निर्माता भी किसी कलाकार से कम नहीं थे।

इन कार्यक्रमों में से कुछ मेरे पसन्दीदा रहे हैं। इनमें से एक है, जिसमें आमन्त्रित मेहमानों के बीच बेगम अख़्तर की एक महफ़िल सजती है। बेगम को उनके लाजवाब ठुमरी और ग़ज़ल गायन के लिए जाना जाता था। इसमें उन्होंने एक होरी और दो ग़ज़लें गायी हैं। एक दूसरी रिकॉर्डिंग बेगम अख़्तर और उतने ही करिश्माई शायर कैफ़ी आज़मी को साथ लाती है। ऐसा करने में हम उस वक़्त के कलाकारों के आदर्श, उनकी सहजता और उनके बीच मौजूद एक साझे और समावेशी रचनात्मक दृष्टिकोण को आसानी से देख सकते हैं।

मुझे उनके द्वारा राग पीलू में गाया वो दादरा भी याद है, जो उन्होंने सत्यजित रे की फ़िल्म 'जलसाघर' के लिए गाया था। 'जलसाघर' ढलती सामन्ती व्यवस्था और नये मगर संस्कृति से विरत शहरी आभिजात्य के बढ़ने की पृष्ठभूमि में फ़िल्मायी गयी है। इस फ़िल्म में एक बंगाली ज़मींदार की हवेली में भव्य महफ़िलों का आयोजन दिखाया गया है। फ़िल्म का संगीत श्रेष्ठ सितारवादक विलायत ख़ाँ ने दिया था और बेगम अख़्तर की आवाज़ और अदायगी ने इतिहास के ऐसे पात्र में जान फूँक दी, जिसकी उन्होंने कहानियाँ भर सुनी थीं।

यह पहली बार नहीं था, जब बेगम अख़्तर फ़िल्म स्क्रीन पर आयी थीं। इससे पहले उन्होंने फ़िल्म 'रोटी' (1942) के लिए गाया था और अभिनय किया था, जिसका संगीत अनिल विश्वास ने दिया था। यह सच है कि सिनेमा, कलाकारों

को रोज़गार का एक अलग माध्यम देता था। सन् 1930 के दशक में टॉकीज़ के अस्तित्व में आने से संगीतकारों ने बॉम्बे और कोलकाता में बने प्रोडक्शन हॉऊसों में नौकरियाँ तलाश लीं। वे वहाँ पर ऑर्केस्ट्रा में गायक, अभिनेता और संगीतकारों (कम्पोजर्स) के रूप में काम करते थे। फ़िल्मी गानों और फ़िल्मी संगीत ने, पार्श्वगायन की तकनीक आने के पहले और बाद में हिन्दुस्तानी संगीतकारों के लिए नयी अपेक्षाएँ खड़ी कर दीं, जो अब तक सिर्फ़ लाइव संगीत प्रदर्शन या ग्रामोफ़ोन की रिकॉर्डिंग के आदी थे। इस नये माहौल में उन्हें ऐसा संगीत बनाना पड़ता था और ऐसे वाद्य चुनने पड़ते थे, जो फ़िल्म की पटकथा के अनुरूप हों। जो बढ़त और स्वर विस्तार हिन्दुस्तानी संगीत का अहम हिस्सा थे, अब उनकी आवश्यकता ख़त्म हो गयी थी। इन परिस्थितियों में बेगम अख़्तर ने फ़िल्मों में अपनी आवाज़ देने का फ़ैसला किया। पर ऐसा नहीं है कि उनका यह फ़ैसला सिर्फ़ और सिर्फ़ व्यावसायिक सफलता से प्रेरित हो। इस बात का प्रमाण मिलता है, जब कश्मीर में लिए गये एक इण्टरव्यू में क़ासिम कलन्दर ने उनसे फ़िल्म संगीत के दुष्प्रभावों के बारे में पूछा। तब उन्होंने बेबाक़ी से जवाब दिया कि जो भी संगीत दिल को छूता है, वो एक ऊँचे दर्जे का संगीत है, भले ही वह फ़िल्मी संगीत हो या कुछ और।

इतने सालों के दरमियान, अपने श्रोता से एक निकटता स्थापित कर लेने की कला से बेगम अख़्तर का गायन मेरे दिल-ओ-दिमाग़ को काबू में कर चुका है। ऐसा लगता है कि वे अपने तबला और सारंगी वादकों से एक संवाद में हैं। एक ऐसा संवाद, जो आपको उसमें शामिल होने के लिए आमन्त्रित करता है, जैसे कि आप अकेले ही उसको सुनने वाले हैं। उनकी ठुमरी, दादरा और ग़ज़लों की स्टूडियो रिकॉर्डिंग्स काफ़ी हद तक उस निकटता और घनिष्ठता को दिखाती है, जो उनके और श्रोताओं के बीच होती थी, पर जिन लोगों को प्रत्यक्ष उनकी महफ़िलों का हिस्सा बनने का सौभाग्य मिला है, वह पूरी तरह से इस बात की गवाही देंगे। वे जिस सहजता से अपने हर संगतकार की बढ़त को अपने प्रदर्शन की ख़ूबसूरती बढ़ाने के लिए इस्तेमाल करती थीं, वो उनके बीच के सौहार्द और आपसी समझ की ओर इशारा करता है। उनकी लय की पकड़ और समय की समझ चकित करती है। समय को पकड़ने की एक सायास कोशिश न लगकर ऐसा आभास होता है, जैसे वो ताल और लयकारी के ऊपर तैर रही हों। उनके संगतकार चाहे वो मुन्ने ख़ाँ हों, मोहम्मद अहमद ख़ाँ या फिर निज़ामुद्दीन ख़ाँ—उन सबने बेगम की असाधारण लय की पकड़ को सराहा और उतने ही उत्साह से तालों के मूल स्वरूपों को विभिन्न तरीक़ों और कलाकारियों से सजा कर उसका उत्तर दिया। उन्होंने बेहद ख़ूबसूरत लग्गियों का इस्तेमाल किया, जो छोटे-छोटे ताल प्रकरणों से क्रम परिवर्तित कर नयी आकृतियाँ और योग बनाते थे।

बेगम अख़्तर का संगीत हमेशा ही आने वाले संगीतकारों की पीढ़ियों के लिए एक प्रेरणा रहेगा–प्रेरणा सिर्फ़ उसके व्याकरण या विविधता के लिए नहीं, पर उस उत्कृष्ट भावनात्मक सौन्दर्य के लिए भी, जो हर कलाकार सम्प्रेषित करना चाहता है, पर विरले ही कर पाते हैं।

अंग्रेज़ी से अनुवाद : शुभांगी एवं यतीन्द्र मिश्र

सुशोभित सक्तावत

भर-भर आयीं मोरी अँखियाँ पिया बिन

सत्यजित रे की 'जलसाघर' में बेगम

सत्यजित रे की फ़िल्म 'जलसाघर' के ऐन बीच में हम बेगम अख़्तर को देखते हैं।

माथे पर बिन्दी, हाथ में कंगन, चटख रंग की साड़ी, गोद में तानपूरा और सिर पर पल्लू। फ़िल्म के टाइटिल्स में उनका नाम दुर्गा बाई दिया गया है, किन्तु वे जलसे की बाई की तरह नहीं, घर की किसी प्रौढ़ वधू की तरह लगती हैं। शगुन गाती हुई। ये और बात है कि फ़िल्म में दुर्भाग्य से उनका गाना एक अपशगुन का आरम्भ है।

ग़ौर से देखें, तो इससे सोलह वर्ष पूर्व महबूब ख़ान की फ़िल्म 'रोटी' में उनके द्वारा निभायी गयी नायिका की रूपछवि इस मानुषी-बिम्ब में झलक ही आती है।

निश्चय ही, यह पहली बार नहीं था, जब वे सिनेमा के परदे पर अवतरित हुई थीं या जब उन्होंने किसी फ़िल्म के लिए पार्श्वगायन किया था। वास्तव में यह तो अन्तिम बार था। सन् 1942 में आयी 'रोटी' के बाद से ही सिनेमा की दुनिया से दूर हो चुकीं, वे वर्ष 1958 में सत्यजित रे की इस फ़िल्म के लिए आख़िरी बार रजतपट पर दिखायी दी थीं।

1942 की अख़्तरी फ़ैज़ाबादी 1958 आते-आते बेगम अख़्तर बन चुकी थीं।

फ़िल्म में बेगम का जो गाना है, अत्यन्त संक्षेप में उसका प्रसंग यह है कि विश्वम्भर राय (छबि विस्वास) के जीवन का वसन्त-काल अब बीत रहा, वैभव के दिन जाते रहे, लेकिन पुरानी आत्मचेतना अब भी क़ायम है। पड़ोस में महिम बाबू की 'गांगुली-बाड़ी' में जलसे होते हैं, लेकिन उस नवसामन्त के पास वैसी परिष्कृत अभिरुचि कहाँ? विश्वम्भर राय ख़ुद रबाब बजाते हैं। जलसे में ऐन सही मुक़ाम पर दाद देना उन्हें आता है। उनकी चाह थी कि बेटा भी गाना सीखे।

पुराने कुलीनों और नवसामन्तों के बीच अभिरुचि का क्या भेद है, यह जतलाने के लिए 'जलसाघर' में संगीत-जलसे के तीन दृश्य हैं। फ़िल्म में उस्ताद विलायत ख़ाँ का संगीत है। बीनकारी का तो एक पूरा सीक्वेंस है, जिसे उस्ताद वाहिद ख़ाँ पर फ़िल्माया गया है। परदे पर हम उस्ताद वाहिद ख़ाँ और बेगम अख़्तर के साथ ही रोशन कुमारी को भी देख सकते हैं।

इन तीन संगीत-जलसों में से जो पहला जलसा है, उसमें राग पीलू में निबद्ध बेगम अख़्तर का यह दादरा फ़िल्माया गया है—

'भर भर आयीं मोरी अँखियाँ पिया बिन।'

पहला जलसा, प्रेक्षकों के अवबोध में यह स्थापित करने के लिए कि विश्वम्भर राय की रुचियाँ कितनी परिष्कृत हैं और पड़ोस में रहने वाले फूहड़ नवसामन्त की तुलना में कलात्मक आस्वाद का उसका स्तर क्या है। इसको स्थापित करने के लिए राय को एक क़द्दावर कलाकार चाहिए था, प्रतिभा और सुरुचि ही जिसका परिचय हो। फ़िल्म माध्यम में उपशास्त्रीय गायन की ही गुंज़ाइश थी, तब आश्चर्य नहीं कि सत्यजित रे और उस्ताद विलायत ख़ाँ की तलाश बेगम अख़्तर पर आकर समाप्त हुई।

'जलसाघर' एक सघन परिवेश की फ़िल्म है। अनिष्ट के संकेत और पराभव का नैराश्य इस फ़िल्म की फ्रेम्स में भरा रहता है। कहना ना होगा कि बेगम का गाना फ़िल्म के समग्र परिवेश को और गुम्फित ही बनाता है, उसमें और ब्योरे ही भरता है। बेगम के स्वर का स्थापत्य 'जलसाघर' के परिवेशगत प्रसंग की एक अनिवार्य अन्तर्वस्तु बन जाता है।

कैसा है वह स्वर? वैसा, जिसकी कोई तुलना दूर-दूर तक नहीं मिलती।

स्वर में पुरबिया उच्चार का मधु, नाद में विप्रलम्भ की हूक और गायन समाप्त होने के बाद परिवेश में व्याप आयी अनुगूँजें कुछ वैसी, जो चेतना को तन्द्रिलता के आत्मनाशी सम्मोहन में झोंक देती हैं।

हिन्दुस्तानी शास्त्रीय संगीत में स्वर प्रधान है, उच्चारण नहीं। गानों में बोल ना हो तो भी चलेंगे, किन्तु स्वर नहीं डिगना चाहिए। राग पीलू है, तो श्रोता के भावलोक में अपराह्न का संस्कार जगना ही चाहिए। गाने के अवरोह में कोमल निषाद लगना ही चाहिए। यह स्वर-मण्डल की साधना है, प्रस्तुति में लालित्य भी चला आये तो क्या कहने, किन्तु सुतीक्ष्ण काव्योच्चार यहाँ गौण है।

संगीत सामान्य भाषा नहीं है। यह वही भाषा नहीं है, जो हम-आप व्यवहृत करते हैं। यह देवताओं की वर्तनी है। इसकी अन्विति ही दूसरी है। बेगम अख़्तर जैसी गायिकाओं को सुनने के लिए हमें अपने कानों को इस भाषा के लिए तैयार

करना होता है। गाने में वैसी हल्की, पारदर्शी और तन्द्रिल अनुगूँजें रच देना किसी सामान्य गायिका के बूते का नहीं है, जैसा बेगम ने इस गीत में किया है।

तिस पर सारंगी का लहरा, जो पूरे गीत में उनका साथ देता रहता है। जैसे रुदन की एक अटूट लय संग-साथ चलती हो। पिया नहीं आये हैं और अब केवल विषाद का राग-विस्तार शेष रह गया है। लोक-संगीत में 'क्लीशे' कहलाने की हद तक दोहन किया जा चुका हो, वैसा यह भाव है, किन्तु ज़ाहिर है कि यहाँ महत्त्व बोलों का नहीं, देखें तो महत्त्व भावों का भी नहीं, महत्त्व केवल उस आवाज़ के स्थापत्य का है, जिसे इन स्वरों को अपने भीतर जगह देना है। विप्रलम्भ का यह प्रसंग भले अनगिनत बार दोहराया गया हो, बेगम ने इस दायरे में जो गाया है, वह सृष्टि के इतिहास की पहली और इकलौती घटना ही थी।

बेगम अख़्तर ग़ज़ल गायिकी की मलिका कहलाती हैं। इस क्षेत्र में पुरुष गायकों में जो मुक़ाम मेंहदी हसन का है, वही महिलाओं में बेगम का है। जब हम बेगम अख़्तर की श्रेष्ठ रचनाओं पर नज़रें दौड़ाते हैं, तो पाते हैं कि वे मुख्यतया ग़ज़लें ही हैं। पुरबिया अंग की उपशास्त्रीय गायिकी में बनारस की गिरिजा देवी, रसूलन बाई और सिद्धेश्वरी देवी ने भी बहुत नाम कमाया है। इन्होंने बहुत ही लालित्यपूर्ण तरीक़े से ठुमरी, होरी, कजरी, चैती, टप्पा, दादरे आदि का निर्वाह किया है। बनारस और फ़ैज़ाबाद में ज़्यादा फ़ासला नहीं है और अख़्तरी फ़ैज़ाबादी की ग़ज़ल-गायिकी एक समान्तर धारा की तरह बनारस घराने की इन गायिकाओं के साथ-साथ प्रवाहित होती रही है। ग़ज़ल की तुलना में बेगम ने अधिक दादरे नहीं गाये हैं, लेकिन जब भी गाये, यह अनुभव श्रोताओं को हुआ है कि उत्तर भारत की ग्रामवासिनी के जैसा उनकी आवाज़ का जो ख़रा और परिपक्व शिल्प है, वह इस कलारूप के लिए सर्वथा अनुकूल था।

बेगम अख़्तर का एक अन्य कालजयी दादरा है—*'लागी बेरिया पिया के आवन की।'* और फिर 'जलसाघर' का यह आलोच्य दादरा—*भर भर आयीं मोरी अँखियाँ।'* दोनों ही गीतों का केन्द्रीय भाव एक ही है—विप्रलम्भ। रस शान्त है, लय विलम्बित है, दोनों ही की मूलभूत अन्तर्वस्तु समान ही हैं। *'लागी बेरिया'* राग भैरवी में है, *'मोरी अँखियाँ'* राग पीलू में, किन्तु अनेक अर्थों में ये दोनों गीत एक-दूसरे के पर्याय मालूम होते हैं—पूर्वार्द्ध और उत्तरार्द्ध की तरह।

सुगम संगीत के मर्मज्ञ अजातशत्रु *'लागी बेरिया'* के रसिक हैं। उन्होंने उसके बारे में जो कहा है, वही बात *'मोरी अँखियाँ'* के लिए भी कही जा सकती है। बक़ौल अजातशत्रु, जब हम लोकगीतों को सुनते हैं, विशेष तौर पर अगर वह रागबद्ध गायन है, तो समय के क्रमानुक्रम को तोड़कर एक ऐसी स्मृति में चले जाते हैं, जो स्पष्ट है और नहीं भी है। इन गीतों में हम इस अनुभव को उपलब्ध करते

हैं कि सुख, दुःख और मौत के पार हम सब कहीं अनछुए और अप्रभावित ही रह जाते हैं।

जलसाघर उत्सवों के लिए होते हैं। किन्तु सत्यजित रे की इस फ़िल्म में जलसे एक ऐसे अपूरित विषाद का अनुक्रम रचते हैं, जहाँ से वापसी सम्भव नहीं। बेगम के कण्ठ की आदिम कन्दरा से निकली इस मर्मान्तक टेर से उस सबकी शुरुआत होती है। यह गीत एक अन्त का आरम्भ है, अपनी अन्तर्वस्तु, अभिप्रायों और अपने सन्दर्भों के स्तर पर शोकात्मक और इसलिए, इतना सुन्दर, इतना गहन, इतना आत्मविभोर।

कला में जो शोकात्मक है, वही सबसे सुन्दर होता है। जॉन कीट्स की नाइटिंगेल ने हमें यह फ़लसफ़ा दिया था। उत्तरी भारत के दोआब में जन्मीं-पली-बढ़ीं अख़्तरी के गानों ने उस फ़लसफ़े के कोनों-अन्तरों में पूस के पाले सरीखा वैसा गाढ़ा विषाद जमा कर दिया है, कि कौन कमबख़्त है, जो उससे निजात पाना चाहेगा।

जलसा उठने और शमअ बुझ जाने के बाद कलेजा मसलकर सुनने वाले यही तो कहेंगे कि वाह फ़ैज़ाबाद वाली अख़्तरीबाई, तुमने हमें ये जो रंजीदा लुत्फ़ दिया है, बाद उसके तो अब मर्गे-नागहां भी सस्ता सुलफ़ ही लगना है। देवदास नहीं, पारो जैसी जवान मौत।

डॉ. प्रवीण झा

बेगम की आवाज़

क्या संगीत और शरीर का कोई रिश्ता है? क्या यूँ हो सकता है कि किसी का शरीर या कुछ अंग संगीत से चले और संगीत से रुके?

जब अख़्तरीबाई फ़ैज़ाबादी विवाह के बाद संगीत त्यागती हैं, तो शरीर भी शिथिल पड़ जाता है। डॉक्टरों को कोई इलाज नहीं सूझता, तो उन्हें फिर से गाने को कहते हैं। बेगम अख़्तर की आवाज़ में शरीर फिर से जीवन्त हो उठता है और एक दिन यूँ ही अहमदाबाद में नवाब पटौदी की फ़रमाइश पर गाते हुए सुर खींचने की कोशिश में शरीर टूट जाता है और हृदयाघात से उनकी मृत्यु हो जाती है। जैसे शरीर एक कठपुतली हो, जिसके तार संगीत से जुड़े हों।

अख़्तरीबाई की इस बात पर बारीकी से ग़ौर करें कि क्या शरीर छूटने से उनमें सत्यतः शारीरिक/मानसिक बदलाव आया? क्योंकि गर ऐसा है तो यह वैज्ञानिक प्रश्न है। जो बात इससे अधिक प्रायोगिक लगती है, वो यह कि उनकी पारिवारिक समस्या, जैसे बच्चों की नवजात मृत्यु इत्यादि से अवसाद का जन्म हुआ हो और इस अवसाद से मुक्ति के लिए ही संगीत का पुनर्जागरण आवश्यक हो। बेगम अख़्तर ने कहीं न कहीं यह उदाहरण दिया कि संगीत से अवसाद का निदान कम से कम एक मौसीक़ी प्रेमी के लिए तो सम्भव है। इस तर्क से तो हर मनुष्य के जीवन में सुर का प्रवेश जितना होगा, अवसाद उतना घटता जायेगा। या यूँ कहिए कि वो रचनात्मक सृजन करेगा, जो एक सुन्दर संकेत है। इस अनुभव को उन्होंने स्वयं जिगर मुरादाबादी की इस शायरी में ख़ूब गाया है—

'तबीयत इन दिनों बेग़ाना-ए-ग़म होती जाती है।
मेरे हिस्से की गोया हर ख़ुशी कम होती जाती है।'

अख़्तरीबाई फ़ैज़ाबादी (विवाह पूर्व) से बेगम अख़्तर (विवाहोपरान्त) बनने में और भी कई बदलाव होते हैं। जैसे 'वोकल कॉर्ड' के नये सेट मिल गये हों। अख़्तरीबाई

की आवाज़ में एक शोख़ लचीलापन तो है ही, कर्कशता भी है, जो मुजरा गायकी के लिए ख़ूब है। जैसे अगर हम उनकी सबसे पहली नज़्मों में से एक सुनें–

'दीवाना बनाना है, तो दीवाना बना दे,
वरना कहीं तक़दीर तमाशा न बना दे।'

या यह नज़्म– *'बुझी हुई शाम का धुआँ हूँ...'* या *'तूने बुत-ए-हरजाई कुछ ऐसी अदा पायी...'*

एक कम उम्र की युवती के हिसाब से लम्बी तान में ख़रास महसूस की जा सकती है। लगता है कोई उम्रदराज़ गायिका गा रही हैं। रिकॉर्डिंग और उस वक़्त की गायकी शैली का भी असर है, पर यह तुलना उन्हीं की बाद की गायिकी के साथ की जा सकती है। एक स्पष्ट अन्तर नज़र आयेगा।

बेगम अख़्तर की आवाज़ में एक अलग सप्तक में प्रवेश है, जो सुगम है और जहाँ से ऊपर उठकर सुर टूटता है और उस टूटने में ही लुत्फ़ आता है। इस 'पत्ती' या आवाज़ टूटने का इन्तज़ार सभी करते। उस्ताद बिस्मिल्लाह ख़ाँ भी इस तीव्र स्वर पर तान टूटने की तारीफ़ करते थे। जैसे 'वोकल कॉर्ड' न हुआ, पिनाक हो गया। इस गाँठ के खुलते स्वर फिर से नरम हो जाते। इस गीत का जैसे उदाहरण लें– *'मेरे हमनफ़स, मेरे हमनवा; मुझे दोस्त बनके दग़ा न दे।'*

यहाँ आवाज़ कितनी खुल गयी है! यह आश्चर्यजनक है कि उम्र के साथ गाँठें बनने की बजाय खुलती जायें। इन गाँठों को ही डॉक्टरी की भाषा में 'सिंगर्स नॉड्यूल' कहते हैं, जो लम्बी गायिकी के बाद गले में ख़रास लाती है। लेकिन बेगम अख़्तर की आवाज़ में यह विपरीत ही हो रहा है।

एक ख़ूबसूरत गीत जिसमें आवाज़ धीरे-धीरे ऊँचे सप्तक पर जा बैठती है और फिर एक बेहतरीन 'पत्ती' का उदाहरण है, जिसके बाद वो आवाज़ ऊँची उछाल लेती है–

'आये बलम करम मोरे जागे...'

यह गीत मुझे उनकी सबसे कठिन गायिकी में से एक नज़र आता है, जहाँ उनकी ऊर्जा और गले में खिंचाव साफ़ महसूस की जा सकती है। इसका कुछ अंश शास्त्रीय गायन के 'झाला' के समकक्ष भी कहा जा सकता है, जो बेगम की नियमित शैली से अलग है। अब आप इनमें चुनने को कहेंगे, तो मुझे निजी तौर पर बेगम अख़्तर की आवाज़ में अधिक ठुमरी और ग़ज़ल की नफीसी नज़र आती है, जो अख़्तरी बाई फ़ैज़ाबादी की आवाज़ में शायद कम हो।

ऐसे आवाज़ टूटकर नयी आवाज़ का जन्म संगीत में नयी बात नहीं है। उस्ताद

अल्लादिया ख़ाँ साहब को भी नयी आवाज़ मिली। आफ़ताब-ए-मौसीक़ी फ़ैयाज ख़ाँ की पुरानी आवाज़, जिसमें जबड़े की तान होती, वो अब कहीं ढूँढ़ने से न मिले। कुमार गन्धर्व की आवाज़ भी दो फेफड़ों से एक फेफड़े तक आयी। पर बेगम अख़्तर में यह विपरीत हुआ। सकारात्मक या सुगमात्मक परिवर्तन आश्चर्यजनक है। आवाज़ की गिरहें जैसे टूटकर खुल गयीं। खुलना और अवसाद का विलयन, यह कमाल का संगीत-विज्ञान है, जिस पर मेरी नज़र में शोध होना चाहिए।

इसी संगीत-विज्ञान की बात ओंकारनाथ ठाकुर भी करते रहे कि संगीत और शरीर में एक निश्चित सम्बन्ध है। गर कोई इसकी गहराई में जाना चाहे, तो बेगम अख़्तर एक आदर्श उदाहरण हैं। शास्त्रीय संगीत के भिन्न रागों का प्रभाव अपेक्षित है, किन्तु ठुमरी शैली से भी यूँ बहुआयामी मानसिक प्रभाव डालना आख़िर कैसे सम्भव हुआ? इस प्रश्न का उत्तर कहीं न कहीं बेगम अख़्तर की गायिकी में छिपा है।

एक और सवाल, जो मेरे ज़ेहन में आया कि बेगम की आवाज़ शरीर के किस अंग से निकलती थी या कैसे गुजरती थी? यह नासिक ध्वनि है, जहाँ स्वर तालु के पीछे सँकरे रास्तों से नाक से गुजरते हैं। इसे लोक-गीतों के ऊँचे तानों से न जोड़ा जाये। बेगम की ध्वनि 'वोकल-कॉर्ड' के कम कम्पन के बावजूद ख़ूब निकलती है। मेरी इस सोच के पीछे बेगम अख़्तर का ही एक वाक़या है। वो कभी शराब और सिगरेट ख़ूब पीती थीं। हर वक़्त एक सिगरेट का पैकेट उनके साथ होता। एक प्रशंसक ने पूछ लिया कि इससे आपके गले पर फर्क नहीं पड़ता? उन्होंने कहा कि—'मैं गले से गाती कहाँ हूँ?' यह गले से न गाने वाली बात संगीत वैज्ञानिकों और मौसीक़ी-प्रेमियों को इसलिए भी समझना ज़रूरी है।

गले से भले कम गाती हों, पर उनके फेफड़े और पेट की मांसपेशियाँ ज़रूर खिंचते होंगे। अब इसका पूरा विज्ञान शब्दों में बताना कठिन है, पर जब हम गले को स्थिर रख गायें, तो फेफड़ों पर काफ़ी दबाव पड़ेगा। इस वजह से बेगम साहिबा लम्बे रियाज़ शायद न करती हों और पसलियों में खिंचाव आता हो। ऐसी बातें उनकी शिष्याओं ने भी कही हैं कि बेगम लम्बे रियाज़ न करतीं और अपने मूड के हिसाब से गातीं। वो द्रुत गति से लम्बे तान न खींचतीं। लेकिन गाते-गाते आँसू भी निकल आते, दर्द उभर आता। शायरी के लफ़्ज़ों को यूँ अपने रूह और ज़िस्म से जोड़ लेना आसान नहीं।

छोटे तान और छोटे ग़ज़ल वाली बात मैंने लिखी है, लेकिन उन्होंने गायिकी से सदा न्याय किया। हर शेर को, हर मिसरे को वक़्त दिया। लम्बी ग़ज़ल जैसे *'आँखों से दूर सुबह के तारे चले गये/नींद आ गयी तो ग़म के नज़ारे चले गये'* में एक-एक मिसरा कितनी बारीक़ी से वक़्त लेकर गाया गया है। एक मिसरे से

दूसरे मिसरे में जो प्रवेश है, हर मिसरे की जो आमद है कि बस वाह निकले। शकील बदायूँनी की इस ख़ास ग़ज़ल से ही यह मालूम होता है कि बिना किसी घराने से बँधकर भी बेगम अख़्तर की गद्दी क्यों ऊँची है?

अब इन बातों पर ग़ौर करें, तो बेगम अख़्तर हर नज़रिए से अपारम्परिक गायिका रहीं। एक ही सप्तक में गाना, 'वोकल-कॉर्ड' को कम कम्पन देकर नासिका और फेफड़े का अधिक उपयोग, छोटे ग़ज़ल गाना और किसी घराने से अलग पहचान बनाना, लेकिन उन्होंने संगीत की असल नब्ज़ पकड़ ली, जिसने उनके शरीर और आत्मा को यूँ जोड़ दिया कि यह मिसाल बन गयी। इस नब्ज़ को उनकी शिष्याओं में ख़ासकर शिप्रा बोस जी ने कुछ हद तक उसी अन्दाज़ में ज़रूर पाया, पर बेगम अख़्तर में छुपा विज्ञान उनके साथ ही दबकर रह गया।

ममता कालिया

सोनोडाइन का स्टीरियो और बेगम अख़्तर के एल.पी. रिकॉर्ड्स

यह जो अन्दर ही अन्दर हम अपने को ख़ूब अमीर महसूस करते हैं, इसके पीछे गुल्लक में जमा टके-धेले नहीं, बल्कि वह साहित्य, संगीत और कला की दौलत है, जो कई शहरों में रहते हुए हमें किशोरावस्था में ही पढ़ने, सुनने और देखने को मिली। आकाशवाणी इन्दौर के मालवा हाउस के लॉन पर श्रोताओं के सम्मुख संगीत सभाएँ आयोजित होतीं, जिनका सजीव प्रसारण किया जाता। पं. कुमार गन्धर्व, अमीर ख़ाँ, गंगूबाई हंगल, सिद्धेश्वरी देवी, रसूलनबाई और बेगम अख़्तर को इन्हीं सभाओं में सुना और एक श्रोता के संस्कार मुझमें थोड़े बहुत विकसित हुए।

बेगम अख़्तर जैसी आला फ़नकार को जब पहली बार मैंने गाते हुए सुना, उनकी शख़्सियत का जादू मेरे ऊपर तारी हो गया। ख़्याल गायिकी की बारीकियाँ उस उम्र में समझ नहीं आयीं लेकिन ग़ज़ल, ठुमरी, दादरा, चैती और होरी में मन मगन हुआ। बेगम अख़्तर जब बोल उठातीं, धीमे से अपनी गर्दन को एक ख़म देतीं। उनकी नाक की लौंग का लशकारा और कर्णफूलों के हीरों की कनी की चमक हमारी कुर्सियों तक चली आती। उनकी वह क़ीमती सफ़ेद या क्रीम रंग की साड़ी, कलाई पर बँधी काले पट्टे वाली चमचमाती घड़ी और उनकी ख़ूबसूरत अदायगी हमें एक अलग दुनिया की सैर करा देती। वे अपनी दानेदार आवाज़ में जिगर मुरादाबादी का कलाम पेश करतीं—'*तबीयत इन दिनों बेगाना-ए-ग़म होती जाती है/ मेरे हिस्से की गोया हर ख़ुशी कम होती जाती है*'। उनका अन्दाज़ सबसे अलहदा होता। गले की तैयारी क्लासिक, पर अदायगी मौलिक। वे एक मिसरे के बाद हाँ ऽ ऽ ऽ या आ ऽ ऽ ऽ की पत्ती लगातीं, यह उनकी ख़ासियत थी। उसके साथ वे अपना एक तरफ़ का होंठ उठाकर हल्की-सी मुस्कुरातीं। उनके दाँत झलक जाते, जो हीरों की तरह ही झिलमिल करते। कई दिनों तक हमारे मन पर उनकी संगीत-सभा का नशा चढ़ा रहता।

उन दिनों रेडियो में बड़ी हस्तियों के प्रोग्राम आया करते। हमारे घर में सुबह छह बजे से रात ग्यारह बजे तक रेडियो खुला रहता। मनोरंजन के इस माध्यम का हमें इतना अभ्यास पड़ गया था कि हम वक़्त देख कर बता देते कि सुबह पौने आठ बजे देवकी नन्दन पाण्डेय समाचार पढ़ेंगे; कि शाम साढ़े आठ बजे उस्ताद बड़े ग़ुलाम अली ख़ाँ साहब का शास्त्रीय संगीत आयेगा। उप-शास्त्रीय गायन का भी एक तयशुदा वक़्त होता। *'याद पिया की आये/ये दुःख सहा न जाये'* ठुमरी जितनी बार सुनते हम थोड़े-थोड़े वयस्क होते जाते। बेगम अख़्तर की गायी ग़ज़ल *'दीवाना बनाना है, तो दीवाना बना दे'* गुनगुनाते हुए हम 'ए ए' की पत्ती लगाने की भी कोशिश करते। जीवन में जब रवीन्द्र कालिया आये, तो सुर-ताल एक बार फिर लौटे। वे सहगल के शहर जालन्धर से थे। साज़-ओ-आवाज़ और शेर-ओ-शायरी उनकी नस-नस में समाया था। सन् 1980 का दशक स्टीरियो संगीत की धूम का समय था। हमने सोनोडाइन का बड़ा सा स्टीरियो सिस्टम ख़रीदा, जिसमें ऐसा चुम्बकीय यन्त्र लगा था कि गीत में चूड़ी की खनखन और साँस की धड़कन अलग-अलग सुनी जा सके। लांग प्लेयिंग रिकॉर्ड्स आते गये, हमारा कमरा सुख सम्पदा से भरता गया।

एक बार बेगम अख़्तर की गायी ग़ज़लों के पाँच एल.पी. का सेट बाज़ार में आया। रेखी ब्रदर्स के रेखी साहब ने फ़ोन पर बताया। रवि पूरा सेट ख़रीदना चाहते थे। उन दिनों रवि के कई कुरते खस्ता हाल थे। उन्हें बचा-बचा कर धोना पड़ता कि कहीं और न फट जाये। मैंने कहा, 'रवि पहले दो-एक कुरते ले लेते हैं। हर महीने एक एल.पी. ख़रीद लेंगे'। रवि ने बड़ी मासूमियत से जवाब दिया, 'मैं नंगे बैठकर बेगम अख़्तर सुन लूँगा।'

स्टीरियो पर बेगम अख़्तर को सुनना, सजीव संगीत सभा में बैठने जैसा ही था। रात आठ बजे रवि हाथ-मुँह धोकर, कपड़े बदलकर, अपने कमरे में जाम बनाते और स्टीरियो पर अपनी प्रिय आवाज़ लगा देते। बेगम अख़्तर गा उठतीं। कभी दादरा– *'कोयलिया मत कर पुकार/करेजवा लागे कटार'* तो कभी ठुमरी *'भर-भर आयीं मोरी अँखियाँ पिया बिन, नीकी ना लागे कौनो बतिया बलम बिन।'*

बेगम अख़्तर की आवाज़ दुमंज़िले चढ़कर मुझ तक पहुँच जाती, गोया मुझे रवि ने नीचे के कमरे में बुला भेजा है। मैं खम्म-खम्म सीढ़ियाँ उतर जाती। घर भर के शोरगुल के बीच रवि का कमरा राहत-ए-रूह था। ज़मीन पर मोटे गद्दे पर हैण्डलूम की चादर, समुद्री केबिन जैसी गोल खिड़की में चलता गोल एक्ज़ॉस्ट फैन और प्लाइवुड के पैनेल में रखा स्टीरियो सिस्टम। किसी बात से रवि परेशान होते, तो गाने की सूई थोड़ी आगे सरका देते। मीर की ग़ज़ल *'उल्टी हो गयी सब तदबीरें, कुछ न दवा ने काम किया'* बज उठती। कभी मुझसे रूठे होते तो सुनने और सुनाने लगते 'मोमिन' को, *'वो जो हममें तुममें क़रार था, तुम्हें याद हो के*

न याद हो'। मैं तिलमिलाकर दूसरा एल.पी. लगा देती। नूरजहाँ की आवाज़ में फ़ैज बोल उठते, *'मुझसे पहली-सी मुहब्बत मेरे महबूब न माँग।'*

बेगम अख़्तर ने अपने उत्तर-काल में रवि के दो अजीज़ दोस्तों के कलाम बहुत गाये, कृष्ण अदीब और सुदर्शन फाकिर। जालन्धर में रवि ने दोनों से मिलवाया था। बेगम अख़्तर की आवाज़ में एक भरा और भर्राया हुआ सुर था, जो गिला, शिकवा, पछतावा और मायूसी को ज्यों का त्यों उतार देता था। फाकिर की ग़ज़ल जब वे गातीं *'कुछ तो दुनिया की इनायात ने दिल तोड़ दिया/और कुछ तल्ख़ि-ए-हालात ने दिल तोड़ दिया'* तो हर एक को लगता यह उसके टूटे हुए दिल की आवाज़ है। सुदर्शन फाकिर के न जाने कितने नगमें बेगम साहिबा ने पसन्द किये और गाये।

यह उनका खुलूस था कि वे एक तरफ़ मिर्ज़ा ग़ालिब को निहायत जज़्बाती अन्दाज़ में पेश करतीं और दूसरी तरफ़ युवतर शायरों को भी तवक्को देतीं। मलिका-ए-ग़ज़ल भले ही सन् 1974 में चल बसीं, मगर उनकी यादें हमारे दिल में अभी तक वैसे ही बसी हैं।

सुनीता बुद्धिराजा

जब से श्याम सिधारे

सन् 1970 के दशक का प्रारम्भ। उन दिनों दूरदर्शन काला-सफ़ेद होता था। बेगम अख़्तर को मैंने पहली बार उसी दूरदर्शन पर गाते हुए देखा-सुना था। काले-सफ़ेद पर्दे के बावजूद उनकी हीरे की लौंग चमकती और उनके होंठों के किनारे कत्थे-क़िमाम की रंगत दिखायी देती। मैं जानकी देवी महाविद्यालय में हिन्दी ऑनर्स की छात्रा थी। हमारी विभागाध्यक्ष डॉ. हेम भटनागर अकसर साहित्य तथा संगीत-जगत की विभूतियों को कॉलेज में बुलाया करती थीं। हम छात्राओं को उस समय के अनेक दिग्गजों से मिलने और उन्हें सुनने का अवसर मिलता। डॉ. रामधारी सिंह 'दिनकर', आचार्य हजारी प्रसाद द्विवेदी से लेकर पण्डित बिरजू महाराज और बेगम अख़्तर तक के दर्शन का सौभाग्य हमें प्राप्त हुआ।

ऐसे ही एक कार्यक्रम में बेगम अख़्तर आने वाली हैं, सुनकर हमने श्रीमती भटनागर को सुझाव दिया कि क्यों न इस कार्यक्रम की टिकटें बेची जायें और कॉलेज से बाहर के श्रोताओं को भी उनके गायन को सुनने का अवसर दिया जाये। तो हम कुछ छात्राओं को टिकट बेचकर कुछ धनराशि एकत्रित करने का दायित्व सौंपा गया। कुल 10-10 रुपये की टिकट थी। मेरी मित्र आभा वाजपेयी और मैं सर गंगाराम अस्पताल मार्ग पर अपने कॉलेज से लेकर पूसा रोड पर स्थित हर बंगले में घूमे, लेकिन टिकटें न बेच पाये। यूँ तो कॉलेज की छात्राएँ ही श्रोताओं के रूप में बहुत थीं।

भरी दुपहरी में 350-400 छात्राएँ श्रोता बनीं और बेगम साहिबा अपने हारमोनियम पर सुरों से खेलने लगीं। उनकी आवाज़ हम सबके दिल-ओ-दिमाग़ पर असर करती जा रही थी। '*कैसी ये धूम मचाई*।' हमें तब ग़ज़ल और ठुमरी में अन्तर मालूम न था। वह उम्र हमारी ऐसी थी कि छात्राओं के दिल में प्यार-मुहब्बत का नयापन दस्तक दे रहा था। ऐसे में '*ऐ मोहब्बत तेरे अंजाम पे रोना आया*' का असर कुछ ऐसा हुआ कि आधी से ज़्यादा छात्राएँ अपने आँसू न रोक सकीं।

हममें से अधिकतर श्रोता ऐसे थे, जो उर्दू नहीं जानते थे, लेकिन बहुत सारे शब्द जैसे 'मुहब्बत', 'गिला', 'शिकवा', 'अंजाम', 'ज़िन्दगी', 'नगमा', 'दिलक़श' आदि से परिचित थे और बन्दिशों का अर्थ समझ पा रहे थे। फिर वह ग़ज़ल हो या ठुमरी या दादरा, शब्द उर्दू के हों, आसान हिन्दी या अवधी के। उसका कारण था उनके सुरों में छुपी संवेदना, उनका दर्द हम सभी के मन को छू रहा था, सब उस दर्द के दरिया में डूब-उतर रहे थे। वे सुर बन्दिशों के कहीं ऊपर उठकर सीधे-सीधे कलेजे को चीरकर रख रहे थे। *'ये न थी हमारी क़िस्मत'*, *'आह को चाहिए इक उम्र असर होने तक'*, *'दीवाना बनाना है तो दीवाना बना दे'* आदि रचनाएँ उन्होंने सुनाईं, लेकिन जब उन्होंने *'जब से श्याम सिधारे'* को उठाया, तो उसका प्रभाव कुछ ऐसा था कि हम बस जहाँ बैठे थे, वहीं के वहीं बैठे रह गये।

वर्षों के पश्चात भी उनकी रिकॉर्डिंग मुझ पर वही असर करती रही, जैसा कि पहली बार उन्हें प्रत्यक्ष सुनकर हुआ था। बड़ी बात यह थी कि संगीत जगत की अनेकानेक विभूतियों को भी अपने जीवन-काल में ऐसा महसूस हो चुका था। यह हाल-ए-दिल सिर्फ़ मेरा नहीं था। इनमें उस्ताद बिस्मिल्ला ख़ाँ, पण्डित जसराज, पण्डित हरिप्रसाद चौरसिया आदि सम्मिलित हैं और यह स्वयं इन कलाकारों ने मुझे बताया। उस्ताद बिस्मिल्ला ख़ाँ बेगम अख़्तर की आवाज़ सुनकर रात-रात में जाग उठते या फिर कभी रेडियो के प्रोग्राम में उनकी 'थीं' सुनने के लिए जा पहुँचते। बेगम अख़्तर का बिस्मिल्ला ख़ाँ साहब के साथ दोस्ताना था और वह उनसे तू-तड़ाक करके बात करतीं। पूछतीं, 'अमाँ मियाँ, कैसे आना हुआ?' बिस्मिल्ला ख़ाँ साहब जवाब देते, 'अख़्तरी वो गाने में जो 'थीं' लगती है, वह 'थीं' सुनने के लिए आये हैं। *'दीवाना बनाना है तो दीवाना बना दे, वरना कहीं तक़दीर तमाशा न बना दे'* को सुन-सुनकर बालक जसराज गाने की ओर प्रवृत्त हुए और उनका बचपन यही सुनकर बीत गया। ये सुनते रहे और स्कूल का बस्ता एक फिटन गाड़ी के पीछे टँग कर चला गया। ये असर था *'दीवाना बनाना है तो दीवाना बना दे'* का। पं. हरिप्रसाद चौरसिया छुटपन में बेगम अख़्तर के दरवाज़े की ओट से छुप-छुपकर देखते। एक दिन पकड़े गये तो बेगम साहिबा ने पूछा, 'कुछ चाहिए?' तो युवा हरि ने उत्तर दिया, 'वह सुनहरी गोली (क़िमाम की सुनहरा वर्क़ लगी गोली जिसका सेवन वह करती थीं), चाहिए।' 'बेटा, अभी तुम्हारी उम्र नहीं हुई है, यह सब खाने की' वह बोलीं।

मेरी कार में एक कैसेट प्लेयर लगा हुआ था। कैसेटों का ज़माना था और मैं चुन-चुनकर बेगम अख़्तर की रिकॉर्डिंग्स लाती और सुबह-शाम ऑफ़िस आने-जाने के रास्ते में उन्हें सुनती। एक दिन कैसेट पर बजा *'हमरी अटरिया पे आजा रे साँवरिया, देखा-देखी बलम हुई जाये/आओ बलम तुम हमरे द्वारे, सारा झगड़ा ख़तम हुई जाये'*...और मैं अभिभूत। मैंने अपने तबला-वादक मित्र पण्डित विजय

घाटे को फ़ोन किया और कहा कि विजय जी, यह सुनिए। और हम लोग बार-बार रिवाइण्ड करके यही दादरा सुनते रहे। *'हमरी अटरिया पे आओ रे साँवरिया, देखा देखी बलम हुई जाये।'* तसव्वुर में चले आते हो कुछ बातें भी होती हैं, शबे फुरक़त भी होती हैं मुलाक़ातें भी होती हैं। *प्रेम की भिक्षा माँगे भिखारन लाज हमरी रखियो साजन। आओ सजन तुम हमरे द्वारे, सारा झगड़ा ख़तम हुई जाये।* और इस रचना में सबसे अधिक प्रभावकारी भी ये पंक्तियाँ, *'तुम्हारी याद आँसू बन के आयी, चश्मे वीरां में। ज़हे क़िस्मत कि वीरानों में बरसातें भी होती हैं।'*

लगभग सवा घण्टे का रास्ता यही सुनते हुए निकल गया। सचमुच बेगम अख़्तर के सुरों का जादू हमारे सिर पर चढ़कर बोल रहा था।

कुछ वर्ष बीत गये। मैं बंगलौर में आ बसी थी। वहाँ पण्डित हरिप्रसाद चौरसिया का कार्यक्रम था और विजय घाटे जी उनके साथ संगीत कर रहे थे। कार्यक्रम सम्पन्न होने के पश्चात दोनों मेरे घर में खाने के लिए पधारे। हरि जी ने पूछा, 'आपके पास बेगम अख़्तर का कुछ है?' और मैंने 5 सी.डी. वाले म्यूज़िक सिस्टम पर बेगम अख़्तर के गायन की सी.डी. लगा दी। बेगम अख़्तर की स्वर-लहरी मेरे घर की हवा को सुरीला बना रही थी और हम तीनों, उनके प्रशंसक उस हवा को अपने चारों ओर महसूस कर रहे थे। सवेरे 3-30 बजे जब वो सी.डी. बज चुकी, तब हम लोगों ने भोजन किया, यूँ उस गाने के बाद भूख तो कितनी ही थी।

चलते-चलते विजय घाटे जी बोले, 'सुनीता जी, वह न तो दरबारी गाती थीं, न मारवा गाती थीं, लेकिन ये सब मारवा, दरबारी गाने-बजाने वाले दिग्गज उनके दीवाने थे।'

बेगम अख़्तर का गायन, एक नशा था। कहते हैं कि एक होती है बात और एक होता है बात को कहने का अन्दाज़। बेगम अख़्तर की गायकी में बात भी थी और बात को कहने का अन्दाज़ भी। मैं ख़ुशनसीब हूँ कि मुझे सुरों की उस मलिका को सुनने का अवसर मिला।

मोहित कटारिया

सैयाँ गये परदेस : हर लफ़्ज़ पर वज़न

कुछ आवाज़ें इबादत की आवाज़ें होती हैं, छूते ही सुकून पहुँचाती हैं। उन आवाज़ें को हम अपने साथ घर ले आना चाहते हैं, उनके साथ वक़्त बिताना चाहते हैं। उन आवाज़ें में खो जाना चाहते हैं। ख़ुद को समर्पित कर देना चाहते हैं, जैसे सजदे में झुके हुए सिर। ये आवाज़ें अकसर बड़ी तन्हाई में धूनी रमाए हुए मिलती हैं।

मगर कुछ आवाज़ें बड़े शोर-ओ-गुल में गूँजती हैं, बाज़ार में बैठी हुई, हौका लगाती हुई आवाज़ें, जिनसे हमें ज़्यादा सरोकार नहीं रहता है और अकसर हम एक गुज़रते हुए मुसाफ़िर की तरह उन्हें नज़रअन्दाज़ करके आगे बढ़ जाते हैं। लेकिन कुछ आवाज़ें बाज़ार में रहकर भी ऐसी होती हैं, जिन्हें ज़रा-सा ठहरकर सुना जाये तो वो इबादत की, दुआ की आवाज़ें जैसा ही सुकून देती हैं। उनकी गहराई, उनकी ऊँचाई सिर्फ़ इस बात की हद में होती है कि हम ख़ुद कितना अनहद होने के लिए तैयार हैं। आवाज़, जो हम आँखें बन्द रखे हुए सुनें तो वसीह आकाश हो जाये, जो ख़लाओं से भी परे तक फैला हुआ है और आँखें खोलें तो वही आवाज़ एक जिस्मानी जामा पहनकर सामने खड़ी हो जाये, और जो सूरत दिखायी दे, वो हो अख़्तरीबाई फ़ैज़ाबादी की, जिनसे हम बेगम अख़्तर के नाम से वाक़िफ़ हैं।

बेगम अख़्तर, जिन्हें मलिका-ए-ग़ज़ल के नाम से भी जाना जाता है, को सुनते हुए आज के दौर की दौड़ती-भागती बुलेट ट्रेन जैसी ज़िन्दगी में पल भर में यूँ ठहराव आ जाता है, मानो किसी हाथ-रिक्शा में सफ़र कर रहे हों। ना कहीं पहुँचने की जल्दी है, ना ही कोई मंज़िल पर बेसब्री से इन्तज़ार में है। जो है, वो बस सफ़र है। एक बोल से दूसरे बोल तक का, हारमोनियम की एक धुन से दूसरी धुन तक का, तबले की एक ताल से दूसरी ताल तक का, सारंगी की एक थिरकन से दूसरी थिरकन तक का, एक आलाप से दूसरे आलाप तक का। बीच-बीच में दोहराव, जो ठहराव बनाये रखता है, हमें दौड़ने नहीं देता, जैसे हमें समाधि में

ले जाने की कोशिश की जा रही हो और बार-बार ध्यान साँस पर केन्द्रित करने की जुगत इस दोहराव के ज़रिए हो रही हो। इस सब में सबसे दिलचस्प बात ये कि इसके लिए हमें ख़ुद कोई जद्दोजहद नहीं करनी पड़ती, बल्कि वो सहज ही होता चला जाता है, अगर हम ख़ुद को उस आवाज़ के हवाले कर दें तो।

और एक बात जो बिल्कुल अलहदा है, वो ये कि ये समाधि रूहानी सन्दर्भ में नहीं है, ये निहायत ही दुनियावी मोहब्बत की गुहार है, जो हर आलाप में, हर बोल में सुनाई देती है, लेकिन मोहब्बत इतनी शिद्दत से होती है, विरह इतने दर्द के साथ साझा किया जाता है कि आप एक-सार हो जाते हैं। एक-राग हो जाते हैं। तबला, सारंगी, वीणा सब-के-सब आपको रुदन करते सुनाई देते हैं और उस रुदन में, उस विलाप में आप क़ब शामिल हो जाते हैं, आपको ख़ुद उसका पता नहीं चलता, मसलन, उनकी एक ठुमरी है–

सैयाँ गये परदेस, अब कैसे कटे मोरी सूनी सजरिया
ऐसे बेदर्दी से लागी ओ नज़रिया, जिसने ना भेजी ख़बरिया

इसे अगर आप सिर्फ़ पढ़ते हैं, तो हो सकता है कि आपको ये बिल्कुल चलताऊ-सी दो पंक्तियाँ लगें, लेकिन अगर आप इन्हें बेगम अख़्तर की आवाज़ में सुनते हैं, तो आप सच में समझ पाते हैं कि किसी का जाना किसी के लिए क्या मायने रख सकता है और साथ ही जान जाते हैं कि अगर कभी आप ख़ुद हैं, जो चले गये हैं, तो जिन्हें आप पीछे अकेला छोड़ गये हैं, उन पर किस हद तक अकेलापन तारी हो सकता है। और क्योंकि वो अपनी गायी हुई ग़ज़लों के लिए जानी जाती हैं, जिनमें मोहब्बत, विरह और इन्तज़ार कूट-कूट कर भरा हुआ है, आप उस मोहब्बत, उस विरह, उस इन्तज़ार को उनकी आवाज़ में ज़िन्दा होता हुआ आसानी से महसूस कर सकते हैं।

'सैयाँ गये परदेस', इन तीन शब्दों को इतनी गहराई से दोहरा-दोहरा कर, इतने अलग-अलग अन्दाज़ में हर लफ़्ज़ पर वज़न डालते हुए गाती हैं कि उनकी आवाज़ में छिपी तन्हाई को महसूस करते-करते आँखों के किनारों पर नमी छाने लगती है, जिसे ना देखा जा सकता है और ना ही पोंछने की ज़रूरत पड़ती है, लेकिन वो आपकी नज़र को धुँधली करने के लिए काफ़ी होती है।

लगभग चौदह मिनट की ये ठुमरी है, जिसमें सिर्फ़ ये दो ही पंक्तियाँ उन्होंने गायी हैं और दोहराई हैं। सैयाँ के जाने के दर्द को इतनी बार महसूस किया है, करवाया है कि वो उन चौदह मिनट में ना केवल अपने अकेलेपन से आपको रू-ब-रू करवाती हैं, बल्कि आपको भी भरी महफ़िल में अकेला करके छोड़ देती हैं। आपको अपने किसी प्रिय के चले जाने की ख़बर देती हैं और आप अचानक इतने अकेले हो जाते हैं, जितने इससे पहले कभी नहीं थे। सैयाँ को इस तरीक़े

से पुकारती हैं कि उसके अलावा बाक़ी सब बेमानी लगने लगता है। सारा का सारा वजूद सैयाँ की पुकार में सिमट के रह जाता है। यूँ लगने लगता है मानो राधा और मीरा एक साथ अपने कृष्ण को पुकार रही हों। इस पुकार में दर्द तो है ही, कहीं ना कहीं एक उम्मीद भी है कि शायद ये आवाज़ पहुँचे, किसी ज़रिए से और अगर ना भी पहुँचे, तो भी एक बात तो तय है कि दर्द ज़ाहिर कर देने से थोड़ा हल्का हो जाता है। वही निवृत्ति है, जो दोहराव से आती है।

उन्हें सुनते हुए बार-बार मुझे ये महसूस होता है कि इस बात से कोई फ़र्क़ नहीं पड़ता कि उन्होंने इसे दिन के किस पहर में गाया है या मैं उसे दिन या रात में किस वक़्त सुन रहा हूँ। उनकी आवाज़ में तन्हाई का, उदासी का इस तरह का दर्द है, रंग है जो केवल एक अकेली साँझ में ही महसूस हो सकता है। जब दिन भर की चहल-पहल ठण्डी पड़ती जा रही हो और एक लम्बी रात दरवाज़े पर दस्तक देने के लिए तैयार खड़ी हो, लेकिन ज़ेहन में सिर्फ़ ये ख़ौफ़ हो कि वो रात कटेगी कैसे? सेज या बिस्तर तो पूरा सूना पड़ा रहने वाला है। सेज तो अपने आप में बेमानी है, अगर उस पर आपको रात अकेली बितानी है तो।

ऐसे में जो रंग उभरकर आते हैं, वो बिल्कुल स्याह होते हैं, साँझ के अँधेरे जैसे, जिसमें बस मद्धम-मद्धम-सी रौशनी होती है, आले में रखे झिलमिलाते हुए दिन की रौशनी जितनी। जो उदासी मिटा तो नहीं सकती, लेकिन परछाइयाँ बनाकर एक आभास ज़रूर दे सकती है कि आप इतने भी तन्हा नहीं हैं, जितना महसूस कर रहे हैं। आपका साया अब भी है, जो आपके साथ है। लेकिन परेशानी की बात यही होती है कि वो साया भी स्याह ही होता है, जो साँझ की उदासी के रंगों को और स्याह बना देता है। साँझ की उदासी के उस रंग से कोई छुटकारा नहीं, ये हर बार उनकी आवाज़ को सुनते हुए महसूस होता है। बल्कि उनकी आवाज़ में साँझ का वो रंग और ज़्यादा गाढ़ा होता चला जाता है।

और जब वो अपनी बदक़िस्मती की दुहाई देती है कि जाने वाले ने जाने के बाद कोई ख़बर तक नहीं भेजी है, तो आप एक ही पल में समझ जाते हैं कि मोहब्बत जैसे रिश्ते में ख़ामोशी कितनी घातक है। वो एक ओर साफ़-साफ़ ये बात तय करती हैं कि इन्तज़ार है, लेकिन ख़बर नहीं आयी है, और दूसरी ओर फिर से उनकी आवाज़ ये एहसास दिलाती है कि बेला साँझ की हो रही है क्योंकि साँझ भी तो अकसर ख़ामोश ही होती है। उस पर अगर साँझ तन्हा हो, तो उसमें सिवाय ख़ुद की साँस की आवाज़ के, कुछ और सुनाई ही नहीं देता है। ऐसे में बस इन्तज़ार है और अपनी क़िस्मत से गिला-शिकवा कि कैसे बेदर्दी से मोह पड़वा दिया।

बात चूँकि मोह की है, प्रेम की है, जो अन्ततः ख़ुद की सीमाओं से, ख़ुद की हदों से बड़ा होता चला जाता है, मुझे रामधारी सिंह 'दिनकर' की 'उर्वशी' के

लिए लिखी भूमिका की याद आती है, जिसमें वो लिखते हैं, 'अपने स्थूल-से-स्थूल रूप में भी, प्रेम एक मानव का दूसरे मानव के साथ एकाकार होने का सबसे सहज, सबसे स्वाभाविक मार्ग है; किन्तु, विकसित और उदात्त हो जाने पर तो वह मनुष्य को बहुत कुछ वही शीतलता प्रदान करता है, जो धर्म का अवदान है।' यहाँ, वो धर्म को आज के संकीर्ण अर्थ में नहीं, बल्कि मानव-धर्म के विस्तृत अर्थ के सन्दर्भ में लिखते हैं।

और ग़ौर से सुनें, तो दुनियावी मोहब्बत के साथ-साथ वही दूसरा पहलू यहाँ भी निकल कर आता है कि अगर ये परदेस जाना सिर्फ़ एक देस से दूसरे देस में जाना न होकर असल में अगर एक लोक से दूसरे लोक में जाना हो तो, रात सिर्फ़ रात नहीं है, पूरी उमर है। तब *'कैसे कटे मोरी सूनी सजरिया'*, अचानक *'कैसे कटे मोरी सूनी उमरिया'* जैसी महसूस होने लगती है। एक रात उम्र भर से लम्बी लगने लगती है और रात के दूसरी ओर के बारे में सोच तक पाने की क़ाबिलियत ख़त्म हो जाती है। इस बात में तो कोई सन्देह ही नहीं है कि उस लोक में जाने के बाद आज तक कोई भी, किसी भी तरह की ख़बर नहीं भिजवा पाया है। इस एहसास को एक बार महसूस कर लेने के बाद प्रेम सिर्फ़ लौकिक नहीं बचता, अलौकिक हो जाता है, प्रेम का फ़लसफ़ा बदल जाता है।

इसीलिए जिस भाव से वो सैयाँ के जाने की बात करती हैं, वहाँ आकर इस लोक और उस लोक के बीच की, हयाती इश्क़ और हक़ीक़ी इश्क़ के बीच की, जिस्मानी मोहब्बत और रूहानी मोहब्बत के बीच की, लौकिक प्रेम और अलौकिक प्रेम के बीच की सरहदें मिट जाती हैं। सच को नकारते-नकारते आख़िरकार उसे कुबूल करने की हिम्मत आ जाती है। रुदन तेज़ होता हुआ, थमने लगता है, थकान बढ़ने लगती है, उम्मीदें टूटने लगती हैं, ख़ामोशी फिर से तारी हो जाती है। साँझ की उदासी रात की ख़ामोशी में घुल जाती है और ध्यान धीरे-धीरे बाहर से अन्दर की ओर लगने लगता है, समाधि गहरी होती चली जाती है। बात तन्हाई के विलाप से शुरू होकर इबादत की ख़ामोशी तक पहुँच जाती है और सारे रंग एक-दूसरे में घुल-मिलकर स्याह हो जाते हैं। ...और आप उस ख़ामोशी को महसूस कर पाते हैं, जो बस ख़लाओं की तन्हाई में ही मुमकिन है।

एक बार फिर से रामधारी सिंह 'दिनकर' की 'उर्वशी' की भूमिका की ओर संकेत करना चाहूँगा, जहाँ वो कहते हैं, 'संन्यास में समाकर प्रेम से और प्रेम में समाकर संन्यास से बचना जितना कठिन है, संन्यास और प्रेम के बीच सन्तुलन बिठाना, कदाचित, उससे भी कठिन कार्य है।' यही सन्तुलन है, जिसकी तलाश में बड़े से बड़े कलाकार अपनी सारी उम्र बिता देते हैं। ...और सन्तुलन का यही कठिन कार्य बेगम अख़्तर बड़े सहज भाव से अपनी आवाज़ के ज़रिए करती हुई यहाँ सुनाई देती हैं।

मृत्युंजय

बेगम के ग़ालिब

संगीत व्याकरण से अपरिचित मुझ जैसे अधीर श्रोता के लिए बेगम पर बात करने का मतलब है, उनकी गायिकी के व्याकरण की बजाय उसके असर की बात करना। उनके गायन में एक ख़ास सोज़ है, टीस है, क्लासिकपना है, जिसे उनके ग़ालिब गायन की मार्फ़त समझने की कोशिश ही इस टिप्पणी का उद्देश्य है।

रवायत के मुताबिक़ ग़ज़ल आज भी कही जाती है। वह लिखी नहीं जाती। ग़ज़ल ने एक विधा के रूप में 'छापे की संस्कृति' का प्रतिरोध किया। चूँकि वह कही जाती है, इसलिए सुनी जाती है। ग़ज़ल की महफ़िल इसलिए दो इन्द्रियों के इर्द-गिर्द सजती है : ज़ुबान और कान। इन ग़ज़लों को 'पाठ' बना देने से एक अलग प्रक्रिया शुरू हो जाती है। ग़ज़ल गायिकी और ग़ज़ल को तरन्नुम में पढ़ना दो अलहदा तरीक़े हैं, जिनसे ग़ज़ल 'छापा पूर्व' ज़माने में श्रोताओं तक पहुँचती थी। छापे की ग़ज़ल का एक ख़ामियाज़ा है अर्धविराम, जो कि ग़ज़ल के शेर को निश्चित अर्थों में बाँध देना चाहता है।

मेरी समझ से शायर द्वारा दी गयी धुन के आसपास गायी जाने वाली ग़ज़लें मूल ग़ज़ल-भाव के अधिक नज़दीक रहती हैं। दूसरी तरफ़ ग़ज़ल को मखमली आवाज़ के साथ अदा करना या क्लासिकल मौसीक़ी में निभाना मूल ग़ज़ल से दूर एक अलग रचना हो जाती है। शायर के तरन्नुम में पढ़ने को अगर हम मूल माने, तो उसके ऊपर मोटे तौर पर ग़ज़ल गायिकी की तीन शैलियाँ हम देख सकते हैं : (1) फ़िल्मों व इनके इर्द-गिर्द क़स्बों की धुनों पर गायी जाने वाली ग़ज़ल, (2) शास्त्रीय संगीत के राग-थाट ढाँचे पर बँधी ग़ज़ल और (3) ठुमरी, दादरा जैसे अपेक्षाकृत अधिक लोक आश्रित शैलियों के रंग में निभायी जाने वाली ग़ज़ल। कहना न होगा कि बेगम तीसरी शैली ग़ज़ल अदायगी के लिए चुनती हैं।

ग़ज़ल के 'छापे' की दुनिया में प्रवेश के पहले मध्यकाल में कोठे, सांस्कृतिक व्यापार के बड़े अड्डे थे और ग़ज़लों के घर। ग़ज़लों को वहाँ क़द्रदान मिलते थे,

वहीं से ग़ज़लें फैलती थीं, वहीं इकट्ठी होती थीं। वहाँ अदा की जाने वाली ग़ज़लें पढ़ने के ज़्यादा क़रीब होती थीं। शुरुआती ग़ज़ल गायिकी पर इस बात की छाप है, जो के.एल. सहगल से लेकर बेगम साहिबा तक के गायन में महसूस की जा सकती है।

बेगम अख़्तर ने अपने ग़ालिब को खोजा। ग़ज़लों व शेरों के इन्तख़ाब के ज़रिए हमारा इस ग़ालिब से तआर्रुफ़ होता है। ग़ालिब ताज़िन्दगी अपने को फ़ारसी का शायर मानते रहे, यह अजब संयोग हुआ कि उनकी शोहरत का बायस बना उनका उर्दू दीवान। बेगम साहिबा के इन्तख़ाब में ग़ज़लें उर्दू दीवान से हैं, पर एक क़दम आगे बढ़कर वे ग़ज़लों के शेरों को भी ख़ारिज करती हैं, जो फ़ारसी रंग के हैं।

बेगम के इंतख़ाब-ए-ग़ालिब की एक और ख़ासियत है। कोई मुआमला शेर में अगर ज़्यादा पेचीदा है, तो उसे ख़ारिज कर देती हैं। फ़ारूक़ी साहब जिस 'एंबिगुईटी (व्यंजनात्मकता) की बात करते हैं, उसकी एक ख़ास क़िस्म की पहचान बेगम को है, पर वे सम्भवतः उन रूपकों को विकसित करने वाले ग़ालिब की शायरी का एक दायरा बनाती थीं। एक श्रोता-समूह का दबाव था या उनकी अपनी सांस्कृतिक जगह का असर, कहना कठिन है। मसलन *'दाम-ए-हर-मौज में है हल्क़ा-ए-सद-काम-ए-नहंग/देखें क्या गुज़रे है क़तरे पे गुहर होते तक'* वाला शेर बेगम के इन्तख़ाब से ख़ारिज है। इस शेर के अपेक्षाकृत ज़्यादा पेंचदार रूपक को बेगम ने ख़ारिज किया जबकि *'आह को चाहिए'* वाली ग़ज़ल में अन्य शेर इस क़दर पेंचदार नहीं है। ग़ज़ल के बाक़ी शेरों में एक टूटे हुए दिल की पुकार है और एक अदा भी।

बेगम के इन्तख़ाब में दूसरी कसौटी है शेर में सोज़ का होना। उन्होंने ग़ज़ल के वही शेर चुने जिनमें उदासी, टूटन, बेचैनी और द्वन्द्व है। सीधे-सपाट शेर उन्होंने लगभग नहीं चुने। एक उदाहरण लीजिए— *'है ख़बर गर्म उनके आने की/आज ही घर में बोरिया न हुआ'* और *'कितने शीरीं हैं तेरे लब की रक़ीब/गालियाँ खा के बेमज़ा न हुआ'* वाले शेर *'दर्द मिन्नत-कश-ए-दवा न हुआ'* के मिसरे से शुरू होने वाली ग़ज़ल से ख़ारिज हैं।

ग़ालिब नये और पुराने के बीच के कवि हैं। उनकी आँखों के सामने एक दुनिया उजड़ रही थी और दूसरी बन रही थी। संक्रमण की यह टीस ग़ालिब की कविता की केन्द्रीय विशेषताओं में से एक है। बेगम ख़ुद भी इस संक्रमण की दुनिया से वाक़िफ़ हैं। पुरानी महफ़िलों से ग़ज़ल को बाहर निकालकर वे ग्रामोफ़ोन की दुनिया में ला रही थीं। सम्भवतः इसीलिए वे और ग़ालिब एक स्वर में गहरी उदासी, टूटन, बेचैनी और संक्रमण को अभिव्यक्त करते हैं। यही बिन्दु है, जहाँ मुझ जैसे श्रोता के हाथ दो-दो गुहर एक साथ लगते हैं : बेगम भी और ग़ालिब भी।

नीचे बेगम साहिबा द्वारा गायी गयीं ग़ालिब की तीन ग़ज़लें उदाहरण के तौर पर दी गयी हैं। ग़ज़लों में जो शेर रेखांकित हैं, उन्हें बेगम ने ख़ारिज कर दिया है, नहीं गाया है। यह उनकी ग़ज़लों को लेकर उनके चयन और दृष्टि को रेखांकित करने के लिए दी जा रही हैं।

(1)

आह को चाहिए इस उम्र असर होने तक
कौन जीता है कि तिरी ज़ुल्फ़ के सर होने तक

दाम-ए-हर-मौज में हल्क़ा-ए-सद-काम-ए-निहंग
देखें क्या गुज़रे है क़तरे प गुहर होने तक

आशिक़ी सब्र-तलब और तमन्ना बेताब
दिल का क्या रंग करूँ ख़ून-ए-जिगर होने तक

हम ने माना कि तग़ाफ़ुल न करोगे लेकिन
ख़ाक हो जायेंगे हम तुम को ख़बर होने तक

परतव-ए-खुर से है शबनम को, फ़ना की ता'लीम
मैं भी हूँ एक इनायत की नज़र होने तक

यक नज़र बेश नहीं, फ़ुर्सत-ए-हस्ती ग़ाफ़िल
गर्मि-ए-बज़्म है, इक रक़्स-ए-शरर होने तक

ग़म-ए-हस्ती का 'असद' किस्से हो जुज़ मर्ग इलाज
शम्अ हर रंग में जलती है सहर होने तक

(2)

दर्द मिन्नत-कश-ए-दवा न हुआ
मैं न अच्छा हुआ बुरा न हुआ

जम्अ करते हो क्यूँ रक़ीबों को
इक तमाशा हुआ गिला न हुआ

हम कहाँ किस्मत आज़माने जायें
तू ही जब ख़ंजर-आज़मा न हुआ

कितनी शीरीं हैं तेरे लब की रक़ीब
गालियाँ खा के बे-मज़ा न हुआ

है ख़बर गर्म उनके आने की
आज ही, घर में बोरिया न हुआ

क्या वो नमरूद की ख़ुदाई थी
बन्दगी में मिरा भला न हुआ

जान दी, दी हुई उसी की थी
हक़ तो यूँ है कि हक़ अदा न हुआ

ज़ख़्म गर दब गया, लहू न थमा
काम गर रुक गया, रवा न हुआ

रहज़नी है, कि दिल-सितानी है
ले के दिल, दिलसिताँ रवाना हुआ

कुछ तो पढ़िए, कि लोग कहते हैं
आज 'ग़ालिब' ग़ज़लसरा न हुआ

(3)

ज़िक्र उस परीवश का और फिर बयाँ अपना
बन गया रक़ीब, आख़िर, था जो राज़दाँ अपना

मैं वह क्यों बहुत पीते बज़्म-ए-ग़ैर में, यारब
आज-ही हुआ मंज़ूर, उनको इम्तिहाँ अपना

मंज़र इक बुलन्दी पर, और हम बना सकते
अर्श से उधर होता, काशके मकाँ अपना

दे वो जिस क़दर ज़िल्लत, हम हँसी में टालेंगे
बारे आश्ना निकला, उनका पास्बाँ अपना

दर्द-ए-दिल लिखूँ क़ब तक, जाऊँ उनको दिखला दूँ
उँगलियाँ फ़िगार अपनी, ख़ामः ख़ूँचकाँ अपना

घिसते घिसते मिट जाता, आप ने अबस बदला
नंग-ए-सिजदः से मेरे, संग-ए-आस्ताँ अपना

ता करे न ग़म्माज़ी, कर लिया है दुश्मन को
दोस्त की शिकायत में, हम ने हमज़बाँ अपना

हम कहाँ के दाना थे, किस हुनर में यकता थे
बे-सबब हुआ 'ग़ालिब', दुश्मन आस्माँ अपना

सतीश टंकसाले

बेगम साहिबा की मज़ार पर इबादत के फूल

कुछ रिश्ते ऐसे होते हैं, जिनको किसी नाम की ज़रूरत नहीं होती। वो रिश्ता बस सिर्फ़ एक रिश्ता होता है। अख़्तरीबाई का और मेरा रिश्ता कुछ ऐसा ही है। मेरी उनसे कभी रूबरू मुलाक़ात नहीं हुई, लेकिन उनके क़ातिल सुरों के ज़रिये उन्होंने मेरे दिल में हमेशा के लिए अपनी जगह बना ली। बात 1968 की होगी। पूना में सवाई गन्धर्व संगीत महोत्सव में बेगम अख़्तर साहिबा का गाना मैंने पहली बार सुना। पहली मुलाक़ात में ही उन्होंने मुझे दीवाना बना दिया। संगीत का शौक़ीन तो मैं पहले से था ही, लेकिन अब बेगम अख़्तर नाम का एक जुनून सवार हो गया। उस ज़माने में पूना में ऐसे कई म्यूज़िक हाउस थे, जहाँ चार आना देकर अपने पसन्दीदा रिकॉर्ड्स सुनने की सुविधा होती थी। बेगम साहिबा की ठुमरी, ग़ज़ल बार-बार सुनने का नया पागलपन मुझ पे सवार हो गया। वैसे उस ज़माने में मुझे उर्दू ज़ुबान ज़्यादा समझ में नहीं आती थी, लेकिन उनके सुरों में इतनी तासीर थी कि उनका गाना कलेजे में हल्के से उतर जाता था। कई सालों के बाद एक वक़्त ऐसा आया कि उनकी लाजवाब ग़ज़लों ने मुझे उर्दू ज़ुबान सीखने पे मजबूर किया। जब ग़ज़लों का मतलब समझने लगा तो फिर वो खुमार, वो नशा और भी बढ़ गया। जब भी सोचता हूँ कि ऐसी क्या ख़ासियत थी बेगम साहिबा के गाने में कि उन्होंने सिर्फ़ मुझे ही नहीं, बल्कि सारी दुनिया को बिल्कुल दीवाना बना डाला है...

क़रीबन बाईस-तेईस साल पहले मुझे पता चला कि लखनऊ में बेगम साहिबा की जो मज़ार पसन्द बाग़ में है, उसके हालात कुछ अच्छे नहीं हैं। ना वहाँ कोई आता जाता है, ना कोई देखभाल करता है। बड़े अफ़सोस की बात थी। मुझे बहुत दुःख हुआ। जिस फ़नकार ने अपने फ़न से हज़ारों-लाखों लोगों की ज़िन्दगी में ख़ुशियाँ पैदा कीं, उनकी तरफ़ देखने वाला, उनका ख़याल करने वाला आज कोई भी नहीं है? ऐसा क्यों? हम संगीत के चाहने वाले इतने एहसानफ़रामोश क्यों होते

हैं? ऐसे कई सवाल मन में उठने से मैं बेचैन हुआ। सोचा, क्यों दूसरों की तरफ़ ऊँगली उठाऊँ? मैं खुद ही क्यों न लखनऊ जा के देखूँ कि असलियत क्या है?

इश्क़ का नया सिलसिला शुरू हुआ। मैं लखनऊ जा पहुँचा। बेगम साहिबा की मज़ार पसन्द बाग़ में है, इतना ही जानता था। लखनऊ में पूछताछ करने के बाद भी पसन्द बाग़ में मज़ार कहाँ है ये कोई बता न पाया। चौक में है, बस इतना ही मालूम पड़ने के बाद पसन्द बाग़ जा पहुँचा। जिससे भी पूछूँ 'बेगम अख़्तर की मज़ार कहाँ है?', तो जवाब मिलता था, 'कौन बेगम अख़्तर?' मैं हैरान हुआ कि ये लोग इतनी बड़ी कलाकार को नहीं जानते? सोचा, किसी बुजुर्ग से पूछूँ तो शायद सही ठिकाना मिले। वैसे ही हुआ। एक बुजुर्ग साहब ने सही ठिकाना बताया और क़रीबन डेढ़-दो घण्टे ढूँढ़ने के बाद मज़ार का ठिकाना तो मिला इस खुशी में मैं वहाँ जा पहुँचा। बेगम साहिबा के मज़ार के हालात देखकर अब तक जो आँसू थामे हुए थे, निकल पड़े। क्या यही वो बेगम अख़्तर हैं, जिन्होंने बेहतरीन ग़ज़लें गायी थीं, हम सब के लिए।

ये कितनी शर्म की बात है कि हम संगीत के शौक़ीन उनको इतनी जल्दी भूल गये। कलाकार जब सामने बैठकर गाते हैं तो 'वाह-वाह', 'क्या बात है', ऐसी दाद देने वाले संगीत प्रेमी, उस कलाकार के गुज़रने के बाद कहाँ ग़ायब हो जाते हैं? एक संगीत शौक़ीन होने के नाते मुझे खुद पे शर्म आने लगी। मज़ार की हालत कैसी? चारों तरफ़ बढ़ी हुई घास में गाय, बकरी बैठे हुए, इर्द-गिर्द बिखरे हुए गोबर की बदबू, दीवारें गिरी हुईं, मिट्टी के ढेर पड़े हुए, मज़ार का उड़ा हुआ रंग। मलिका-ए-ग़ज़ल यहाँ सोयी हुई शिकायत कर रही थीं।

'दबा के क़ब्र में सब चल दिये, दुआ न सलाम,
ज़रा सी देर में, क्या हो गया ज़माने को?'

मैं उदास होकर देखता रहा। रोते-रोते ख़्याल आ गया, रोने से कुछ नहीं होगा। अब वक़्त आ गया है सेवा का, इबादत का, जिस अज़ीम फ़नकार ने तुम्हारी ज़िन्दगी अपने जादुई सुरों से आबाद कर दी, उसका शुक्रिया अदा करने का। फिर साथ में जो वॉकमेन टेप था, उस पर बेगम साहिबा की ग़ज़ल शुरू कर दी और सारी जगह साफ़ करके मज़ार पर गुलाब के फूल चढ़ाये, अगरबत्ती जलाई। मैंने देखा कि अब अख़्तरीबाई के होंठों पे हँसी आ गयी है। कह रही हैं—

'बहार आयी, खिले गुल,
बढ़ गयी रौनक़ गुलिस्तां की'

फिर दिल में ठान लिया कि बेगम साहिबा की मज़ार पर हमेशा आकर शुक्रिया अदा करके सेवा करूँगा, ताकि वो अकेलापन महसूस न करें। तब से हर साल उनकी बरसी पर पूना से लखनऊ आने का सिलसिला शुरू हुआ। अगले साल

जब लखनऊ गया, तो सोचा कि बेगम साहिबा के मकान भी हो आऊँ। लेकिन बाद में ऐसा पछताया कि वहाँ न जाता तो अच्छा होता, क्योंकि 'आशियाना' गिराया गया था। मेरा दिल टूट गया। 'आशियाने' की यादें अपने पास जताने के लिए, मैं वहाँ की सुरीली मिट्टी साथ ले आया और मेरे घर के गमलों में रख दी, ताकि बेगम साहिबा के सुरों की ख़ुशबू उन फूलों से महके।

धीरे-धीरे बात फैलती गयी। हर साल उत्तर प्रदेश संगीत नाटक अकादेमी के श्री तरुण राज साहब ने बेगम अख़्तर की बरसी पर आयोजित संगीत-सभा में मुझे आमन्त्रित किया और संगीत-प्रेमियों से बातें करने का मौक़ा कई बार दिया। लखनऊ के अख़बारवालों ने मेरा कहना कोने-कोने तक पहुँचाया। मुझे यक़ीन था कि सभी संगीत-प्रेमियों ने मिलकर कोशिश की, तो बेगम साहिबा की मज़ार को दुनिया की नज़रों में रौशन करना कोई मुश्किल बात नहीं थी। एक ज़रिया था मज़ार का, लेकिन असल में ख़्वाहिश थी कि बेगम अख़्तर जैसी अज़ीम फ़नकार को संगीत-प्रेमी हमेशा याद रखें और आने वाली पीढ़ियाँ भी बेगम साहिबा के हुनर से वाक़िफ़ हों।

'मंज़िल के लिए दो गाम चलूँ और सामने मंज़िल आ जाये', ऐसी ही कुछ बात हुई। लखनऊ की सनतकदा संस्था और बेगम साहिबा के कई चाहने वालों की कोशिशें क़ामयाब हुईं और पाँच-छह साल पहले बेगम अख़्तर साहिबा की मज़ार का रूपरंग बदल गया। अब मज़ार पर हर साल संगीत सभा का आयोजन होने लगा है। विजिटर बुक में देश-विदेश के लोगों के अभिप्राय लिखे जाते हैं। लखनऊ के हेरिटेज वॉक में भी बेगम अख़्तर की मज़ार की भेंट शामिल की गयी है। अब मलिका-ए-मौसीक़ी बेगम अख़्तर अपने महल में सुकून से सो रही हैं।

नरेन्द्र सैनी

बेगम अख़्तर : दर्द की मलिका से एक मुलाक़ात

पत्रकार और कथाकार नरेन्द्र सैनी की यह टिप्पणी दरअसल इस बात की नुमाइन्दगी के तौर पर इस पुस्तक में संकलित की गयी है कि हम आज बेगम अख़्तर साहिबा की मृत्यु के चौवालीस साल बाद यह देख सकें कि कैसे एक युवा पत्रकार उन्हें समकालीन परिदृश्य पर देखते हुए उनका इण्टरव्यू करना चाहता है, सौभाग्य से आज यदि वे जीवित होतीं। बेगम अख़्तर को लेकर हर तरह के वर्ग में एक चाहत, एक जानने का भाव और उनकी आवाज़ को लेकर दिलचस्पी बनी रही है। ऐसे में इस काल्पनिक साक्षात्कार के माध्यम से बस इतना भर रेखांकित करने का प्रयास है कि आज अगर वे होतीं, तो सोशल मीडिया और आत्म प्रचार के इस दौर में उनसे बात करने, उनके जीवन के बारे में जानने और उनके सांगीतिक संस्मरणों को सुनने में युवाओं को कितनी दिलचस्पी होती। एक तरह से यह देखना कितना प्रासंगिक है कि आज भी उनकी उपस्थिति का ताप कम नहीं हुआ है, भले ही उनका इन्तक़ाल हुए लगभग साढ़े चार दशक होने को आये हैं।

–सम्पादक

जाड़े की गुनगुनी दोपहर हो या फिर दफ़्तर में काम करते हुए कटती पूस की लम्बी रातें। लिखते हुए मूड फ्रेश करना हो या फिर गुज़रे ज़माने की यादों के ठण्डे झोकों में डूबता दिल। सारे दिन की भाग-दौड़ के बाद दिमाग़ का जूस निकलने के बाद तारी होती थकान को धूल चटाना हो। एक आवाज़ ऐसी है, जो दिमाग़ और शरीर को फुर्ती देने वाले ग्लूकोज़ का काम करती। ये आवाज़ लता मंगेशकर की नहीं थी, सुरिन्दर कौर भी नहीं थी, बल्कि सुरैया भी नहीं थी। यह आवाज़ थी ठुमरी और ग़ज़ल की मलिका बेगम अख़्तर की। *'हमरी अटरिया पे आओ सँवरिया'* कान में ज्यों-ज्यों गूँजने लगता और रूह के एक-एक तार खुलते जाते। कमाल का तरन्नुम, रूह में उतर जाने वाली आवाज़ और ऐसा चेहरा जिसे देखकर ही लगता है, इसके पीछे कितना दर्द और संघर्ष छिपा है। जी हाँ, ऐसी

ही थीं हमारी बेगम अख़्तर। आज भी बेगम अख़्तर की गायिकी का जादू कायम है। संगीत के कई दौर आये और गये, कई दिग्गजों ने दस्तक दी और इतिहास के पन्नों में खो गये, लेकिन आवाज़ जो आज भी क्लासिकल म्यूज़िक में पूरी दबंगियत के साथ कायम है, वह बेगम अख़्तर की है।

मैं बेगम अख़्तर का कोई एक्सपर्ट नहीं हूँ। मैं सुर और ताल के बारे में भी ज़्यादा नहीं जानता। मैंने बेगम अख़्तर की तीन-चार चुनिन्दा ग़ज़लों और ठुमरी के अलावा कुछ सुना भी नहीं है। लेकिन जिस तरह 'उसने कहा था' कहानी ने चन्द्रधर शर्मा 'गुलेरी' को हिन्दी साहित्य में मील का पत्थर साबित कर दिया, उसी तरह *'ऐ मोहब्बत तेरे अंजाम पे रोना आया'* और *'हमरी अटरिया पे आओ सँवरिया'* ने मुझे बेगम अख़्तर का कायल बना दिया। फिर तरन्नुम की मलिका का वो ओजस्वी चेहरा भी तो सोचने के लिए मजबूर कर देने वाला रहा है। उनकी गायिकी के तो सभी कायल रहे होंगे, लेकिन मुझे उनके व्यक्तित्व और ज़िन्दगी ने उनकी ओर खींचा।

मेरे जन्म से एक साल पहले बेगम इस दुनिया को अलविदा कह चुकी थीं। ऐसे में यही कोई 2006 के आसपास बेगम अख़्तर से मुलाक़ात हुई। मैंने एक सीनियर को उनके बारे में बात करते सुना और सोचा ट्राई किया जाये। इण्टरनेट पर *'हमरी अटरिया पे आओ सँवरिया'* मिला, शुरू में थोड़ा बोर लगा क्योंकि क्लासिकल संगीत का कोई ऐसा टेस्ट रहा नहीं था। शास्त्रीय संगीत सुनने का ढकोसला कभी किया नहीं था। सिर्फ़ 'मिले सुर मेरा तुम्हारा' जैसे टी.वी. पर आने वाले राष्ट्रीय एकता के विज्ञापन से कुछ क्लासिकल संगीतज्ञों को जाना था। लेकिन उन्हें लेकर सम्मान बहुत था। बैकग्राउण्ड में बेगम अख़्तर गाये जा रही थीं और मेरे कम्प्यूटर की स्क्रीन पर उनकी बायोग्राफी खुली थी। जितना उनकी ज़िन्दगी को पढ़ता जा रहा था, उतना वह गाना ज़ेहन में उतरता गया। उनकी ज़िन्दगी के कुछ पन्ने पलटने के बाद मैं बेगम अख़्तर का फ़ैन हो गया था, *'ऐ मोहब्बत तेरे अंजाम पे रोना आया'* का पूरा फ़लसफ़ा समझ चुका था।

शायद बेगम अख़्तर से कुछ रिश्ता ऐसा बन गया था कि एक दिन मित्र यतीन्द्र मिश्र से बात हुई, तो उन्होंने बेगम पर कुछ लिखने के लिए कह डाला। ये यतीन्द्र से मेरी दूसरी मुलाक़ात रही होगी। मन में लड्डू फूटा लेकिन पहला सवाल कौंधा, मैं क्या लिखूँगा? कभी मिला नहीं। उनके बारे में ज़्यादा पढ़ा नहीं। उनका म्यूज़िक भी ज़्यादा सुना नहीं। बात आयी-गयी हो गयी। अब यतीन्द्र ने बेगम अख़्तर पर किताब के सम्पादन का काम शुरू कर दिया था। बोले तुमने कुछ दिया नहीं। अब लगा कि मुझे उन पर कुछ लिखना या कहना चाहिए, जो मुझे एक नये ज़माने के लिहाज़ से दुरुस्त लगता है।

यतीन्द्र की ही वजह से मैं अतीत में बेगम के बारे में काफ़ी कुछ पढ़ चुका था। फिर उन्होंने कुछ मैटीरियल भी मुहैया कराया। लेकिन बेगम पर मैं लिखूँ, यह अब भी मुझे दूर की कौड़ी लगता था। इतना पढ़ने के बाद मुझे लगा बेगम अख़्तर को तो मैं अच्छे से जानता हूँ। लेकिन फिर भी सवाल यह रहा कि उनकी ज़िन्दगी पर मैं क्या लिखूँ?

काफ़ी सोचा। सोचता रहा। हाँ, फिर बेगम अख़्तर की पर्सनैलिटी की ओर ध्यान गया। कमाल का व्यक्तित्व। चेहरे पर तेज़। कमाल का स्वाभिमान और ज़िन्दादिली की मिसाल। बस, सोच लिया मुझे बेगम अख़्तर का इण्टरव्यू करना है। थोड़ा अजीब लग सकता है, लेकिन इसमें क्या है? मुझे उनकी आवाज़ से प्यार है। उनका व्यक्तित्व मुझे आकर्षक लगता है और फिर मेरे पास ढेरों रेफरेंस भी तो हैं, जो मुझे बेगम अख़्तर के क़रीब लेकर जाते हैं। बस, मैं पहुँच गया बेगम अख़्तर के पास। इण्टरव्यू काल्पनिक है, लेकिन फीलिंग सोलह आने सच्ची है...

आज इण्टरव्यू है। जगह इण्डिया इण्टरनेशनल सेण्टर (आई.आई.सी.) है। फरवरी का महीना है। आई.आई.सी. के लॉन में कुर्सी पर बहुत ही अदब से सादगी भरी महिला बैठी हैं। हल्के गुलाबी रंग की सूती साड़ी पहनी है और वे उनके तेवरों जैसी ही एकदम कड़क है। चेहरा ऐसा कि जिसे देखने के बाद भी बार-बार देखने का मन करे। यह कोई और नहीं बेगम ही थीं। बेगम बहुत ही बेतकल्लुफी के साथ बैठी थीं और पेड़ों से छनकर आती धूप का लुत्फ़ ले रही थीं। मैं उनके एकदम क़रीब था और उन्होंने एकदम से कहा, 'नरेन्द्र...बैठो-बैठो। तुमने तो 11 बजे आने को कहा था, अभी तो सिर्फ़ पौने ग्यारह हुए हैं।'

मैं एकटक बेगम के चेहरे को देख रहा था। मासूमियत, सादगी और ज़माने तथा समय के थपेड़ों ने उनके चेहरे को सोने जैसा दमका रखा था। सूती साड़ी में लिपटी बेगम बहुत ही ज़हीन लग रही थीं। मेरी नज़रें उनसे हट ही नहीं रही थीं। मैंने झिझकते हुए कहा—'आपसे मिलने का क्रेज ही इतना था...क्या करता...सारी रात सो ही नहीं पाया?'

बेगम के चेहरे पर मीठी-सी मुस्कान दौड़ गयी। बेगम ने चुटकी लेते हुए कहा, 'अरे मुझ बुढ़िया से मिलने का इतना क्रेज किसे हो सकता है कि रात भर नींद न आये? झूठा कहीं का...' मैंने उन्हें बीच में ही टोका और बोला—'सच्ची में, *'हमरी अटरिया पे आओ सँवरिया'* अब भी मेरे कानों में गूँज रहा है।' बेगम ने ज़ोर का ठहाका लगाया, और बोलीं—'बैठो मुन्ना, मैं तो ठिठोली कर रही थी।' अब तक टेबल पर चाय आ गयी थी और बेगम साहिबा ने स्पेशल मसाला चाय ऑर्डर की थी। बेगम ने फिर मुझसे ठिठोली की—'चाय पी लेते हो या अंगूर की बेटी चलेगी...।' मुझे काटो तो ख़ून नहीं। मेरे होश फाख़्ता हो गये थे। मैंने ख़ुद

को सँभालते हुए कहा—'नहीं, मैं नहीं पीता... ।' एक बार फिर बेगम का ठहाका गुनगुनी धूप भरी सुबह में गूँज गया और—'ऐसे खुलेआम तो मैं भी नहीं पीती...'

बेगम के ये रंग मुझे और उनका कायल बनाये जा रहे थे। दर्द भरी ग़ज़लें और ठुमके, गाने वाली तरन्नुम की मलिका कितनी ज़िन्दादिल है। बिल्कुल किसी छोटी बच्ची की तरह, जिसने ज़माने के हज़ारों थपेड़े सहे, लेकिन ज़िन्दादिली फिर भी नहीं भूली। उनके व्यक्तित्व की दबंगियत मुझे और उनके क़रीब लेकर जा रही थी। अब बेगम ने चाय की चुस्की लेते हुए मेरी ओर थोड़ी गम्भीरता से देखा और पूछा—'क्या जानना चाहते हो हमारे बारे में? मुझे अपनी ज़िन्दगी के बारे में ज़्यादा बात करनी नहीं है। गायिकी पर बात करने का मन अभी है नहीं। फिर मुझे पन्द्रह मिनट में निकलना भी तो है। तो ऐसे में क्या जानोगे मेरे बारे में?' मैंने भी तपाक से कहा, 'आपको...आपको जानना चाहता हूँ। म्यूज़िक के बारे में दुनिया ने लिखा। आपकी ज़िन्दगी को भी दुनिया ने उकेरा। मैं बेगम अख़्तर को नहीं उस बेगम को जानना चाहता हूँ, जो आपके अन्दर है। उस बेगम की आदतें, शौक़, पसन्द-नापसन्द सब कुछ... ।'

बेगम के चेहरे पर मुस्कान दौड़ गयी और झट से बोलीं—'तो कुछ हटकर करना चाहते हो...चलो पूछो लेकिन पहला ही सवाल झन्नाटेदार होना चाहिए...' बेगम ने पास ही पड़ी कैप्स्टन की डिबिया से सिगरेट निकाली। उसे होठों से लगाया और बहुत ही स्टाइल में धुआँ छोड़ने लगीं। कश लेते हुए वो गहरी यादों में डूब जाती थीं। मैंने उनसे पूछा—'आपकी पसन्दीदा सब्ज़ी कौन सी रही है?' बेगम के चेहरे पर मुस्कान दौड़ गयी, सिगरेट को एशट्रे में झाड़ते हुए बोलीं, 'सुनो नरेन्द्र! मैं कुछ भी खा लूँगी, जो स्वाद बना, लेकिन मेरे सामने करेले का नाम बिल्कुल मत लेना। नहीं तो मेरा दिमाग़ घूम जायेगा...हाँ, मुझे अरहर की दाल बेहद पसन्द है।' और वो ठहाका लगाकर हँसी। उनकी हँसी में एक खोये बचपन का दर्द और एहसास था और उनकी ये हँसी उनकी आँखों को कॉम्पिलमेण्ट करती थी। अपने अगले सवाल का जवाब मिलने पर मैं बहुत आश्वस्त नहीं था, फिर भी मैंने पूछ ही लिया—'बेगम बताइए आपने हिन्दी सिनेमा से किनारा क्यों कर लिया?' बेगम ने थोड़ा सोचा, और बोलीं—'रही होगी कोई वजह, अब हम तुम्हें क्यों बताने लगे....' और फिर उन्होंने एक सिगरेट और जला ली। हालाँकि कहा जाता है कि 'रोटी' फ़िल्म में काम के दौरान जब उनके ख़ुद के रिकॉर्डेड गीत फ़िल्म में नहीं डाले गये, तो उनका दिल टूट गया। फिर उन्होंने फ़िल्मों से किनारा कर लिया। 'आपको आहत करना मेरा उद्देश्य नहीं था बेगम...' बेगम ने मुझे बीच में ही टोका, 'नहीं बेटा, ऐसा नहीं है...लेकिन फिर ऐसे सवालों को क्यों पूछना...?'

मैंने बेगम से अगला सवाल पूछा, 'चलिए ये बताइए आपका पसन्दीदा राग

कौन-सा रहा है।' बेगम ने फिर एक लम्बा कश खींचा और बोलीं, 'राग तिलंग, मुझे बेहद पसन्द है।' और इस राग पर आधारित उनकी ठुमरी *'अँखियाँ नींद ना आये'* जादुई एहसास देती है। 'बेगम साहिबा मैं चाहूँगा कि शायरी और संगीत की दुनिया के अपने कुछ चुनिन्दा दोस्तों के बारे में बतायें?' बेगम कुछ खामोश रहीं और फिर बोलीं, 'मेरा तो कोई दुश्मन नहीं है। हाँ, संगीतकार मदन मोहन, शास्त्रीय गायक पण्डित कुमार गन्धर्व और शायर जिगर मुरादाबादी मेरे अच्छे दोस्तों में शुमार रहे हैं।'

मुझे उनके सादो अन्दाज़ पर सवाल पूछना था, क्योंकि उनकी बहुत ही चकाचौंध भरी छवि भी मैंने देखी थी। इसलिए मैंने कुछ झिझकते हुए सवाल किया–'जवानी में तो आप कपड़ों की बेहद शौक़ीन रही हैं और इतनी सादगी...।' बेगम झट से बोलीं, 'साल भर क्या एक जैसा मौसम रहता है। वैसे ही जवानी के दिन कुछ और थे और ढलती उम्र के दिन कुछ और। इस उम्र में ज़्यादा सज-धज ली तो कैसी लगूँगी, तो ख़ुद ही बताओ।'

तभी बेगम साहिबा ने ऐलान किया, 'बेटा अब मेरे जाने का समय हो रहा है। अब जो बता दिया है, वो काफ़ी है। इससे ज़्यादा कुछ और फिर कभी...'

मैं एकदम से सकपका गया। मैंने एकदम से कहा–'सुना है कि आपको 'पाकीज़ा' फ़िल्म के गीत पसन्द नहीं आये थे और आपने उन्हें औसत ही बताया था। इस बारे में क्या कहना है?' 'अब तुमने सुना होगा तो ठीक ही सुना होगा। तुम्हारे सवाल में ही जवाब भी छिपा है...मैं क्या कह सकती हूँ।'

बेगम साहिबा उठने लगीं, तो मैंने कहा, 'सिर्फ़ एक इल्तिज़ा है आपसे। हो सके तो दो लाइनें गुनगुना दें...प्लीज़...' बेगम साहिबा बोलीं, 'ये कैसी ज़िद हुई बेटा। यहाँ कैसे सुनाऊँगी?'

मैंने फिर से प्लीज़ कहा और मेरी आँखों में अनुरोध देखकर उन्होंने सुदर्शन फ़ाकिर की नज़्म–*'कुछ तो दुनिया की इनायात ने दिल तोड़ दिया/और कुछ तल्ख़ि-ए-हालात ने दिल तोड़ दिया/हम तो समझे थे के बरसात में बरसेगी शराब/ आयी बरसात तो बरसात ने दिल तोड़ दिया...।'* पुरे सुकून ऐसे ही गा दिया और 'मलिका-ए-ग़ज़ल' की ये पंक्तियाँ लम्बे समय तक मेरे ज़ेहन में कौंधती रहीं। मुझे उनकी आवाज़ कुछ अलग ही ढंग से परेशान करती रही।

EDLP 2752
LOST HORIZONS
BEGUM
ECLP 2374
MUSIC KHAYYAM
LONG PLAY 33⅓ R.P.M. RECORD
THE GRAMOPHONE COMPANY OF INDIA LIMITED
कोयलिया मत कर पुकार
करेजवा लागे कटार
कोयलिया जा पिया के देस
उनको देना ये सन्देस
तुम बिन लिया जोगिया भेस
तज दिया संसार रे...

मेगाफोन
रेकर्ड
MEGAPHONE
CALCUTTA
SIDE TWO
R.P.M. RECORD
AKHTARI BAI
KAMALA (Jharia)
PATAL (China)
ANIS KHATOON
KAJJAN
भारत के मशहूर गान

میگافون
ریکارڈ
Akhtari Bai
Kamala (Jharia)
Kanan Devi
Robin Mazumder
CAUTION
Copyright subsists in "Megaphone" records. Any unauthorised broadcasting or public performance of such records constitutes an infringement of such copyright and will render the infringer liable to an action at law.
Licences for public performance or broadcasting may be obtained from Phonographic Performance (Eastern) Ltd., 29, Waterloo Street, Calcutta.
মেগাফোন রেকর্ড
সর্ব্ব-জন-প্রিয় শিল্পীদের গীত-বাদ্য
मेगाफोन रेकर्ड
भारत के मशहूर गाने वाले
ہندوستان کے مشہور و معروف گانیوالوں کے بہترین ریکارڈ

कोई यह कह दे गुलशन-गुलशन, लाख बलाएँ एक नशेमन

यादें, इन्दराज, संस्मरण, टिप्पणियाँ और दस्तावेज़

बेगम अख़्तर प्रसंग-1

प्रकाश वढेरा

मीना कुमारी की तरह

फ़िल्मी दुनिया में मीना कुमारी की तरह ही, संगीत और विशेषकर ठुमरी, दादरा और ग़ज़ल के क्षेत्र में बेगम अख़्तर रुपहले पर्दे पर लिखी एक कविता की तरह आँखों के सामने आ खड़ी होती हैं। दोनों ही में अप्सराओं की सी 'मुझे मत छुओ' जैसी पाकीज़गी है। दोनों ही सफ़ेद परिधान में उड़ती परियों जैसी, क्षितिज पर कहीं बिछड़े बादल के किसी कण जैसी मालूम होती हैं। बेगम अख़्तर का रूप धरा यह सम्मोहन चौबीस साल पहले, 30 अक्टूबर को अहमदाबाद में, संगीत के क़द्रदानों की एक विशाल सभा को अपने सम्मोहन में बाँधने के एक दिन बाद शून्य में विलीन हो गया। उनकी अचानक हुई मौत के समाचार ने संगीत जगत को स्तब्ध कर दिया। देश भर के दुःखी संगीत प्रेमियों द्वारा अनगिनत शोक सभाएँ आयोजित की गयीं। लगता था, जैसे वे हमेशा उनकी यादों को सीने से लगाये रहेंगे।

लेकिन जैसा कि होता है, सार्वजनिक स्मृति बहुत कम समय तक ही टिकती है। आज बेगम अख़्तर पुरानी पीढ़ी के संगीत प्रेमियों के अतिरिक्त शेष लोगों के लिए बस एक बिसराई जा चुकी कहानी भर हैं। लेकिन जिन्होंने उन्हें सुना है, वे ख़ुद को उनकी जादुई कशिश, आवाज़, शब्दों के साथ उनके जुड़ाव, उन शब्दों में ख़ुद को डुबो देने की उनकी ख़ूबी और उनके प्रति उनके भावनात्मक अनुराग के सम्मिलित प्रभाव से निकल नहीं सकते। ऐसा मालूम होता था जैसे उन्होंने उस सबको जज़्ब कर लिया हो, जो उनकी ग़ज़लें व्यक्त करती थीं, जैसे वे बड़ी गहराई से उस सबको महसूस करती हों, जो उनके गीतों के शायरों ने अनुभव किया था। अपनी ग़ज़लों के शेर पूरे करते समय उनके आकर्षक चेहरे पर हमेशा पसर जाने वाली मुस्कान शायद भ्रामक होती थी, क्योंकि ऐसा लगता

था कि वह मुस्कुराहट अपने नीचे दर्द और रंज के एक पूरे समन्दर को छिपाये हुए हो। निरन्तर उदासी के भाव ने उन्हें कभी नहीं छोड़ा।

हालाँकि बेगम अख़्तर ने ख़्याल शैली में लाहौर के किराना घराने के मशहूर उस्ताद अब्दुल वहीद ख़ाँ के चरणों में प्रशिक्षण प्राप्त किया था, लेकिन वे ठुमरी और दादरा के बेहतरीन माहिरों में से एक थीं, जिनमें पूरब और पंजाबी दोनों ही शैलियों के सर्वश्रेष्ठ अंगों का मिश्रण करके उन्होंने अपनी ही एक अनूठी शैली स्थापित की। लेकिन यह भी सच है कि पिछले तीन दशकों में ग़ज़ल के अप्रत्याशित उत्कर्ष के कारण वे इससे ज़्यादा से ज़्यादा जुड़ती चली गयीं और नतीजतन ठुमरी से दूर होती गयीं। जल्द ही, वे ग़ज़ल की बेमिसाल गायिका बन गयीं।

रिमेंबरिंग : बेगम अख़्तर - प्रकाश वढेरा, द हिन्दू, 13 नवम्बर, 1998 से संक्षिप्त रूप में साभार।

अंग्रेज़ी से अनुवाद : शुचिता मीतल

बेगम अख़्तर प्रसंग-2

सुशीला मिश्र

हाय अल्लाह! कोई देखेगा तो क्या कहेगा!

हालाँकि अख़्तरी बरसों तक ग्लैमर की दुनिया की चकाचौंध के केन्द्र में रहीं, लेकिन बेसहारा जड़ों से उखड़ी ज़िन्दगी ने अपना असर दिखाना शुरू कर दिया था। लखनऊ के एक मशहूर बैरिस्टर इश्तियाक़ अहमद अब्बासी के साथ शादी करने के बाद उन्होंने गाना छोड़ दिया और एक सामान्य गृहिणी की तरह सादगी भरी घरेलू ज़िन्दगी का आनन्द लेने लगीं। चार साल से ज़्यादा अरसे तक ऐसा लगता रहा कि संगीत की दुनिया इस महान कलाकार को हमेशा के लिए खो चुकी है। उनकी बैठक में अकसर पुरानी लखनवी तहज़ीब की पूरी आबोताब के साथ संगीतकारों की औपचारिक महफ़िलें सजती थीं, लेकिन बेगम अख़्तर महज़ एक श्रोता बनी रहती थीं।

ऐसी ही एक महफ़िल के दौरान अब्बासी परिवार के एक अच्छे दोस्त, ऑल इण्डिया रेडियो, लखनऊ के एल.के. मल्होत्रा ने उनसे गाने की दर्ख़ास्त की। उनका जवाब था, 'मैंने गाना छोड़ दिया है। इतने साल गाने के बाद मुझे लगा कि मुझे आराम की ज़रूरत है और तक़रीबन पाँच साल से मैंने तानपूरे या हारमोनियम को छुआ तक नहीं है।' लेकिन मि. मल्होत्रा की लगातार ज़िद की बदौलत, वे आख़िरकार एक दिन ए.आई.आर. के लखनऊ स्टूडियो आने और सिर्फ़ साज़िन्दों की मौजूदगी में कुछ गाने रिकॉर्ड करवाने के लिए तैयार हो ही गयीं, और स्टेशन डायरेक्टर को वादा करना पड़ा कि रिकॉर्डिंग का प्रसारण नहीं किया जायेगा। जब यह ख़ूबसूरत रिकॉर्डिंग उन्हें सुनवायी गयी, तो संगीत के लिए दबी हुई उनकी सारी ख़्वाहिशें वापस लौट आयीं, और उनकी आँखों से झरने बहने लगे।

मि. मल्होत्रा के शब्दों में—'जैसे-जैसे उनकी आवाज़ की उड़ान बुलन्दी पकड़ती गयी, वैसे-वैसे उनकी आँखों से आँसू बहते गये। वे यह कहते हुए अचानक उठ खड़ी हुईं कि—'हाय अल्लाह! कोई देखेगा तो क्या कहेगा!'

ग्रेट मास्टर्स ऑफ़ हिन्दुस्तानी म्यूज़िक : सुशीला मिश्र, हेम पब्लिशर्स प्रा. लि., नयी दिल्ली, 1981, पृष्ठ संख्या 178-179 से संक्षिप्त रूप में साभार।

अंग्रेज़ी से अनुवाद : शुचिता मीतल

बेगम अख़्तर प्रसंग-3

संगीत महाभारती

उनके दादरा चंचल भाव से भरे होते थे

बेगम अख़्तर की आवाज़ गहरी, भारी और खनकती-सी थी। अपनी ठुमरियों में वे पूरब और पंजाबी शैलियों का मेल करती थीं। वे द्रुत लय में तान शैली का प्रयोग नहीं करती थीं। उनके दादरा चंचल भाव से भरे होते थे; उनकी ग़ज़लें ठुमरी से प्रभावित होती थीं, जिनमें गायकी के तरीक़ों को आज़माने की बहुत गुंज़ाइश होती थी। उनमें से अनेक की धुन वे खुद तैयार करती थीं; कुछ की धुनें उनके एक नियमित सारंगीवादक गुलाम साबिर ख़ाँ (कानपुर वाले) समेत अन्य लोगों द्वारा तैयार की जाती थीं। वे अपनी आवाज़ में 'पत्ती' कहे जाने वाले अन्दाज़ के लिए जानी जाती थीं, जो आवाज़ की फटन जैसा लगता था, लेकिन वास्तव में योडलिंग का ही एक अन्दाज़ था और अगर वह फटन थी भी, तो उन्होंने उसे एक आकर्षक तत्त्व बना लिया था। उनके अनेक प्रशंसक तो गायन के दौरान उनकी आवाज़ में 'पत्ती' के उभरने का इन्तज़ार करते थे।

द ऑक्सफ़ोर्ड इनसाइक्लोपीडिया ऑफ़ द म्यूज़िक ऑफ़ इण्डिया (संगीत महाभारती) : चीफ़ एडिटर–पं. निखिल घोष, ऑक्सफ़ोर्ड यूनिवर्सिटी प्रेस, नयी दिल्ली, 2011, के पृष्ठ संख्या 133 से साभार।

अंग्रेज़ी से हिन्दी अनुवाद : शुचिता मीतल

बेगम अख़्तर प्रसंग-4

गजेन्द्र नारायण सिंह

पुरबिया ठुमरी के तीन बेशक़ीमती बोल

मैंने अपने समय की तीन महान ठुमरी गायिकाओं को ख़ूब सुना। ये 'त्रिमूर्ति' थीं—रसूलन बाई, सिद्धेश्वरी बाई और अख़्तरी बाई। इनके नामों के आगे 'महान' शब्द मैंने जानबूझकर लगाया है; क्योंकि इनके बाद ठुमरी गायिकाओं में महानता के आसन पर बैठाने लायक एक भी गायिका सम्मुख नहीं आयीं। इन तीनों ने अपने-अपने अन्दाज़ में ठुमरी-दादरा के तीन बोल ऐसे कहे, जो सीधे दिल की गहराइयों में प्रवेश कर जाते हैं। रसूलन बाई द्वारा गायी ठुमरी *'बारे सैयाँ, फुलगेंदवा न मारो लागत करेजवा में चोट'*, सिद्धेश्वरी बाई के बोल *'रस के भरे तोरे नैन'* और अख़्तरी बाई फ़ैज़ाबादी का गाया दादरा *'कोयलिया मत कर पुकार, करेजवा लागे कटार'*।

पुरबिया ठुमरी के ये तीन बेशक़ीमती बोल हैं। इन तीन प्रस्तुतियों को छोड़कर यदि इनके गाये समस्त ठुमरी-दादरे को फेंक भी दिया जाये, तो ये तीनों उन्हें ज़िन्दा रखने के लिए पर्याप्त हैं।

महफ़िल : गजेन्द्र नारायण सिंह, बिहार हिन्दी ग्रन्थ अकादेमी, पटना, ग्रन्थ संख्या 507, 2002 के पृष्ठ संख्या 214 से साभार।

बेगम अख़्तर प्रसंग-5

मोहन नाडकर्णी

उनकी गायकी से फूटता चंचल उछाह

वास्तव में, उन्होंने जिस तरह का संगीत पेश किया, वह गायन की शैलियों का ऐसा अद्भुत मेल था, जो न केवल लखनऊ और बनारस में, बल्कि पंजाब में भी प्रचलित था। इस तरह उन्होंने सुगम शास्त्रीय संगीत में पूरब-अंग गायकी का एक नया आयाम जोड़ा। केवल उनके स्तर और प्रतिभा का कलाकार ही इस तरह का कमाल कर सकता था। यह तकनीक उनकी अपनी थी, जो विशिष्ट भी थी और कठिन भी। यह एक लम्बे व कठोर प्रशिक्षण और पारम्परिक तरीक़े से किये गये रियाज़ का स्पष्ट सबूत था और उन्होंने गहन साधना से इसे सँवारा था। अपने चुने हुए साधना-क्षेत्र में वे महान गायक मौजुद्दीन ख़ाँ की शिष्या (और मशहूर अभिनेत्री स्वर्गीया नरगिस की माँ) जद्दनबाई और समान रूप से उल्लेखनीय बरक़त अली ख़ाँ से बहुत ज़्यादा प्रभावित थीं, जो बड़े ग़ुलाम अली ख़ाँ के सम्भवतः ज़्यादा प्रतिभाशाली मगर कम ख़ुशक़िस्मत भाई थे।

यह बेगम अख़्तर की पुरकशिश आवाज़ या उनकी गायकी की स्वाभाविकता और सहजता ही नहीं थी, जिसने उनके बेशुमार क़द्रदानों से वाहवाही पायी। अन्त तक भी उनकी गायकी से फूटता चंचल उछाह भी बेगम की लोकप्रियता को बढ़ाने के लिए समान रूप से ज़िम्मेदार रहा। उनके लिए आवाज़ ख़ुदा का दिया तोहफ़ा थी और वे इस बात को पूरी विनम्रता और कृतज्ञता के साथ कहती थीं।

दिल को छू जाने वाली शायरी की नज़ाकत को उभारने में—चाहे वह ठुमरी के माध्यम से हो या दादरा या ग़ज़ल के माध्यम से—उनकी महारत की बराबरी बहुत कम ही लोग कर पाये हैं, और उससे आगे निकलने वाले तो और भी कम रहे होंगे। वास्तव में, कम ही लोग अपनी गायकी में उनकी तरह संगीत के पेंचो-ख़म

की नाज़ुकी या गानों की शायरी की उत्कृष्टता को उभार पाते हैं। इसके पीछे, ग़ालिब, फ़ैज अहमद फ़ैज़ और जिगर मुरादाबादी जैसे शायरों की ग़ज़लों की उनकी साहित्यिक समझ थी, जिन्हें वे बड़े चाव से गाया करती थीं।

द ग्रेट मास्टर्स (प्रोफाइल्स इन हिन्दुस्तानी क्लासिकल वोकल म्यूज़िक) : मोहन नाडकर्णी, हार्पर कॉलिन्स पब्लिशर्स इण्डिया, नयी दिल्ली, 1999 के पृष्ठ संख्या 151-152 से साभार।

अंग्रेज़ी से हिन्दी अनुवाद : शुचिता मीतल

बेगम अख़्तर प्रसंग-6

बिस्मिल्ला ख़ाँ

अहा, यही तो सितम है तेरी आवाज़ का...

अब जो बेगम अख़्तर थीं। उनके गले में एक अजीब कशिश थी। जिसको कहते हैं 'अकार की तान' उसमें 'अ' करने पर उनका गला कुछ फट जाता था, और यही उनकी ख़ूबी थी। मगर शास्त्रीय संगीत में वह दोष माना जाता है। एक बार हमने कहा कि "बाई कुछ कहो, ज़रा कुछ सुनाओ।" वे बोलीं, "अमाँ क्या कहें, क्या सुनायें।" हमने कहा कुछ भी। बेगम गाने लगीं, *"निराला बनरा दीवाना बना दे।"* एक दफ़े, दो दफ़े कहने के बाद जब दीवाना बना दे में उनका गला खिंचा तो हमने कहा, "अहा, यही तो सितम है तेरी आवाज़ का।" वो जो दुगुन-तिगुन के समय आवाज़ लहरा के भारी हो जाती थी, वही तो कमाल का था बेगम अख़्तर में।

सुर की बारादरी : यतीन्द्र मिश्र, पेंगुइन बुक्स इण्डिया, यात्रा बुक्स, 2009 के पृष्ठ संख्या 43 से साभार।

बेगम अख़्तर प्रसंग-7

योगेश प्रवीन

जड़ाऊ पन्ने का झुमका

बड़ी फ़नकार होने के साथ-साथ वो अपनी शख़्सियत, नफ़ासत, रहन-सहन और तौर-तरीक़ों में भी बहुत शानदार थीं। हर एक के दुःख-सुख में बड़ी मोहब्बत के साथ शरीक़ होती थीं। इनमें सबसे हसीन थी, उनके अन्दर की औरत जो शराफ़त, मिलनसारी, दरियादिली और दर्दमन्दी में आगे-आगे थी। एख़लाक ऐसा कि दूर-दूर महके, हर अमीर-ग़रीब उनका अपना हो जाता, हर छोटा उनमें अपनी माँ की छवि देखता और उन्हें 'अम्मी' ही कहता। आकाशवाणी पर इस शान-ओ-शफ़क़त से आतीं कि लोग आज तक नहीं भूले हैं। कार में अपने साथ बास्केट लातीं, थरमस में चाय होती और साथ में नफीस क्रॉकरी और नमकीन बिस्किट। फिर क्या? स्टूडियो में सभी, क्या साज़दार और क्या कामदार–एक रंग में शामिल हो जाते और उनकी चाय के तलबगार बन जाते।

लखनऊ आकाशवाणी के स्टूडियो में एक रोज़ उनके चले जाने के बाद जड़ाऊ पन्ने का एक भारी झुमका कालीन के किनारे पड़ा मिला। ज़ाहिर है कि वो ड्यूटी ऑफ़िसर के पास पहुँचा और उन्हें ये समझते देर न लगी कि ये बेशक़ीमती 'झुमका' और किस का हो सकता है? उन्होंने फ़ौरन फ़ोन किया तो घर से बोलीं 'हम तो समझे थे कि गया, सो गया, लेकिन ये उसकी तक़दीर थी कि जो जुदा न हो सका, ख़ैर! मैं ख़ुद गाड़ी से आ रही हूँ लेने के लिए।' कुछ देर बाद वो ड्यूटी रूम में थीं। ड्यूटी ऑफ़िसर ने कहा–'आपने नाहक ज़हमत की, हम घर तक भिजवा देते।' तो बोलीं–'नहीं भई, किसकी जान फालतू है, जो इस जोखिम को ले के निकलता' और गहना पर्स में डालकर मुस्कुराती हुई लौट गयीं।

आपका लखनऊ : योगेश प्रवीन, लखनऊ महोत्सव पत्रिका समिति, लखनऊ, 2002, पृष्ठ संख्या 114-116 से साभार।

बेगम अख़्तर प्रसंग-8

लता मंगेशकर

उनकी ग़ज़ल के साथ अपना नाम सुनने का रोमांच

यह बात शायद 1945-46 की होगी, जब रेडियो पर 'आपकी फ़रमाइश' नाम से एक कार्यक्रम आना शुरू हुआ था। इसमें पहली बार यह हुआ कि आपके पसन्द के फ़िल्मी और नॉन फ़िल्मी गीत सुनाये जाते थे, जिसमें यह भी पुकारा जाना शुरू हुआ था कि इसे कौन सुनना चाहता है।

इस तरह अपना नाम सुनने के लिए कि रेडियो पर यह प्रसारित हो कि लता मंगेशकर यह गाना सुनना चाहती हैं, मैंने लालच में भरकर बेगम अख़्तर साहिबा की ग़ज़ल *'दीवाना बनाना है तो दीवाना बना दे'* की फ़रमाइश भेजी थी। बड़े उत्साह और कुछ-कुछ रोमांच के साथ मैं रोज़ रेडियो लगाती थी कि शायद आज मेरा गीत प्रसारित हो और उसके साथ नाम भी। मैं बेगम अख़्तर की यह ग़ज़ल बहुत पसन्द करती थी, पर उस समय इसे सुनने से ज़्यादा अपने नाम को सुनने की इच्छा थी मन में। फिर हुआ यह कि जिस दिन मेरे नाम के साथ यह ग़ज़ल बजाई गयी, उस पूरे दिन और आगे के दो-चार दिन तक मैं हवा में उड़ती रही।

मैं आपको सच्ची बताती हूँ कि बेगम अख़्तर की ग़ज़ल के साथ अपना नाम सुनने का जो रोमांच था, वह बाद में ख़ुद के गीतों के साथ कभी महसूस नहीं हुआ।

लता : सुर-गाथा : यतीन्द्र मिश्र, वाणी प्रकाशन, नयी दिल्ली, 2016, के पृष्ठ संख्या 225 से साभार।

बेगम अख़्तर प्रसंग-9

पार्थ चटर्जी

प्यार में भीगे मंसूबों का ऐलान

बेगम अख़्तर, जिन्होंने अपने दिल की गहराइयों में कहीं अख़्तरीबाई फ़ैज़ाबादी को छिपा रखा था, उप-शास्त्रीय संगीत के पतन से पहले की शायद अन्तिम महान कलाकार रही थीं, जिसकी वजह इतिहास का सतत प्रवाह था, जो अपने साथ समतावाद की धारणाएँ और प्रजातन्त्र की विशेषताओं में अतिशय आस्था लेकर आया था।

1950 के दशक के मध्य तक जिस समय वे अपनी प्रतिष्ठा के चरम पर थीं, महफ़िलों का चलन ख़त्म सा हो गया था। रसूलन बाई और बड़ी मोतीबाई आम तौर पर बनारस तक ही सीमित रहती थीं और कभी-कभार ही पटना, गया, कलकत्ता, इलाहाबाद और लखनऊ की महफ़िलों में शरीक़ होती थीं। तत्कालीन सूचना प्रसारण मन्त्री बी.जी. केसकर, जो ऑल इण्डिया रेडियो से तवायफ़ों को गाने की तब तक इजाज़त नहीं देते थे, जब तक कि वे शादी का प्रमाण-पत्र नहीं देती थीं और अपने नाम में 'देवी' नहीं जोड़ती थीं, की मेहरबानी से सिद्धेश्वरी देवी बन गयीं, सिद्धेश्वरी बाई ने स्वतन्त्र भारत की राजधानी दिल्ली में कामयाबी के नये सोपान गढ़े थे—जहाँ कला के क्षेत्र को अच्छा-ख़ासा उदार संरक्षण हासिल था।

बेगम अख़्तर के रूप में अख़्तरी को, जिन्होंने समाज के उच्च वर्ग में नया-नया क़दम रखा था, स्पष्ट लाभ हासिल था। उन्होंने तेज़ी से सम्पर्क स्थापित किये, अपनी कोशिशों से बेहतरीन नतीजे हासिल किये और अपनी जादुई शख़्सियत का लुत्फ़ लिया। देश भर में होने वाले संगीत के आयोजन उनके लिए उपलब्ध हो गये थे और वे जहाँ भी गयीं, अपनी दिलक़श शख़्सियत और प्रोग्रामों की फ़ेहरिस्त की वजह से बेहद कामयाब रहीं, जिसे उन्होंने रेडियो, स्टेज और रिकॉर्डिंग स्टूडियो के समयबद्ध प्रोग्रामों के लिए तैयार किया था। गायिकी की उनकी समझ ने, जो उस विधा (विधाओं) से जुड़ी थीं, जिन्हें वे गाती थीं, उन्हें विजेता

बना दिया था। मशहूर सितारवादक पण्डित रविशंकर की तरह, वे भी किसी भी बन्दिश के मूल भाव को रसीले अन्दाज़ में बयान करने में माहिर थीं और एक शिल्पकार की तरह उसे आकार देती थीं।

ऐसा नहीं कि रसूलनबाई, बड़ी मोतीबाई या सिद्धेश्वरी देवी जैसी नामवर उनसे वरिष्ठ गायिकाएँ ऐसा नहीं कर पाती थीं, लेकिन उन्होंने मौसीक़ी की जो इमारत खड़ी की थी, वह एक ऐसी दुनिया की पुरसुकून, आरामदेह ज़िन्दगी के लिए थी, जहाँ वक़्त किसी नदी की मानिंद बहता था। उनकी गायिकी निजी महफ़िलों में ज़्यादा जँचती थी, जो वैयक्तिक सरपरस्ती का क्षेत्र हुआ करती थीं। यक़ीनन, बनारस के बाहर भारत के दूसरे हिस्सों में भी महफ़िलों का आयोजन हुआ करता था, मगर क़द्रदान अमीर लोगों की तादाद कम होती जा रही थी और आधुनिक ज़िन्दगी की चकाचौंध में उनके (पुरुष) वारिसों की दिलचस्पी शायद ऐसी महफ़िलों के आयोजन में नहीं रही थी।

पुराने गायकों के पास ऑल इण्डिया रेडियो के मासिक कार्यक्रम होते थे, देश भर में होने वाली सबसे अहम वार्षिक संगीत सभाओं के तीन-चार रस्मी निमन्त्रण मिल जाते थे और सम्भवतः इक्का-दुक्का मौसमी महफ़िलों का बुलावा मिल जाता था। आमदनी हालाँकि उनके और उनके क़रीबी परिवारों के भरण-पोषण के लिए पर्याप्त हो जाती थी, मगर उनके सान्निध्य में रहकर तालीम पाने वाले अनेक लोगों के लिए काफ़ी नहीं होती थी। बेगम अख़्तर ने भी इस मुश्किल का सामना किया, मगर वे किसी तरह इतना अर्जित कर लेती थीं कि काम चलता रहे। मगर उनकी स्वभावगत उदारता और खुले हाथ ने उनकी वित्तीय समस्याओं को बढ़ा दिया था।

बेगम अख़्तर, अख़्तरीबाई फ़ैज़ाबादी के तौर पर भी, विभिन्न तबक़ों के श्रोताओं से जुड़ जाती थीं। अगर कोई उनके बीसवें दशक के अन्तिम वर्षों के दर्द-भरे, ऊँचे सुर में गाये दादरा *'छा रही कारी घटा जिया मोरा लहराय है'* की तीन मिनट की 78 आर.पी.एम. वाली ग्रामोफ़ोन रिकॉर्डिंग सुने, तो इस दावे की पुष्टि हो जायेगी। उस युग में जब फ़िल्मी संगीत रागों पर आधारित था, इसका स्त्री-पुरुष के दायरे को तोड़ते हुए युवाओं का पसन्दीदा गीत बन जाना सही ही जान पड़ता है। अधेड़ उम्र में भी वे यह बन्दिश गाती थीं; बेशक़ अन्दाज़ और भाव बदल गया था, साथ ही उनकी आवाज़ भी कमोबेश आधा सुर नीचे आ गयी थी। *'छा रही कारी घटा...'* प्यार में भीगे मंसूबों के ऐलान की जगह अब अतीत की खट्टी-मीठी याद बन गया था। उनके अन्दाज़ की रसूलन बाई के अन्दाज़ से तुलना करना दिलचस्प होगा, जिन्होंने प्रौढ़ावस्था में *'आँगन में मत सो'* गाया था।

सारी ज़िन्दगी बेगम अख़्तर अपनी युवावस्था को छोड़ नहीं पायीं और यह उनके

संगीत में भी झलकता था। जब आप उन्हें मोमिन की ग़ज़ल *'वो जो हममें तुममें क़रार था, तुम्हें याद हो कि ना याद हो'* गाते-सुनते हैं, तो मुहब्बत की हमेशा के लिए खो चुकी ख़ुशी के लिए अफ़सोस छलक-छलक जाता है। इसी तरह *'कोयलिया मत कर पुकार, करेजवा लागे कटार'* दादरा में अपने प्रेमी के लिए व्याकुल विरहिणी का दर्द सुनने वाले को छू जाता है। दोनों ही बन्दिशों को उनकी ढलती उम्र में रिकॉर्ड किया गया था, मगर उनकी परिपक्व, रहस्यमयी-सी आवाज़ किसी तरह उस अतृप्त युवती को बस छुपा भर पाती है, जो पृष्ठभूमि में भटक रही थी।

मेमोरीज़ ऑफ़ बेगम अख़्तर : पार्थ चटर्जी, संगीत नाटक, खण्ड-40, अंक-4, संगीत नाटक अकादेमी, नयी दिल्ली, 2006 के पृष्ठ संख्या 50-51 से संक्षिप्त रूप में साभार।

अंग्रेज़ी से अनुवाद : शुचिता मीतल

बेगम अख़्तर प्रसंग-10

योगेश प्रवीन

बेगम अख़्तर की क़ब्र पर मदन मोहन

बेगम अख़्तर याद आती हैं, तो याद आता है एक ज़माना। ये नवम्बर, सन् 1974 की बात है, जब भारतीय रजत पट के सुप्रसिद्ध संगीत निर्देशक मदन मोहन मेरे साथ लखनऊ के पसन्द बाग़ में बेगम अख़्तर की क़ब्र पर पहुँचे थे। बेगम साहिबा के पति इश्तियाक़ अहमद अब्बासी साहब ने यह ज़िम्मेदारी हमें सौंपी थी। बेगम साहिबा को गुज़रे अभी चार दिन ही बीते थे, इसलिए क़ब्र कच्ची थी। जड़ाऊ फूलों की चादर से मदन मोहन जी ने वो क़ब्र ढक दी थी और केवड़े से सराबोर कर दी थी। लखनऊ के क्लार्क होटल से चल देने के बाद वो रास्ते में ज़रा भी किसी से नहीं बोले थे और वापसी में निरन्तर रोते हुए आये थे। मैंने अपनी ज़िन्दगी में किसी मर्द को कभी इतना रोते हुए नहीं देखा था। लहद (क़ब्र) से लिपटकर जब वह सिसक रहे थे, तो मुझे लगा था कि ख़ामोश ज़ुबां में बेगम साहिबा की गायी हुई ये ग़ज़ल कहीं से उभर रही है—

बुझी हुई शम्मां का धुआँ हूँ, और अपने मरकज़ को जा रहा हूँ
कि दिल की हस्ती तो मिट चुकी है, अब अपनी हस्ती मिटा रहा हूँ...

इस ग़ज़ल को अपने सीने में सँजोए हुए एक पुराना ग्रामोफ़ोन रिकॉर्ड मेरी माँ के पास था, जिसके भूरे लिफ़ाफ़े पर 'अख़्तरीबाई फ़ैज़ाबादी' की तस्वीर भी बनी हुई थी। ज़ेवर-गहनों से ख़ूब लदी-फँदी और हाथों पर अपनी ठुड्डी टिकाए हुए। ग़ज़ल जिनके नाम का दम भरती है, उन्हीं मलिका-ए-ग़ज़ल बेगम अख़्तर की नुक़रई आवाज़ की झनकारें, आज भी उसी तरह तीर बनकर दिल में उतरती हैं।

आपका लखनऊ : योगेश प्रवीन, लखनऊ महोत्सव पत्रिका समिति, लखनऊ, 2002, पृष्ठ संख्या 110-111 से साभार।

बेगम अख़्तर प्रसंग-11

प्रमोद द्विवेदी

मौसीक़ी में मन लगाओ या फिर हीरोइन बन जाओ

बेगम अख़्तर के क़रीबियों से यह पता चलता है कि उन्हें अभिनय से काफ़ी लगाव था। लेकिन उनके उस्ताद चाहते थे, वे अपनी गायिकी पर ही टिकें। गीतकार और गायिका सुशीला मिश्र (लखनऊ) एक वक़्त बेगम अख़्तर के काफ़ी क़रीब थीं। उनके मुताबिक़, बेगम साहिबा छुटपन में एक थियेटर कम्पनी की अभिनेत्री और गायिका चन्दाबाई से काफ़ी प्रभावित थीं। नन्ही अख़्तरी को जब भी मौक़ा मिलता, इस कलाकार की नकल करती। माँ मुश्तरीबाई ने उन्हें करीने से संगीत शिक्षा के लिए सबसे पहले उस्ताद इमदाद ख़ाँ को लगाया। इमदाद ख़ाँ उस ज़माने की मशहूर गायिकाओं मलका जान और गौहर जान के सारंगिया रह चुके थे। लेकिन नन्ही बिब्बी (अख़्तरी) का उनसे सीखने में ज़्यादा जी नहीं लगा। फिर गया में उस्ताद गुलाम मोहम्मद ख़ाँ ने अख़्तरी को संगीत की तालीम दी। इसके बाद विधिवत तालीम अता मोहम्मद ख़ाँ पटियाले वाले से मिली। बताते हैं कि भातखण्डे कॉलेज के उस्ताद शखावत हुसैन ख़ाँ (सरोदिया) की कोशिश से अता मोहम्मद ख़ाँ अख़्तरी को सिखाने के लिए फ़ैज़ाबाद आये थे। यहीं से अख़्तरी के जीवन की वास्तविक संगीत-यात्रा शुरू हुई। अता मोहम्मद ख़ाँ की सख़्त मगर पुरअसर तालीम ने अख़्तरी की दिल में हूक पैदा करने वाली आवाज़ को और जानदार बनाया।

एक साक्षात्कार में बेगम अख़्तर ने कहा था कि 'उस्ताद जी खरज भरने का अभ्यास इतना ज़्यादा कराते थे कि जी ऊब जाता। पर उनका कहना था कि आवाज़ इसी से बनेगी। मैं ऐसी विकट सुर-साधना से पल्ला छुड़ाने के चक्कर में थी। लेकिन एक दिन राग गुणकली उनसे सुनकर मुझे इस सुर-अभ्यास का महत्त्व समझ में आया। इसके बाद कभी मैंने कोताही नहीं की। मैं अहसानमन्द हूँ अपने उस्ताद की, जिन्होंने मुझे इस लायक बनाया।'

युवा अख़्तरी कलकत्ता के थियेटरों में भी ख़ूब चमकीं। सुर सम्राट कुन्दनलाल सहगल और पहाड़ी सान्याल के साथ भी काम किया। अख़्तरी, झण्डे ख़ाँ के स्टेज वाले गानों से बड़ी मुतासिर थीं। लेकिन अता मोहम्मद ने चेताया कि या तो मौसीक़ी में मन लगाओ या फिर हीरोइन बन जाओ। कहीं-कहीं ज़िक्र है कि अख़्तरी ने झण्डे ख़ाँ, मौजुद्दीन ख़ाँ और नरगिस की माँ जद्दनबाई से भी थोड़ा बहुत सीखा। जद्दनबाई को वे अम्मी कहती थीं। उनकी ठुमरियों पर जद्दनबाई का असर काफ़ी रहा। इनके अलावा मलका जान, गौहर जान की गायन शैली से भी वे काफी कुछ सीखती रहीं। कलकत्ता और बम्बई की फ़िल्मी दुनिया से पल्ला छुड़ाकर वे हैदराबाद दरबार आयीं। पर ज़िन्दगी में असली मोड़ तब आया, जब रामपुर दरबार में उस्ताद अब्दुल करीम ख़ाँ के भाई उस्ताद वहीद ख़ाँ उनके गुरु बने। उनसे गण्डा बँधवाकर अख़्तरी ने किराना घराने की गायिकी के काफ़ी गुर लिए। वहीद ख़ाँ की ही शागिर्दी का असर था कि वे समय और प्रहर के हिसाब से ग़ज़ल, दादरा और ठुमरी के राग बदल-बदल कर सुनाती थीं। प्रचलित रागों के अलावा वे कलावती, देशकार, चन्द्रकौंस, छायानट, नारायणी जैसे रागों में अपनी गायिकी बख़ूबी पेश करती थीं। उनकी ठुमरियों पर पंजाब और पूरब अंग का सम्मिलित असर था।

अभी तक याद के साये नहीं जाते : प्रमोद द्विवेदी, जनसत्ता (दैनिक समाचार-पत्र) के रविवारीय अंक में आलेख के रूप में 19 नवम्बर, 1995 को प्रकाशित। उस लेख से संक्षिप्त एवं संशोधित रूप में साभार प्रस्तुत। लेखक के अनुसार इस लेख को अब तक चालीस बार विभिन्न पत्र-पत्रिकाओं में जस का तस प्रकाशित किया गया है, जिसमें हिन्दी के अलावा उर्दू और अंग्रेज़ी के तर्जुमे भी शामिल हैं। उर्दू तर्जुमा में यह पाकिस्तान से भी प्रकाशित हुआ है।

बेगम अख़्तर प्रसंग-12

यूनुस ख़ान

मदन मोहन की आवाज़ में 'क़दर जाने ना'

बेगम अख़्तर, फ़िल्म संगीतकार मदन मोहन को तब से जानती थीं, जब वो लखनऊ रेडियो स्टेशन में कार्यरत थे। एक बार बेगम दिल्ली आयी हुई थीं और उन्होंने रेडियो पर मदन मोहन का बनाया हुआ एक गाना सुना। फिर आधी रात को बेगम अख़्तर ने मदन मोहन को फ़ोन किया और कहा कि वही गाना सुनाओ, जिसे सुनकर मैं उसकी धुन और लता की गायिकी के मोह में फँसी हुई हूँ। वो गाना था 'भाई-भाई' (1956) फ़िल्म का–*'क़दर जाने ना/मोरा बालम बेदर्दी'*। मदन मोहन ने फ़ोन पर ही बेगम अख़्तर को ये गाना सुनाया...और क़रीब बाईस मिनिट तक मदन मोहन फ़ोन पर ट्रंक कॉल के ज़माने में वो गाना बेगम को सुनवाते रहे। आप सोचिए, कैसा मंज़र रहा होगा, जब ग़ज़लों की रानी बेगम अख़्तर, ग़ज़लों के शहज़ादे मदन मोहन की आवाज़ में *'क़दर जाने ना/मोरा बालम बेदर्दी जी/क़दर जाने ना/लाख जतन करूँ बात न माने जी, बात न माने/मेरा दर्द न जाने/क़दर जाने ना'* सुन रही होंगी।

पचास के दशक में संगीतकार मदन मोहन ने बेगम साहिबा को फ़िल्मों में गाने के लिए मना लिया। इस तरह दो फ़िल्मों में उनके गाने आये। पहला सन् 1953 में बनी 'दाना पानी' के लिए *'ऐ इश्क़ मुझे और तो कुछ याद नहीं है/ये दिल मेरा बरबाद है, आबाद नहीं है'* और दूसरा सन् 1954 में आयी 'एहसान' फ़िल्म के लिए, जिस गीत के बोल हैं *'हमें दिल में बसा भी लो/ये कहती हैं जवां नज़रें'*। संयोगवश इन फ़िल्मों में बेगम अख़्तर द्वारा गाये गये इन दोनों ही गीतों को शायर कैफ़ इरफ़ानी ने लिखा था।

विविध भारती के उद्घोषक यूनुस ख़ान द्वारा दैनिक भास्कर समाचार-पत्र में बेगम अख़्तर के जन्मशती वर्ष (2014) में उनकी पुण्यतिथि (30 अक्टूबर) को संगीत आधारित कॉलम 'स्वर पंचमी' में लिखे गये विवरण से संशोधित रूप में साभार प्रस्तुत।

बेगम अख़्तर प्रसंग-13

गजेन्द्र नारायण सिंह

एक ही नाव पर पाँव रहे, तो बेहतर है

बेगम अख़्तर ने अपने लखनऊ आवास पर आयोजित महफ़िल में राग देसी का ख़्याल सुनाया। बेगम को कई उस्तादों से तालीम हासिल करने का सुयोग प्राप्त हुआ था, जिनमें पटियाला के अता मोहम्मद ख़ाँ और किराना के अब्दुल वहीद ख़ाँ भी थे। देसी का ख़्याल सुनकर उक्त महफ़िल में उपस्थित पण्डित सियाराम तिवारी ने बेगम से पूछा—'इतना उम्दा ख़्याल गाने के बावजूद वह संगीत सम्मेलनों में ख़्याल क्यों नहीं गातीं?', तो बेगम ने बड़ी संजीदगी से जवाब दिया—'छोटी चीज़ें' उन्हें दिलोजान से प्यारी हैं। इसलिए एक ही नाव पर पाँव रहे, तो बेहतर है।' एक ही मुक़ाम पर कायम रहकर यदि कुछ हासिल होता है, तो उसे वह बड़ी उपलब्धि समझेंगी।

ये उस महान गायिका की निष्ठा का ज्वलन्त उदाहरण है।

महफ़िल : गजेन्द्र नारायण सिंह, बिहार हिन्दी ग्रन्थ अकादेमी, पटना, ग्रन्थ संख्या 507, 2002 के पृष्ठ संख्या 115 से साभार।

बेगम अख़्तर प्रसंग-14

मालिनी अवस्थी

भातखण्डे संगीत विश्वविद्यालय की चौखट पर

सन् 1975! शहर कानपुर! मामा का घर! रिकॉर्ड प्लेयर में गोल घूमते तवे से निकलती, गूँजती आवाज़ जैसे नश्तर की तरह कलेजे के आर-पार हुई जा रही थी। सुदर्शन फाकिर के जादुई लफ़्ज़ों को समझने की न तो मेरी कोई उम्र थी, न रागदारी की समझ! नौ बरस की उम्र भी कोई उम्र थी उस तिलिस्म को समझने की।

'कुछ तो दुनिया की इनायात ने दिल तोड़ दिया
और कुछ तल्ख़ि-ए-हालात ने दिल तोड़ दिया'

बस, आवाज़ की कशिश, मन में बहुत गहरे बैठी जा रही थी। सामने पड़ा रिकॉर्ड का कवर उठाकर उस आवाज़ की मालकिन को जो मैंने ग़ौर से देखा तो बदले में मुझे एक रौशनी में नहायी रूहआबदार शख़्सियत दिखायी दी। हाथ में तानपूरा लिए, सिर ढके, बनारसी साड़ी में दुनिया देख चुकी आँखों की चमक और उनकी लौंग की दमक लगभग एक-सी थी। अंग्रेज़ी में लिखे नाम पर उँगलियाँ फेरकर मैंने नाम पढ़ा...तो ये थीं बेगम अख़्तर। माँ इन्हीं के बारे में कितना बताती थीं।

फिर तो धीरे-धीरे न जाने कितनी ही बातें मैं जान गयी। हमारे उस्ताद राहत अली ख़ाँ साहब उनके क़िस्से बताते। उनकी गायिकी की बारीकियों से हमारी शनासाई कराते। हमारा सीखने का दौर था और फिर क़रीब दस बरस बाद, जब हम लखनऊ में भातखण्डे संगीत विश्वविद्यालय की चौखट पर आन खड़े हुए, तो ये सोचकर ही सिहर उठे कि यहाँ कभी बेगम साहिबा सिखाने आया करती होंगी।

ठुमरी की कक्षा के कमरे में झाँक कर गुज़रे ज़माने के नज़ारे को मन ही मन बुना करते। लखनऊ रेडियो के स्टूडियो में क़दम रखते ही, हवाएँ भी सरगोशी करतीं, *'हमसे सुनो, सारे फ़साने, अख़्तरी से बेगम अख़्तर बनने तक के सफ़र की गवाह हैं हम'*।

लखनऊ में उनको उठते-बैठते, गाते और ठहाके लगाते देखने वालों की लम्बी फ़ेहरिस्त है, जो अब धीरे-धीरे हमारे बीच से जा रही है। जो कुछ मैंने उनके बारे में बुज़ुर्गों से सुना, वह जान यही समझा कि फ़नकार किसी आवाज़ से नहीं, तबीयत से होता है, दिल से होता है। असर तभी आता है। बेगम अख़्तर एक़ ऐसी ज़िन्दादिल, रूमानी और दमदार आज़ाद सोच की औरत थीं। रोम-रोम सिर्फ़ अपने फ़न को सुपुर्द!

मैं बेगम अख़्तर जी को एक ऐसी मुकम्मल कलाकार मानती हूँ, जिन्होंने अपनी मिट्टी की पूरी नुमाइन्दगी की। ठुमरी दादरा की उनकी शास्त्रीय तालीम थी, लेकिन ग़ज़लों को उन्होंने अपनी ज़ीनत पर पहुँचाया। बड़े-बड़े शायरों के कलाम उनकी आवाज़ पाकर अमर हो गये। पूरब और पटियाला रंग का मणिकांचन संयोग थीं बेगम अख़्तर। यदि एक तरफ़ ग़ज़लों को उन्होंने अपने उन्वान पर पहुँचाया, तो दूसरी ओर पूर्वी, कजरी, झूला, होली, लोकगीत गाकर अवध के संगीत की उम्र लम्बी कर दी।

विख्यात उप-शास्त्रीय एवं लोक गायिका। लोक-संगीत और लोक-कलाओं के संवर्धन के लिए 'सोन चिरैया' जैसे सांस्कृतिक न्यास की संस्थापक। संगीत और कला परम्परा पर समय-समय पर लिखती हैं।

बेगम अख़्तर प्रसंग-15

हिमांशु वाजपेयी

कैफ़ी आज़मी और अख़्तरी

दूरदर्शन के एक प्रसारण में कैफ़ी आज़मी से पूछा गया—आपकी पहचान नज़्मों के लिए रही है, ग़ज़लें आपने बहुत कम कही हैं। लेकिन इन दिनों आप फिर से ग़ज़लें कहने लगे हैं। इसकी क्या वजह है? कैफ़ी ने जवाब दिया—'मैंने वापस ग़ज़लें कहना उसी कारण से शुरू किया, जिस वजह से ग़ालिब मुसव्विरी सीखना चाहते थे।

सीखे हैं महरूख़ों के लिए हम मुसव्विरी
तक़रीब कुछ तो बहरे मुलाक़ात चाहिए

'मैं ग़ज़ल इसलिए कहता हूँ, ताकि मैं ग़ज़ल यानी बेगम अख़्तर से नज़दीक हो जाऊँ।'

अक्टूबर, 1974 ई. में अपने इन्तक़ाल के एक हफ़्ते पहले बेगम अख़्तर ने आकाशवाणी के लिए अपनी आख़िरी ग़ज़ल *'सुना करो मेरी ज़ाँ/इनसे उनसे अफ़साने/सब अजनबी हैं यहाँ/किसको कौन पहचाने'* रिकॉर्ड की। यह उन्हीं कैफ़ी आज़मी का कलाम था, जिन्होंने बेगम अख़्तर की गायिकी से मुतासिर होकर ही दोबारा ग़ज़लें कहना शुरू किया था।

बेगम अख़्तर प्रसंग-16

यतीन्द्र मिश्र एवं मिर्ज़ा शहाब शाह

मुश्तरी का ताज़िया

मुहर्रम के दिनों में, नौवीं तारीख़ की रात (शब-ए-आशूर) में उठने वाला यह ताज़िया अपनी एक सांस्कृतिक पहचान लिए हुए है। इसे 'मुश्तरी का ताज़िया' इसलिए कहा जाता है क्योंकि इसे अख़्तरीबाई फ़ैज़ाबादी की माँ मुश्तरीबाई ने इसी तारीख़ को उठाना प्रारम्भ किया था। जब वे जीवित थीं, तब तक यह ताज़िया फ़ैज़ाबाद में गुदड़ी बाज़ार चौराहा स्थित 'वक्फ़ मेंहदी हसन ख़ाँ मस्जिद', जिसे 'खजूर वाली मस्जिद' भी कहा जाता है, से उठकर चौक होते हुए उनके घर हमदानी कोठी तक जाता था।

आजकल यह ताज़िया मिर्ज़ा शिफ़ाअत हुसैन के राठहवेली स्थित घर से उठकर गुदड़ी बाज़ार चौराहा, चौक, रीडगंज, मुश्तरीबाई के घर के सामने से होते हुए आँख का अस्पताल, खवासपुरा और फिर राठहवेली में ही स्थित 'इमामबाड़ा जवाहर अली ख़ाँ' में जाकर समाप्त होता है। मुश्तरीबाई के मरने के बाद यह ताज़िया उनकी बेटी अख़्तरीबाई फ़ैज़ाबादी (बेगम अख़्तर) स्वयं उठाती थीं। उनके फ़ैज़ाबाद छोड़ जाने के बाद इस जुलूस के उठाने का दायित्व मिर्ज़ा शिफ़ाअत हुसैन ने स्वेच्छा से ले लिया। तभी से मिर्ज़ा शिफ़ाअत हुसैन के घर राठहवेली से यह ताज़िया उठना शुरू हुआ।

फ़ैज़ाबाद के पुराने लोगों के मार्फ़त यह कहानी प्रचलित रही है कि इस जुलूस के आगे अख़्तरीबाई फ़ैज़ाबादी (बेगम अख़्तर) एक ख़ास नौहा पढ़ते हुए चलती थीं, जिसकी कुछ पंक्तियाँ इस तरह हैं—

आबाद हुई करबोबला उजड़ा मदीना
या शाहे मदीना! या शाहे मदीना!

(अर्थ है—क़र्बला आबाद हुआ व मदीना उजड़ गया अर्थात मदीना से हज़रत

इमाम हुसैन क़र्बला गये और शहीद हुए। इस तरह उन्होंने क़र्बला को आबाद किया। ऐ मदीना के बादशाह! तूने क़र्बला को आबाद किया।)

इस दिन बेगम एक सेर आटे की आठ रोटियाँ (खमीरी रोटियाँ) बनाकर दान में देती थीं, ऐसा भी सुना जाता है। मुश्तरी का यह ताज़िया जो बाद में अख़्तरी ने ज़िन्दा रखा, आज भी फ़ैज़ाबाद वालों के प्रयास से उसी नाम से उठाया जा रहा है।

मुश्तरी का ताज़िया, मुहर्रम का सोज़ : 4 : यतीन्द्र मिश्र एवं डॉ. मिर्ज़ा शहाब शाह, फ़ैज़ाबाद : दस्तावेज़-105, शहरनामा फ़ैज़ाबाद, सम्पादक : यतीन्द्र मिश्र, वाणी प्रकाशन, नयी दिल्ली, 2017, पृष्ठ 350-351 से साभार।

बेगम अख़्तर प्रसंग-17

श्रुति सादोलिकर

उस दर्द के लिए गाना है...

उनकी कही बात याद आती है। उन्होंने मुझसे पूछा—'दिल लगाया है कभी?' मैंने कहा—'नहीं' इस पर वे बोलीं—'कोई बात नहीं। दिल लगाइए। भरपूर दिल लगाइए। दिल ही है। जितना दिल लगाओ, टूट जायेगा। जितनी बार दिल लगाओगी, उतनी बार दिल टूट जायेगा। जितनी बार टूट जायेगा, उतनी बार दर्द पैदा होगा। ...और जितनी बार दर्द पैदा होगा, उतनी बार आपकी आवाज़ में दर्द आयेगा। ....और वो दर्द ही काम की बात है।'

'वो दर्द ही तुम्हारी आवाज़ की पुकार होगी और वो पुकार ही तुम्हारी आवाज़ की जान होगी।' इस बात को आज भी मैं याद करती हूँ। उन्होंने कहा—'किसके लिए गाना है? उस दर्द के लिए गाना है।' बहुत शानदार बात कह गयीं बेगम अख़्तर। उन्होंने मुझे मर्म दे दिया। किसी को ख़ुश करने के लिए नहीं गाना है, बल्कि उस दर्द के लिए गाना है।

वो आवाज़ किसी काम की नहीं है, जिसमें दर्द नहीं है। वो एक सीख मिली है मुझे उनसे, बहुत पुरानी जब मैं इन चीज़ें का ठीक से मतलब भी नहीं समझती थी। शास्त्रीय संगीत के कलाकारों के लिए यह बड़े काम की बात है। आपके अन्दर कहीं न कहीं वो दर्द होना चाहिए। वो दर्द होगा, तो फिर आप बहार गाओ, तोड़ी गाओ, बसन्त गाओ, जौनपुरी गाओ, कुछ भी गाओ। तब आता है वो असर। तब ही गाने में रस पैदा होता है।

जयपुर-अतरौली घराने की शीर्षस्थ गायिका। आजकल भातखण्डे संगीत विश्वविद्यालय, लखनऊ की कुलपति के रूप में कार्यरत। यतीन्द्र मिश्र से बातचीत पर आधारित।

बेगम अख़्तर प्रसंग-18

प्राण नेविल

मैं ख़ुशनसीब हूँ कि मैंने ऐसे मुल्क में जन्म लिया...

मैं ख़ुशनसीब हूँ कि मैंने ऐसे मुल्क में जन्म लिया, जहाँ की फ़िज़ाएँ संगीत से मुअत्तर हैं, जहाँ के लोग फ़न और फ़नकार से मुहब्बत करते हैं। मुझे भी एक फ़नकार की हैसियत से आपका बहुत प्यार मिला है। आपके प्यार का शुक्रिया हमेशा मैंने अपनी गायिकी से अदा किया है।

लोग कहते हैं कि आज के मॉडर्न ज़माने में क्लासिकल म्यूज़िक आहिस्ता-आहिस्ता ख़त्म हो रही है। इसमें अवाम की कोई दिलचस्पी नहीं है। मगर ऐसा कहने वाले यह भूल जाते हैं कि ग़ज़ल और उसकी गायिकी भी क्लासिकल मौसीक़ी का एक अंग है। इसे आज भी वही मक़बूलियत हासिल है, जो पहले थी। ग़ज़ल अगर सही ढंग से पेश की जाये, तो इसका जादू सर चढ़कर बोलता है। मॉडर्न ज़माने ने जहाँ हर चीज़ को कुछ नयापन दिया है, वहाँ मौसीक़ी ने भी नये क़द्रों की क़द्र की है। मैं नयेपन की मुख़ालिफ नहीं, लेकिन यह नयापन तभी तक मुनासिब है, जहाँ तक आज के फ़नकार नयेपन के चक्कर में तहज़ीब का दामन न छोड़ें। ग़ज़लें पहले भी गायी जाती थीं, आज भी गायी जाती हैं। मगर असल में ग़ज़ल वो ही कहलाने की मुस्तकिल है, जिसमें ग़ज़ल का रवायती अन्दाज़ मौजूद हो।

आकाशवाणी के अपने एक कार्यक्रम (बेगम अख़्तर) के प्रसारण के दौरान की गयी टिप्पणी। इसे प्राण नेविल के लेख 'फ्रॉम अख़्तरी बाई टू बेगम अख़्तर' से जस का तस लिया गया है। यह अंग्रेज़ी की टिप्पणी प्राण नेविल जी ने इस पुस्तक के लिए विशेष तौर पर लिखी थी। उनकी मृत्यु के उपरान्त प्रकाशित होने जा रही इस टिप्पणी को हम उनकी लेखनी के प्रति श्रद्धांजलि के तौर पर प्रस्तुत कर रहे हैं।

–अंग्रेज़ी से अनुवाद : यतीन्द्र मिश्र

बेगम अख़्तर प्रसंग-19

सतीश चोपड़ा

पर्दा उठाओ!

बेगम अख़्तर का नाम याद आते ही मेरे ज़ेहन में उनसे जुड़ी अनेकानेक यादें दिल-ओ-दिमाग़ पर उभर आती हैं, जो यक़ीनन मेरे लिए एक धरोहर हैं। उनमें से एक बात 1964 दिसम्बर की है। दिल्ली में उन दिनों में संगीत और नाटक आदि के आयोजन के लिए लगभग एक ही जगह थी—सप्रू हाउस। मण्डी हाउस के आसपास दूसरे हाल-कमानी, श्रीराम सेण्टर और फिक्की आदि सब बाद में बने। लगभग चार सौ सीटों वाले इस हाल में बेगम अख़्तर का प्रोग्राम था, जो खचाखच भरा था। सुनने वालों में सभी तबके के श्रोता थे। ज़्यादातर पैदल और पाँच-सात गाड़ियों वाले! परन्तु सभी के सभी जो 'अम्मी' और उनकी गायिकी से प्यार करते थे। रात लगभग नौ बजे प्रोग्राम शुरू हुआ और हर ग़ज़ल, ठुमरी, दादरा की अवधि आधे घण्टे से अधिक रही। मैंने अपने जीवन में इतनी तन्मयता कभी नहीं देखी। बीच-बीच में *'ऐ मोहब्बत तेरे अंजाम पे रोना आया'* की फ़रमाइश होती तो प्रोग्राम के संचालक रईस मिर्ज़ा ये कहकर टाल देते—आख़िर में!

ख़ैर साहब, देर रात को उनकी सबसे मशहूर ग़ज़ल *'ऐ मोहब्बत तेरे अंजाम पे रोना आया'* का भी नम्बर आ गया, जिसे उन्होंने अपने अनूठे अन्दाज़ में आधे घण्टे से अधिक समय तक गाया। उस वक़्त रात के डेढ़ बजे का समय था। स्टेज पर पर्दा गिरा दिया गया, परन्तु बचे हुए लगभग दो सौ सुनने वाले लोग घर जाने को राजी नहीं थे। बाजवूद इसके कि हॉल की आधी बत्तियाँ बुझा दी गयीं थी और वो भी दिसम्बर की सर्द रात में। अम्मी और उनकी मौसीक़ी के दीवाने न जाने किस आस में रुके हुए थे। परदे के पीछे से रुक-रुक कर आवाज़ें आ रही थीं। पीछे क्या चल रहा है, इसे जानने के लिए, मैं भी एक किनारे से स्टेज पर चढ़ गया। जहाँ संचालक रईस मिर्ज़ा से अम्मी कैप्सटन सिगरेट की माँग कर रही थीं। लगभग दस मिनट में सिगरेट का पैकेट आ गया। पाँच-सात कश के

बाद अम्मी बोली—'पर्दा उठाओ।' पर्दा उठते ही तालियों की गूँज से हॉल थरथरा उठा और कुछ ही मिनटों में सन्नाटा छा गया। हल्की-सी तबले की ताल और तानपूरे की झंकार के बाद, सभी को चकित करते हुए अम्मी ने शुरू किया—*'ओ बदर्दी सपने में आ जा, कुछ तो बिपतियाँ कम हुई जाये.... ।'*

राष्ट्रीय फ़िल्म पुरस्कार प्राप्त लेखक, जिन्होंने बेगम अख़्तर को महफ़िलों में कई दफ़ा सुना है।

बेगम अख़्तर प्रसंग-20

यतीन्द्र मिश्र

कॉरिंथियन थियेटर और 'राग-रानी अख़्तरी फ़ैज़ाबादी'

बीसवीं सदी के पूर्वार्द्ध में पारसी रंगमंच अपने बेहतरीन दौर से गुजर रहा था। तब की नामचीन गायिकाओं को इन नाटकों में अपनी गायिकी और अदाकारी दिखाने का भरपूर न्यौता मिलता रहता था। इन नाटक कम्पनियों में काम करने वाली अभिनेत्रियाँ अकसर वे कलाकार होती थीं, जिन्हें गायिकी की तमीज़ हो, गला अच्छा हो और थोड़ा बहुत संगीत की तालीम पायी हों। भारतीय थियेटर के पुरोधा जमशेद जी फाम जी मदान जैसे दिग्गज लोग भी एल्फिन्स्टोन नाटक कम्पनी में ग्यारह साल की ही उम्र से कार्यरत थे और चार रुपये महीने तनख़्वाह पर बतौर सहायक काम करते थे। बहुत बाद में जाकर जमशेद जी ने अपनी प्रतिभा और रंगमंच के गहरे लगाव के चलते नारायण प्रसाद 'बेताब' के अत्यन्त प्रसिद्ध नाटकों 'राजा हरिश्चन्द्र' और 'बिल्व-मंगल' का प्रदर्शन शुरू करवाया। इन नाटकों की आशातीत सफलता के बाद, उन्होंने कॉरिंथियन हाल ही ख़रीद लिया, जहाँ पारसी तरीक़े से नाटक होने की लम्बी परम्परा कायम थी।

उस समय की मशहूर ढेरों ग्रामोफ़ोन कम्पनियों से जारी किये जाने वाले गानों की डिस्क उन कलाकारों की भी नुमाइन्दगी करती थी, जो कॉरिंथियन थियेटर के कलाकार के रूप में शामिल थे। उस दौर के पहले-पहल रिकॉर्ड हुए कलाकारों में इस कम्पनी के भी कई कलाकार मौजूद थे। सन् 1937 में नारायण प्रसाद 'बेताब' के लिखे गये नाटक 'हमारी भूल' में बेगम अख़्तर ने भी काम किया था। यह देखना दिलचस्प है कि नाटक के इश्तिहार में बेगम का परिचय *'राग-रानी अख़्तरी फ़ैज़ाबादी'* के रूप में दिया गया था। उनके साथ उनके तमाम सह-कलाकारों के नाम भी इश्तिहार में मौजूद थे, जिन्होंने इस नाटक में अभिनय किया था। इनमें अख़्तरी फ़ैज़ाबादी के अलावा मुख़्तार बेगम, मिस आशा, मिस फूलकुमारी, मिस रामदुलारी, मिस तारा और मिस ज़ोहरा के नाम प्रमुख हैं। उस दौर में

बेगम अख़्तर, जो अख़्तरी फ़ैज़ाबादी के नाम से ही जानी जाती थीं, स्टेज और स्टेज के बाहर बेइन्तहाँ मशहूर थीं। उनकी प्रसिद्धि के साथ वो ज़माना जहाँआरा कज्जन, मास्टर निसार, मेंहज़बीं, शरीफा बाई और जद्दनबाई की कामयाबियों का भी सुनहरा दौर था।

ऑक्सफ़ोर्ड कम्पैनियन टू इण्डियन थियेटर, एडिटर : आनन्दा लाल, ऑक्सफ़ोर्ड यूनिवर्सिटी प्रेस, नयी दिल्ली, 2004 तथा ड्रामा क्वीन्स-वुमेन हू क्रिएटेड हिस्ट्री ऑन स्टेज : वी.जे. साई, रोली बुक्स, नयी दिल्ली, 2017 में वर्णित सूचनाओं के आधार पर लिखी गयी टिप्पणी। लेखक इन दोनों पुस्तकों का आभारी है।

बेगम अख़्तर प्रसंग-21

यतीन्द्र मिश्र

आदमक़द आईने की कहानी

उत्तर प्रदेश की बौड़ी रियासत के राजा राजेन्द्र बख़्श सिंह संगीत के बड़े क़द्रदान थे और बेगम अख़्तर की गायिकी के मुरीद थे। ये वो दौर था, जब बेगम अख़्तर अख़्तरी बाई फ़ैज़ाबादी के नाम से विख्यात थीं और विभिन्न रियासतों व बड़े शहरों के रईसों के यहाँ महफ़िल करने जाती थीं। तत्कालीन बौड़ी नरेश के दामाद राजा रघुनाथ सिंह, जो परसपुर रियासत के भूतपूर्व राजा थे, ने मुझे बताया था कि एक दिन राजा राजेन्द्र बख़्श सिंह अख़्तरी बाई फ़ैज़ाबादी के लखनऊ स्थित कोठे पर पहुँच गये और उनसे कोई ठुमरी सुनाने की पेशकश की। अख़्तरी बाई भी उनका बहुत सम्मान करती थीं, तो उन्होंने राजा साहब के लिए पूरे मन से गाकर उनकी फ़रमाइश पूरी की। राजा साहब जब जाने लगे, तो अख़्तरी बाई के सजे-धजे उस हॉल में जहाँ वे महफ़िलें सजाती थीं, एक आदमक़द आईने पर निगाह पड़ी। विक्टोरियन फ़र्नीचर का नायाब उदाहरण वो आईना उन्हें भा गया और उन्होंने अख़्तरी बाई से उसकी भरपूर तारीफ़ की कि उनका शौक़ कितना आला है, जो घर को सजाने के लिए भी इतनी ख़ूबसूरत चीज़ें उन्होंने सँजोयी हुई हैं।

इस पर अख़्तरी बाई फ़ैज़ाबादी ने बड़े मनुहार से बौड़ी रियासत के राजा साहब से यह गुज़ारिश की कि 'हुजूर एक दादरा सुनाने का मन हो गया है, आइए बगल के कमरे में बैठकर इत्मीनान से एक दादरा सुन लीजिए।' इतना कहकर वे अपने ख़ानसामे को ज़रूरी निर्देश देने चली गयीं कि राजा साहब के स्वागत में क्या नाश्ता परोसा जाना है। इसके बाद उन्होंने बड़े सुन्दर ढंग से उन्हें एक दादरा सुनाया और उनकी ख़ातिर करके उन्हें नीचे गाड़ी तक छोड़ने आयीं। राजा रघुनाथ सिंह बताते हैं कि जब राजा राजेन्द्र बख़्श सिंह रुख़सती के बाद अपनी गाड़ी की तरफ़ बढ़े, तो देखकर चौंक गये कि अख़्तरी बाई फ़ैज़ाबादी के

उस कमरे में सजा हुआ आदमक़द आईना, राजा साहब की गाड़ी पर लदा हुआ था। अख़्तरी ने सौग़ात के रूप में उसे तत्कालीन बौड़ी राजा को भेंट कर दिया, जिसकी आधे घण्टे पहले वे तारीफ़ कर रहे थे।

परसपुर रियासत के राजा रघुनाथ सिंह (अब स्वर्गीय) ने यह किस्सा जिस तरह सुनाया, उसी तरह यह यहाँ प्रस्तुत है। राजा साहब बौड़ी राजा राजेन्द्र बख्श सिंह जी के रिश्ते में दामाद लगते थे।

बेगम अख़्तर प्रसंग-22

यतीन्द्र मिश्र

इम्तियाज़ कुरैशी का दस्तरख़ान

यह प्रसंग बेगम अख़्तर के सन्दर्भ में यह जानने की कोशिश भर है कि किस तरह उनका सुरीलापन जीवन के छोटे-छोटे प्रसंगों में भी घुला हुआ था। उनके किरदार का बड़प्पन और संगीत के प्रति सुरीलेपन का मामला केवल उनकी संगीत प्रस्तुतियों भर तक सीमित नहीं था, बल्कि उन सूक्ष्म ब्योरों, छोटी-छोटी कोशिशों और मेज़बानी में भी झलकता था, जिसे बड़े अनूठे ढंग से बेगम अख़्तर ने साधा हुआ था। जिस वाक़ये का ज़िक्र मैं यहाँ करने जा रहा हूँ, वह उनकी एक दावत के सन्दर्भ से जुड़ा हुआ है, जिसे इम्तियाज़ कुरैशी जैसे देश के प्रतिष्ठित शेफ ने अभी कुछ दिनों पहले 'द हिन्दू' के अपने साक्षात्कार में साझा किया है।

बात उस ज़माने की है, जब बेगम अख़्तर लखनऊ की एक बड़ी पुरोधा कलाकार के रूप में सम्मानित थीं और उनके यहाँ मेहमानों का आना-जाना बड़ी शाइस्तगी से होता रहता था। ऐसे में एक बार मुहर्रम के दिनों में हैरान-परेशान बेगम अख़्तर लखनऊ के कृष्णा होटल में अचानक पहुँचीं, जहाँ के एक प्रमुख ख़ानसामा उनकी महफ़िलों और मजलिसों के लिए होने वाली दावतों का खाना बनाने विशेष तौर पर उनके घर आते रहते थे। जिस दिन वे परेशानी में भरकर होटल पहुँची थीं, उस दिन एक मजलिस का आयोजन उनके घर पर था। मुसीबत यह थी कि उनके यहाँ हर बार दावत परोसने वाले बुजुर्ग ख़ानसामा उस दिन किन्हीं वजहों से पहुँच नहीं पाये थे। यह बात बेगम अख़्तर को परेशान करने के लिए काफ़ी थी, क्योंकि वे अपने यहाँ होने वाली दावतों में छोटी से छोटी चीज़ का ख़ुद ख़याल रखती थीं। उनका मानना था कि घर पर आने वाले मेहमानों की मेज़बानी बेहद दुरुस्त ढंग से करनी चाहिए।

उनके अचानक से होटल पहुँच जाने और उनके चहेते ख़ानसामे के उनके यहाँ न पहुँच पाने के फेर में होटल के मैनेजर से लेकर रसोई का एक-एक आदमी

परेशान था। बेगम अख़्तर के आगे-पीछे हर कोई लगा हुआ था कि किस तरह उनकी समस्या को दूर किया जाये। वे उस जवान रसोइए की तलाश में भी यहाँ पहुँची थीं, जो उन प्रमुख ख़ानसामे का सबसे उम्दा शिष्य था। बेगम अख़्तर ख़ुद अपनी आँखों से देखकर यह पक्का कर लेना चाहती थीं कि उनके उस्ताद ने क्या उन्हें बहुत शानदार तरीक़े से पाक-कला में विकसित किया है।

वे उन नये ख़ानसामे से प्रभावित हुईं, जिनका नाम इम्तियाज़ क़ुरैशी था। युवा इम्तियाज़ ने उन्हें तसल्ली दी कि वो अपनी तरफ़ से पूरी कोशिश करेंगे कि शाम को होने वाली उनकी दावत में कोई कसर न बाक़ी रहे। इस तरह इम्तियाज़ क़ुरैशी ने रात की दावत के लिए कुछ लज़ीज व्यंजन परोसे, जिन्हें देखकर आख़िरकार बेगम अख़्तर के कलेजे को ठण्डक पहुँची। उन्होंने युवा रसोइए को ढेरों दुआएँ दीं कि आगे चलकर वो अपने क्षेत्र में बुलन्दियों को छुए। बाद में उन्हीं इम्तियाज़ क़ुरैशी ने बेगम अख़्तर की महफ़िलों के लिए कई दफ़ा लज़ीज पकवान बनाये और उनकी पसन्द के लोगों में शुमार रहे। बेगम अख़्तर की दुआओं का असर यहाँ तक पहुँचा कि उन्हें पाक-कला में दक्षता के लिए भारत सरकार द्वारा बाद में पद्मश्री प्रदान किया गया। पद्मश्री पाने वाले वे भारत के पहले ख़ानसामा भी हुए।

हिन्दू अख़बार को इण्टरव्यू देते हुए इम्तियाज़ क़ुरैशी आज भी लगभग आधी सदी पुराने इस वाक़ये को याद करते हुए उल्लास और रोमांच से भर उठते हैं, जब उन्हें बेगम अख़्तर का वो हैरान-परेशान चेहरा याद आता है। वे बड़े गर्वीले भाव से मुस्कुराते हैं, जैसे वे उस दौर में अपने हाथ से बनाये हुए उन पकवानों को याद कर रहे हों, जिनसे आज भी वैसी ही ख़ुशबू आती है। उनके हाथों से उन महफ़िलों में सबसे अधिक बनने वाली चीज़ें में काकोरी क़बाब और दमपुख़्त तरीक़े से बनाये गये व्यंजन शामिल थे।

इस छोटे से प्रसंग में यह देखने भर का जतन किया गया है कि बेगम अख़्तर का एक यह भी स्वभाव रहा कि उन्होंने अपनी साधारण-सी मजलिस के लिए भी सबसे बेहतरीन ख़ानसामा का चुनाव करने की ज़द्दोजहद की। जैसे वो चाहती रही हों कि उनके घर आने वाले साधारण से साधारण मेहमान का भी स्वागत बड़े शाही अन्दाज़ में किया जाये। यह अपने आप में कितना दिलचस्प है कि बेगम अख़्तर का दस्तरख़ान सिर्फ़ रामपुर के नवाब रज़ा अली ख़ाँ के लिए ही नहीं सजता था, बल्कि वह उनके सामान्य अतिथियों के लिए भी छोटी-छोटी बातों को बड़ी तसल्ली और करीने से सँजोने का हिमायती था।

इम्तियाज़ क़ुरैशी से मुर्तज़ा अली ख़ाँ द्वारा लिया गया साक्षात्कार, जो 'द हिन्दू' में 27 जून, 2018 को प्रकाशित हुआ था के आधार पर लिखी गयी टिप्पणी। लेखक 'द हिन्दू' और इम्तियाज़ क़ुरैशी का आभारी है।

बेगम अख़्तर प्रसंग-23

शान्ती हीरानन्द

अम्मी में शराफ़त बहुत थी...

अम्मी में शराफ़त बहुत थी। बड़प्पन था। बहुत ज़्यादा जो गानेवालियों में लूट-मार मची रहती है, वो नहीं था उनमें। वे लोगों को इज़्ज़त देती थीं और ख़ुद इज़्ज़त की तलाश में थीं। मुझे हमेशा यह लगता रहा कि उनके वजूद को जैसे चैन नहीं था। हर वक़्त एक सुकून, एक राहत, एक शान्ति की तड़प में जीती थीं। उन्होंने शादी भी इसीलिए की और सब कुछ छोड़-छाड़ दिया कि वे इज़्ज़त चाहती थीं। उनके भीतर कहीं बैठा हुआ था कि कोई मुझे चाहे न चाहे, परवाह नहीं, मगर कोई इज़्ज़त ज़रूर दे। वे बेहतरी की तलाश में थीं, वे नफ़ासत से भरी हुई थीं और वज़ादारी की तलबगार थीं।

जब अब्बू (इश्तियाक़ अहमद अब्बासी) उनसे नोंक-झोंक करते थे, तो बड़े सहज, सरल ढंग से उसे सुनकर हँसती थीं। उन्होंने अम्मी को बेगम बनाया था, तो सब कुछ अब्बासी साहब पर क़ुर्बान करके बैठी थीं। दोनों में बहुत शाइस्तगी और प्रेम था। हालाँकि एक-दो मौक़ों पर वे बड़ी नाराज़ होती थीं, जब अब्बू उन्हें यह कहकर चिढ़ाते थे कि 'माशाअल्लाह! तुम्हारी बाक़ी चीज़ें तो ठीक हैं, चेहरा भी बढ़िया है, मगर नाक पकौड़े जैसी है।' इस पर अम्मी जल-भुन जाती थीं। ...और अगर कभी उन्होंने करेले की सब्ज़ी बनाने की बात कह दी, तो अम्मी के ग़ुस्से का अन्दाज़ा लगाना मुश्किल था। पता नहीं क्यों वे कड़वे करेले से बहुत चिढ़ती थीं।

मगर एक बात ज़रूर कहूँगी कि इज़्ज़त के लिए उनके मन में बहुत बेचैनी थी। जो वज़ादारी, जो सम्मान, जो अपनेपन का भाव होता है, उसकी चाहत में उन्होंने दुनिया की एक न सुनी और एक दिन शानदार, बेगम अख़्तर के रूप में समाज के आगे आकर खड़ी हो गयीं।

यतीन्द्र मिश्र को दिये लम्बे रिकॉर्डेड साक्षात्कार में शान्ती हीरानन्द जी ने जैसा बताया है, उससे एक अंश के रूप में यहाँ प्रस्तुत।

बेगम अख़्तर प्रसंग-24

कौमुदी मुंशी

गाने में कहन कहते हुए घुमाव नहीं होना चाहिए...

जब मैं बेगम अख़्तर साहिबा की मृत्यु के बाद सिद्धेश्वरी देवी के पास गयी, तो उनको बहुत तकलीफ़ में देखा। वे बहुत रो रही थीं और कह रही थीं—'अख़्तर गयी, उसके साथ ग़ज़ल गयी, ठुमरी गयी, गायिकी गयी, ग़ज़ल की दुनिया चली गयी।' वे बेगम अख़्तर को 'अख़्तर' ही कहती थीं। मुझसे बोलीं कि—'बेटा बड़ी ग़ज़ब की औरत थी। क्या फ़न था और क्या गायिकी। अख़्तर इतनी जल्दी चली जायेगी, इसका मुझे अन्दाज़ा नहीं था। अब वैसी ग़ज़ल कौन गायेगा और नये लोग भला किससे ऐसी ग़ज़ल सीखेंगे।'

सिद्धेश्वरी देवी के मन में यह इज़्ज़त देखकर मैं दंग रह गयी, क्योंकि वे दोनों समकालीन थीं और उन दोनों की प्रतिस्पर्धा और ईर्ष्या के क़िस्से भी बहुत लोग सुनाते रहते थे। इसी तरह मैं बेगम अख़्तर साहिबा से भी बहुत मिलती रहती थी और उन्होंने मुझे बहुत कुछ अनजाने ही सिखाया और दिया। उन्हें सिद्धेश्वरी देवी और केसरबाई केरकर बेहद पसन्द थीं। वे बड़ी मोतीबाई की दिल से इज़्ज़त करती थीं। जब भी वे बम्बई में मैरीन ड्राइव पर 'सी ग्रीन' होटल में आकर ठहरती थीं, तो मैं उनके पास पहुँच जाती थी। उनको मैंने उसी होटल में कितनी दफ़ा अपने कन्सर्ट पर जाने से पहले ठुमरी, दादरा और ग़ज़लों का रियाज़ करते हुए देखा है। मैं उनके हर महफ़िल में होती थी और उनके साथ बहुत कुछ कला का शानदार दौर देखा है। बेगम अख़्तर दिल खोलकर गाती थीं। मैंने उनसे *'निहुरे-निहुरे बुहारें ओ गोरिया निहुरे'* और *'ई सुन्दर सारी मोरी नइहर मा मइल भई'* सीखा था। उन्होंने मुझसे गायिकी के लिए जो कहा, वो आज तक याद आता है। उन्होंने मुझे बताया—'बेटा गाने में तो कहन भी होनी चाहिए। जो तुम कविता या शब्द गा रही हो, साहित्य गा रही हो, उसे कहकर गाओ, तो वो कहन ज़रा खुलेगा। गाने में कहन कहते वक़्त बहुत घुमाव, बहुत पेंच नहीं होना चाहिए, चक्कर नहीं

लेना चाहिए, जिससे साहित्य की समझ उलझ जाये। अच्छी तरह गाओ, खुलकर गाओ, इस तरह ख़ुद को अभिव्यक्त करो कि साहित्य और संगीत दोनों बराबर से स्पष्ट हों। सिर्फ़ साहित्य नहीं चाहिए। ...और केवल संगीत भी नहीं चाहिए।'

उन्होंने जो सबसे सुन्दर बात मुझे सिखाई वह यह कि हर कलाकार का सम्मान करना चाहिए। बिना सम्मान का भाव मन में लाये हुए आपके संगीत में गहराई नहीं आती। वे मुझसे अकसर संगीत की बारीकियों की बात करते हुए दिग्गज उस्तादों को सुनने और उन्हें इज़्ज़त देने की बात करती थीं। हर छोटे-बड़े को रिसपेक्ट दो, तो वह आपके भीतर भी काम करता है।

मैंने बेगम अख़्तर को जितना समझा और जाना है, उसमें यही कह सकती हूँ कि वे जितनी बड़ी गायिका थीं, उतनी ही बड़ी इन्सान भी थीं। अपने साथ गवाने में, पीछे बैठकर तानपूरा छेड़ने में, किसी बड़े उस्ताद से मिलने जाते वक़्त साथ लेने में हमेशा ही नये से नये कलाकार या शिष्य को सम्मान ही दिया। एक मज़ेदार घटना मेरे जीवन की यह भी है कि जब मैं पहली बार लखनऊ में उनसे उनके घर पर मिली, तो उन्हें कलकत्ता जाने के लिए हवाई यात्रा पर निकलना था। बमुश्किल आधे घण्टे का समय रहा होगा, जब उन्होंने मुझसे मिलना उसी समय में ही तय किया और बाक़ायदा मेरे बारे में जाना और संगीत की तालीम के बारे में पूछा। उन्होंने मुझसे मिलते हुए अपने ड्राइंग रूम में बैठकर एयरपोर्ट पर एयरलाइन्स वालों को फ़ोन मिलाया और कहा—'मैं बेगम अख़्तर बोल रही हूँ। आप से गुज़ारिश है कि जहाज़ को बीस मिनट देरी से उड़ाइए। मैं पहुँचती हूँ।' यह भी उनका ग़ज़ब का सम्मान था कि इस आत्मविश्वास से वे अपने क़द के चलते जहाज़ को भी बीस मिनट लेट करवा सकती थीं।

कौमुदी मुंशी वरिष्ठ गायिका हैं और फ़िल्म संगीतकार नीनू मजूमदार की पत्नी हैं। यतीन्द्र मिश्र को दिये अपने लम्बे रिकॉर्डेड साक्षात्कार में कौमुदी जी ने जैसा बताया है, उससे एक अंश के रूप में यहाँ प्रस्तुत। यह साक्षात्कार फ़िल्म संगीत संग्राहक मुम्बई निवासी कुशल गोपालका के माध्यम से सम्भव हुआ। लेखक कौमुदी मुंशी और कुशल गोपालका का आभारी है।

बेगम अख़्तर प्रसंग-25

नरहरि पटेल

वैसी शहाना तबीयत की फ़नकार फिर नहीं होगी...

साठ और सत्तर के दशक में बेगम अख़्तर का इन्दौर आना-जाना लगातार होता रहा। 'अभिनव कला समाज' नाम की प्रतिष्ठित संस्था और 'यशवन्त क्लब' की उनकी महफ़िलें ज़ेहन में आज भी ताज़ा हैं। इन्दौर की रसिकता तो उन्हें लुभाती ही थी, साथ ही रसिकराज नाम से ख़्यात तत्कालीन लेबर कमिश्नर और अनन्य संगीत-प्रेमी रामू भैया दाते से भी बेगम साहिबा की गहरी आत्मीयता थी। ये रिश्ता एक बाकमाल फ़नकार और मौसीक़ी की रहनुमाई करने वाले बेजोड़ इन्सान के बीच था। रामू भैया दाते, कुमार गन्धर्व, वसन्तराव देशपाण्डे और पु.ल. देशपाण्डे में भी गाढ़ी मित्रता और सोहबतें थीं। कहते हैं पहले-पहल रामू भैया के दिमाग़ पर जब अख़्तरी बाई फ़ैज़ाबादी की आवाज़ का नूर तारी हुआ, तो मित्रों सहित उन्हें सुनने कोलकाता (तब कलकत्ता) जा पहुँचे। अख़्तरी बाई से इसरार किया कि कल आपको सुनना चाहते हैं। तब वे एक सितारा गुलूकारा हो चुकी थीं, सो रुपये पाँच हज़ार फ़ीस बतायी, जो तय पायी गयी। दूसरे दिन जिस गेस्ट हाउस में रामू भैया की मण्डली का मुक़ाम था, वहाँ ठीक समय अख़्तरी बाई पहुँच गयीं। साज़ मिलाये गये और महफ़िल के आग़ाज़ का माहौल बन गया। सामने सुनने वाले रामू भैया और उनके तीन-चार मित्र। अख़्तरी बाई चौंकीं और पूछा सामईन नज़र नहीं आ रहे। रामू भैया ने कहा बस हम ही हैं, आप तो बिस्मिल्ला कीजिए। जैसे ही अख़्तरी बाई ने षड्ज लगाया, रामू भैया बोले बस अब रहने दीजिए और ऐसा कहकर उन्होंने रुपये पाँच हज़ार का लिफ़ाफ़ा नज़र कर दिया। अख़्तरी बाई ने पूछा कोई गुस्ताख़ी हो गयी, तो रामू भैया बोले नहीं बस इतना ही सुनने के लिए हम इन्दौर से कलकत्ते आये थे। तो ये आलम था बेगम अख़्तर के लिए दीवानगी का।

कालान्तर में रामू भैया और बेगम साहिबा के पारिवारिक रिश्ते हो गये और वे

उनके बुलावे पर कई बार इन्दौर तशरीफ़ लायीं और महफ़िल सजायी। एक बार जब बेगम अख़्तर इन्दौर पहुँचीं, तो रेलवे स्टेशन पर अगवानी करने के लिए रामू भैया नहीं आये और सिर्फ़ ड्राइवर पहुँचा। बेगम अख़्तर को कुछ गड़बड़ लगी। ज़ोर देकर पूछने पर उसने बताया साहब का फ़्रेक्चर हो गया है और वे अस्पताल में भर्ती हैं। बेगम अख़्तर ने ड्राइवर से कहा होटल नहीं अस्पताल चलो। वे वार्ड में पहुँचीं, रामू भैया के हाल-चाल पूछे और ड्राइवर को कहा कि गाड़ी में से साज़िन्दों को साज़ सहित बुला लाओ, आज यहीं अस्पताल में महफ़िल सजेगी। यह वाक़यात एक शिखर कलाकार की सहृदयता, सादगी और इन्सानी जज़्बातों का पता देते हैं। सन् 1969 की बात होगी, मैं अपनी श्रीमती और बिटिया के साथ अपने वेस्पा स्कूटर से बेगम साहिबा का शो एंकर करके इन्दौर से कोई 8-10 कि.मी. दूर राजेन्द्र नगर लौट रहा था। सर्दियों के दिन थे और ट्रक ने हमें पीछे से टक्कर मारी। हम तीनों बच गये और एक देवी मन्दिर के ठीक सामने गिरे। यक़ीन करें हम तीनों को ख़रोंच तक नहीं आयी। दूसरे दिन मैंने ये वाक़या अभिनव कला समाज के पदाधिकारी को बताया। तीसरे दिन शायद किसी काम के सिलसिले में उनकी बेगम अख़्तर से ट्रंककॉल पर बात हुई और उन्होंने मेरे स्कूटर एक्सीडेण्ट का ज़िक्र बेगम साहिबा से किया। दो दिन बाद बेगम अख़्तर ने मेरे कार्यालय पर फ़ोन लगा मुझसे बात की और ख़ैरियत पूछ इत्मीनान जताया। आज सोचिए, किसी शहर के किसी एंकर के लिए क्या कोई मेन स्ट्रीम कलाकार ऐसी संवेदनशीलता जता सकता है।

बेगम अख़्तर की तबीयत बेहद शहाना थी। इन्दौर प्रवास में वे तब के सबसे मँहगें होटल लैंटर्न में ठहरती थीं। मेरे लेखक मित्र श्री सुरेश गावड़े एक बार कार्यक्रम के बाद उसी होटल का बिल चुकाने पहुँचे। तीन दिन का किराया बमुश्किल तीन-साढ़े तीन सौ होना था, जो पन्द्रह सौ के ऊपर नज़र आ रहा था। गावड़े जी ने तफ़सील पूछी तो पता पड़ा किराया तो तीन सौ ही हुआ है, बाक़ी बारह सौ रुपये 555 सिगरेट का बिल था। बेगम साहिबा ने गावड़े जी का बिल लगभग छीनते हुए रिसेप्शनिस्ट से कहा—'अरे! सिगरेट का बिल ये क्यों देंगे? ये तो हमारी कला के क़द्रदान हैं, बुलाते हैं, अच्छे लोगों को सुनवाते हैं और इज़्ज़त देते हैं और क्या चाहिए।'

अब कुछ बातें उनकी गायिकी के बारे में भी कहना चाहूँगा। ज़िन्दगी में कई नामचीन कलाकारों को सुनने का शरफ़ हासिल हुआ है, लेकिन बेगम अख़्तर जैसी तासीर और बेतकल्लुफ़ी वाली कलाकार तो मेरे जानने-देखने-सुनने में नहीं आयी। मंच पर आते ही ज़रा-सा माइक चैक किया, तबला-सारंगी मिली और वे जो शुरू करतीं, तो आलाप से ही महफ़िल को गिरफ़्त में ले लेतीं। गोया उन्हें खरज की सिद्धि हासिल थी। गाते वक़्त उनके एक्सप्रेशन देखिए तो लगता कि

ग़ज़ल के मायने उनकी सूरत से झर रहे हैं। बेहद ख़ुशमिज़ाजी और अदब से अपना गाना सजातीं। हमारे ख़ित्ते में ग़ज़ल की जो आन और शान है, उसका श्रेय बेगम अख़्तर के खाते में ही जाता है। ग्रीन रूम में जब भी उनसे बात हुई, वे उस्ताद बरक़त अली ख़ाँ, कुन्दनलाल सहगल और तलत महमूद के नाम भी बड़े एहतराम से लेती थीं। उन्होंने कभी ग़ज़ल की लोकप्रियता का श्रेय अकेले नहीं लिया। शायरी की उन्हें गहरी सूझ थी। सुरों की ताब तो माशाअल्लाह वे पूर्व जन्म से अपने कण्ठ में साध कर आयी थीं। ग़ज़ल तो आज भी गायी जा रही है, लेकिन उसका ठाठ तो बेगम अख़्तर के साथ ही रुख़सत हो गया है।

नरहरि पटेल इन्दौर में रहते हैं, कविता प्रसारण, रंगकर्म में उनकी सक्रिय उपस्थिति रही है। मालवा के लोक संगीत के मर्मज्ञ के रूप में आदरणीय हैं। यह टिप्पणी उनके संस्कृतिकर्मी पुत्र श्री संजय नरहरि पटेल ने उपलब्ध करायी है। हम उनके आभारी हैं।

बेगम अख़्तर प्रसंग-26

रोटी : फ़िल्म

फ़िल्म का कथासार

इस बीसवीं सदी की दुनिया को अपनी सभ्यता यानी तरक्की पर बड़ा नाज़ है। इस ज़माने में रेडियो, बिजली, मोटर, हवाई जहाज़, वीणा-यन्त्र, एंजिन वग़ैरह-वग़ैरह के आविष्कार हुए, जिनके बल पर धरती, हवा और समुद्र भी गुलाम बना लिए गये। तरह-तरह की सुख आराम देने वाली चीज़ों का तो क्या कहना, जो कि इस ज़माने की जादू-भरी खोपड़ी से ढेरों निकली है। दुनिया के इस कमाल को देखकर हम लोग फूलकर कुप्पा हो गये हैं और अपनी ही पीठ को थपथपाते हुए कहते हैं, 'वाह रे हम जो इस ज़माने में पैदा हुए।'

लेकिन क्या हमने कभी सोचा है कि इन सब चीज़ें से वाकई हम लोगों को अधिक सुख मिला है? क्या दुनिया का अधिक भला हुआ है? क्या इस तरक्की के साथ-साथ हममें दया, न्याय, प्रेम, सहानुभूति, परोपकार आदि-आदि इन्सानियत की भावनाओं ने भी तरक्की की है? क्या वास्तव में हम जीवन का सच्चा आनन्द अनुभव करते हैं?

दुनिया इतनी सभ्य हुई, इतनी सभ्य यानी कि आज सौ में से निन्यानबे लोगों को भरपेट भोजन भी नसीब नहीं।

'रोटी' इसी पुरदर्द कहानी को बड़े ही नाटकीय ढंग से पेश करती है। 'रोटी' बतलायेगी कि सोने की चमक-दमक के पीछे पागल होकर हम जीवन की सच्ची दौलत खो बैठे हैं। हमारा जीवन कृत्रिम बन गया है, कृत्रिम सुख को हम सच्चा सुख मान बैठे हैं।

कहानी आगे बढ़ती है—दो दुनियाओं को साथ-साथ लिए हुए—एक दुनिया यह जो सोने की चक्की में पिस रही है और एक वह जो 'बालम' और 'किनारी' की दुनिया है, जहाँ कि प्रकृति की गोद में पले हुए सीधे-सरल लोग प्रकृति माता के

दिये हुए पदार्थों को खाकर शान्ति का जीवन व्यतीत करते हैं। जब बसन्त ऋतु की मतवाली हवा चलती है या जब खेतों की फ़सल ख़ूब अच्छी होती है, तब ये लोग मस्त होकर नाचने लगते हैं। ये लोग अपनी-अपनी पसन्द का जीवन-साथी खोज लेते हैं और फिर जीवन-भर सच्चाई से प्यार निभाते हैं। यहाँ अमीर-ग़रीब का झगड़ा नहीं—सब एक समान। जो लोग काम करने में किसी कारण अशक्त हैं—उनको भी खाने को दिया जाता है, भूखा नहीं मारा जाता, यहाँ 'जिसकी लाठी उसकी भैंस' का राज नहीं।

इन लोगों का गाना जीवन के सच्चे हर्ष और आनन्द के रस से भरा हुआ रहता है—इनको हारमोनियम, तबला वग़ैरह की ज़रूरत नहीं। इनका जादू-भरा नृत्य—'वॉल-रूम' डांस से कहीं हज़ार गुना अच्छा होता है, जहाँ कि 'डांसर्स' लाल-परी के नशे में आनन्द प्राप्त करने की फ़िज़ूल कोशिशें करते हैं।

सेठ लक्ष्मीदास जो कुबेर का चचा माना जाता था इसी सुख-समृद्धिपूर्ण 'जंगली' दुनिया में एक दिन आ धमकता है। यह समझकर कि वह दुनिया का 'सब से बड़ा सुख' सोने की ईंटों से ख़रीद सकता है। लक्ष्मीदास ने बड़ी ही बेरहमी के साथ सोना इकट्ठा किया था। जिन्होंने उस पर विश्वास किया, बुरे दिनों में मदद की, उन्हीं की हत्या कर डाली। क्या दोस्त, क्या दुश्मन लक्ष्मीदास ने सबको मिट्टी में मिला दिया केवल स्वर्ण-राशि बटोरने के लिए। वह अपने परलोक सिधारे हुए भागीदार की कन्या 'डार्लिंग' का प्रेम भी बटोरना चाहता था—लेकिन कहीं सोना-चाँदी से हृदय भी ख़रीदा जा सकता है।

'डार्लिंग' के निर्मल-सरल हृदय को बालम और किनारी की दुनिया भा गयी। उन जंगलियों के देश में, जीवन में, हर्ष था, उल्लास था, आज़ादी थी, सरलता थी। डार्लिंग ने वहीं जीवन-भर ठहरने का निश्चय कर लिया, यही नहीं बालम और लक्ष्मीदास के जीवन में धरती-आसमान का अन्तर महसूस कर उसके दिल में लक्ष्मीदास के लिए नफ़रत पैदा हो गयी।

अब लक्ष्मीदास की डार्लिंग को पाने की रही-सही आशा भी जाती रही।

'रोटी' की भव्य कहानी की विशाल धारा उस समय तड़पते तूफ़ानी जीवन में प्रवेश करती है जब हर्ष-उल्लास और आज़ादी की दुनिया के प्राणी बालम और किनारी उस विशाल नगर में आते हैं, जहाँ ज़िन्दगी स्वर्णपदण्ड का सहारा लेकर ही चलती-फिरती थी। बिना स्वर्ण पास हुए कुछ कर ही नहीं सकता था। बालम और किनारी को यह सब स्वर्ण-माया क्या मालूम? बेचारों को दिनों तक भूखे मारे-मारे फिरना पड़ा यद्यपि अन्न के भण्डार के भण्डार भरे पड़े थे। उन बेचारों जैसे हज़ारों ही प्राणी उस नगर में भूखों मर रहे थे, क्योंकि पेट भरने के लिए हाथ में सोना चाहिए और सोना था कि यह केवल लक्ष्मीदास के ही पेट में भरा

पड़ा था। वह सुख समृद्धि पूर्ण, बड़ी-बड़ी कोठियों और बिल्डिंगों से भरा-पूरा नगर ग़रीबों के लिए 'रेगिस्तान' था।

तो लक्ष्मीदास सोने की ईंटों पर ईंटें रखकर सोने का 'दूसरा हिमालय पर्वत' खड़ा करना चाहता था। वह समझता था कि एक-न-एक दिन वह अपने 'स्वर्ण-हिमालय' की चोटी पर खड़ा होकर सुख के सातवें आसमान को छू लेगा।

लेकिन जब उसे यह महसूस हुआ कि दुनिया भर के स्वर्ण के बदले वह रोटी का एक टुकड़ा भी नहीं ख़रीद सकता तब...तब...

यह तो परदे पर ही देखते बनेगा।

'रोटी' फ़िल्म के सांग बुकलेट में दर्ज फ़िल्म के कथा-सार की जस की तस प्रस्तुति। इस फ़िल्म में अख़्तरीबाई 'फ़ैज़ाबादी' ने डार्लिंग नाम के किरदार का अभिनय किया था।

ROTI

CAST

CHANDRAMOHAN	SETH LAXMIDAS
SHAIKH MUKHTAR	BALAM
SITARA	KINARI
AKHTARI FYZABADI	DARLING
ASHRAFKHAN	BHADAK
Qaimali	Sharma
Jamshedji	Seth Tarachand
Misra	Munimji
Waskar	Naina
Chobeji	Premchand
Nawab	Hada
Agha	Mukadam

CREDITS

DIRECTION	MEHBOOB
Story	R. S. Chawdhary
Songs	Hazrate Arzu Lucknavi
	Dr. Safdar "Ah"
	Behrad Laknavi
Screen Play & Dialogues	Vajahat Mirza
Photography	Faredoon A. Irani
Operative Cameraman	Shivram Malaya
Audiography	Y. S. Kothare
	Dinshaw Billimoria
Music	Anil Biswas
Settings	Roora Mistry
Processing	G. R. Narveker
Editing	Shamsuddin Kadri
Still Photography	C. Appoo

ASSISTANTS

Direction ... Chimankant Gandhi, V. R. Narvekar, Ismail Memon, Heman J. Mehta, Advocate, Sultan Siddiqi, A. G. Surma, Paul, Baros
Photography ...
Recording ... ... Madhukar, Deshpande, M. S. Patade, Prabhakar, C. M. Amla, Ram Singh
Music ... ...
Processing ... ... David Moses, S. Ghosh
Editing ... ... B. P. Mistry, I. Baporia, N. A. Sheikh

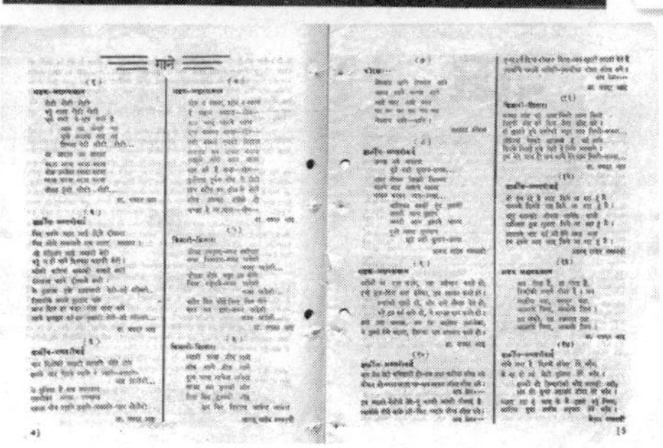

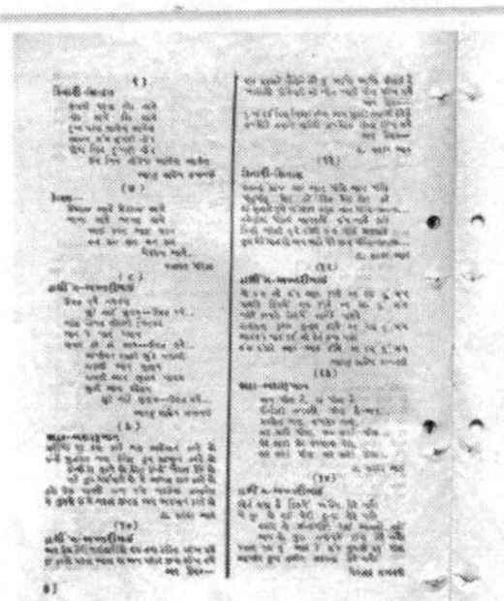

EDLP. 2752
LOST HORIZONS
This album has been produced by the permission of, and under licence from, All India Radio and features recordings derived from tapes made available by All India Radio.
Polydor
2392 838
Side A
1. THUMRI—Mishra (Khamaj)
Na Ja Balam Pardes
2. HORI
Kaun Tarah Se Tum Khelat Hori Re
Side B
1. DADRA—Raga Khamaj
Tum Jao Jao Jao Mose Na Bolo
2. DADRA—Raga Bihag
Kahun Karke Sharam Ki Hai Baat
3. DADRA—Raga Pilu
Parayi Mori Akhiyan
4. SAWAN
Papiya Dheeray Dheeray Bol
5. KAJRI
Ghir Kar Aayee Badariya Ram
BEGUM AKHTAR
بیگم اختر
Thumri, Dadra, Hori, Sawan & Kajri
ECLP. 2374
MUSIC KHAYYAM
SIDE I
SIDE II
BEGUM AKHTAR
Talks About, and Sings, the GHAZAL
بیگم اختر
Polydor
2392 837
Each ghazal is preceded by introductory remarks spoken by Begum Akhtar
Side A
★ Rasm-e-Ulfat Sikha Gaya Koi —(Dagh)
★ Khuda Ke Waste Ab Be-rukhi Se Kaam Na Le SUNG IN RAGA DESHKAR —(Sahir Bhopali)
★ Tabiyat In Dino Begana-e-Ghum Hoti Jati Hai —(Jigar Moradabadi)
Side B
★ Zameen Pe Reh Ke Damagh Aasman Pe Rehta Hai —(Shamim Jaipuri)
★ Hum Ko Mita Sake Ye Zamana Mein Dum Nahin —(Jigar Moradabadi)
This album has been produced by the permission of, and under licence from, All India Radio and features recordings derived from tapes made available by All India Radio.

शाम-ए-फ़िराक़ अब न पूछ

शिष्याओं से बातचीत

शान्ती हीरानन्द से यतीन्द्र मिश्र

'उनके दामन पर गुरूर के छींटे कभी नहीं पड़े...'

यतीन्द्र मिश्र

आपने बेगम साहिबा पर क़िताब लिखी है–'बेगम अख़्तर : द स्टोरी ऑफ़ माई अम्मी!' जिनसे लगभग दो दशकों तक आपने सीखा भी है। क्या आपको ऐसा लगता है कि बेगम अख़्तर ने बहुत सारी बातें आपसे छिपायी भी होंगी, जिनका ज़िक्र किताब में नहीं है। या इस तरह कह सकते हैं कि आपने जानकर भी उन प्रसंगों को दुनिया के सामने लाना ज़रूरी नहीं समझा?

शान्ती हीरानन्द

हाँ, बिल्कुल। मेरे लिए वही सच था, जो उन्होंने बताया। अब वो छिपाना चाहती थीं, तो किसी वजह से कोई बात ज़रूर रही होगी। जो वो बताना चाहती थीं, उन्होंने वह सब मुझे बताया और अपनी ज़िन्दगी के बारे में भी खुलकर बातें साझा की हैं।

जो उन्होंने मुझे नहीं बताया है, कमोबेश यह हुआ है कि फिर मुझे थोड़ा बहुत, बाद में भी कुछ पता लगा, जो उनकी ज़िन्दगी और संगीत के लिए बड़े ज़रूरी अर्थ नहीं रखता। इसलिए मैंने बहुत सारी कहानियों और सुनी-सुनायी बातों में दिलचस्पी ही नहीं ली है। जब बेगम साहिबा ख़ुद ही सामने मौजूद थीं, तो जितना उन्होंने मुझे अपनी ख़ुशी से बता दिया है, उतना ही मैं उनके बारे में जानने का हक़ रखती हूँ।

यतीन्द्र मिश्र

एक सुन्दर प्रसंग आपने अपनी किताब में यह छेड़ा है कि इश्तियाक़ अहमद अब्बासी साहब को संगीत से बहुत प्रेम नहीं था। वे जब कोर्ट चले जाते थे, तभी बाजा वग़ैरह निकलता था और संगीत का रियाज़ शुरू होता था।

शान्ती हीरानन्द

जी हाँ! जब अब्बासी साहब कचहरी चले जाते थे, तब हमारा बाजा निकलता था। मगर एक बात यह भी है कि अम्मी (बेगम अख़्तर) हम लोगों को बाजा नहीं बजाने देती थीं। रियाज़ के समय बाजा वे खुद पकड़ती थीं और तानपूरा, मैं लेकर बैठती थी। कभी-कभी तो चार-चार घण्टे रियाज़ होता था और जब उनका मन नहीं होता था, तो कहती थीं 'बिट्टन (शान्ती हीरानन्द को बेगम अख़्तर प्यार से यही नाम लेकर बुलाती थीं) आज जी नहीं है। आज रियाज़ न करो। कुछ खाओ-पियो।'

आपने जो यह पूछा है कि अब्बासी साहब को संगीत पसन्द नहीं था, तो ऐसा नहीं है। वे संगीत को पसन्द करते थे, मगर पुराने क़िस्म के आदमी थे। बैरिस्टर थे, तो चाहते थे कि उनकी लखनऊ में इज़्ज़त बनी रहे। उन्होंने अम्मी से वादा भी लिया था कि लखनऊ में कभी नहीं गायेंगी, सिवाय रेडियो के। सिर्फ़ एक दफ़ा, जब चीन से लड़ाई हुई थी तब उन्होंने एक फोरम के लिए गाया था। मुझे आज भी अच्छी तरह याद है कि उस आयोजन में सिर्फ़ महिलाएँ थीं और लखनऊ का एक भी आदमी उसके अन्दर शामिल नहीं था। सिर्फ़ साजिन्दे ही मर्द थे। एक ग़ज़ल मुझे आज भी याद है– *'वतन पर जीना, वतन पर मर जाना'*। शादी के बाद उन्होंने लखनऊ में कभी नहीं गाया है, जहाँ तक मुझे मालूम है। इसके अलावा कहीं गाया हो, तो मुझे इल्म नहीं है।

यतीन्द्र मिश्र

आप जब सीखती थीं, तो रियाज़ का क्या पैटर्न था? कितने घण्टे सिखाती थीं वे? हर दिन की तालीम कैसी होती थी?

शान्ती हीरानन्द

शुरू-शुरू में तो बस यही होता था कि वे कभी भी कहीं बैठकर बाजा निकालती थीं और मुझसे सरगम कहलवाती थीं–सा रे गा मा पा धा नी सा। वे पूरब की थीं और पटियाले का अन्दाज़ था उनका, जो उनके सिखाने में मेरी कला में उतरा हुआ है। बेगम साहिबा फ़ैज़ाबाद से थीं, तो फ़ैज़ाबाद का रंग भी उनमें मौजूद था। एक तरफ़ पंजाब अंग के खटके-मुरकियों से समृद्ध थीं, तो दूसरी ओर ठेठ देसी ढंग से ठुमरी गाती थीं, जिनमें कभी-कभी बनारस के लोकगीतों की शैली का प्रभाव भी दिखता है। उर्दू में पारंगत थीं, तो वह अदब भी गायिकी में झलकता था। मुझे लगता है कि अम्मी ने पंजाब और अवध की गायिकी के साथ-साथ पूरबपन भी खुद की तालीम में उतारा हुआ था। इन सब चीज़ें का प्रभाव उनकी शिष्याओं में आया है।

उन्होंने मेरी तालीम राग तिलंग से शुरू की थी। थोड़ा सा तिलंग सिखाया और

उसके साथ गुनकली का ख़्याल शुरू किया। उनका यही तरीक़ा था। सब चीज़ इकट्ठा शुरू कर देती थीं। जब उनका जी लगता था, तो शाम के तीन-चार बजे तक गवाती रहती थीं। और नहीं, तो कहती थीं—'बिट्टन! आज नहीं, कल आना।' उस समय बिल्कुल भी रियाज़ नहीं होता था। हालाँकि मुझे तो कुछ पता ही नहीं था कि संगीत क्या होता है? गाने-बजाने का ख़ास काम किस तरह करते हैं। मैं बिल्कुल कोरी थी, जिसकी तालीम में अम्मी ने प्यार से रंग भरा है। उनकी सोहबत में रहते हुए और उनकी खिदमत करते-करते न जाने क्या कुछ सीख गयी मैं। इसी के साथ मैंने देश भर में न जाने कितनी यात्राएँ उनके साथ की हैं। उनका फ़रमान आता था कि बिट्टन कल फलाँ शहर जाना है और मैं घर से सामान लेकर उनके साथ हो लेती थी।

यतीन्द्र मिश्र

आपने गुनकली की बात कही है, उसका रियाज़ किस तरह होता था?

शान्ती हीरानन्द

सबसे पहले राग तिलंग की ठुमरी *'न जा बलम परदेस'* मैंने उनसे सीखा। वे तिलंग के पलटे और गुनकली का ख़्याल *'आनन्द आज भयो'* मुझे सिखा रही थीं। वो सिखाती थीं और बहुत छूट भी देती थीं कि जो जी में आये वैसे गाओ। कैसे भी गाओ, चाहे मेरे (बेगम अख़्तर) पीछे-पीछे गाओ।

मेरी समझ में कुछ नहीं आता था, कहाँ जाऊँ, कैसे करूँ? लगता था, हर तरफ़ से दरवाज़े बन्द हैं। ऐसा लगता था कि उनसे मिलने से पहले क्यों नहीं यह सब सीखा मैंने। क्योंकि मैंने सीखा नहीं था इतना, तो इन्हीं के साथ गा-गा कर मुझे अब पता चल पाया है कि दरअसल वो क्या गाती थीं? ...और हमने उनसे तालीम में क्या सुन्दर चीज़ें सीख ली हैं। उनके जाने के बाद मैंने यह सोचना शुरू किया कि आवाज़ तो है आपके पास, मगर उसे सुन्दर और वज़नदार कैसे बनाते हैं। मुझे याद आता है कि अम्मी अगर किसी राग को ध्यान में रखकर एक सोच पर कोई चीज़ ख़त्म करती थीं, तो दूसरे ही पल उसी से नयी चीज़ भी शुरू कर देती थीं। उनकी एक ख़ासियत यह भी थी कि वो जिस राग में चाहती थीं, ठुमरी बना लेती थीं। अगर उन्होंने कौशिक ध्वनि में चाहा, तो उसमें बना ली। अगर हेमन्त उन्हें भा गया, तो हेमन्त में ठुमरी गा लेती थीं। मुझे तो यहाँ तक याद है कि वे इस तरह भी गाती थीं कि अगर एक ठुमरी उन्हें पसन्द आ गयी, मसलन उसके बोल भा गये, तो वही ठुमरी वो खमाज में, भैरवी में, कल्याण में, पीलू में और न जाने किन रागों में गाने लगती थीं। उनका मिज़ाज ही ऐसा था। एक चीज़ जो बेगम अख़्तर को पसन्द आयी, तो दुनिया भर के रागों और तालों में उस बन्दिश को गाने-बजाने का सिलसिला फिर शुरू हो जाता था।

यतीन्द्र मिश्र

ठुमरी और ख़्याल के अलावा उन्होंने और क्या सिखाया?

शान्ती हीरानन्द

मुझे आश्चर्य होता है यह सोचकर कि अम्मी ने हम लोगों को ख़्याल और ठुमरी के अलावा ज़्यादा चीज़ें क्यों नहीं सिखायीं। जहाँ तक मुझे याद है उन्होंने कजरी बहुत ज़्यादा सिखायी है और कुछ ठुमरी व दादरे। ग़ज़ल वे ज़रूर बहुत मन से सिखाती थीं, जिसकी हम लोगों को भी लत लगी हुई थी कि अम्मी के पीछे बैठकर गाना है, तो ठीक से सीख लें और अपनी आवाज़ दुरुस्त कर लें। उन्होंने चैती, बारामासा, ब्याह के गीत, सेहरा और मुबारकबादी नहीं सिखायी। जब भी मैं कुछ कहती थी, तो हमेशा ठुमरी या कजरी सिखाने पर आ जाती थीं। होरी भी जो मैंने उनसे सीखी है, वह ठुमरी के चलन में है।

यतीन्द्र मिश्र

आपने उनके साथ ढेरों यात्राओं का ज़िक्र किया है। उनके साथ कौन-कौन से शहरों की यादें आपकी स्मृति में आज भी सुरक्षित हैं?

शान्ती हीरानन्द

कितने क़िस्से आपको सुनाऊँ? (हँसते हुए) यह तो यादों का पिटारा है, जितना खोलते जायेंगे, खुलता जायेगा। उनके साथ मैं इतनी जगह गयी हूँ कि आज ठीक से याद करने पर मुझे याद भी न आयेगा। फिर भी जिन शहरों की स्मृतियाँ बची हुई हैं उनमें—अमृतसर, जालन्धर, श्रीनगर, जम्मू, बॉम्बे, कलकत्ता, पटना अच्छी तरह याद हैं। मध्य प्रदेश में इन्दौर, भोपाल से लेकर वे मुझे कर्नाटक के धारवाड़ और हुगली तक ले गयी थीं। उस ज़माने में हर दिन एक रेडियो स्टेशन खुल रहा था और हर जगह से ही उनका बुलावा आता था प्रोग्राम करने के लिए। मैं उनके साथ हर जगह गयी हूँ। वे ऐसी शानदार महिला थीं कि अगर आप संगीत, तालीम, मंच या रेडियो पर न भी हों, तो भी उनके सम्मोहन से बच पाना मुश्किल होता था। वे जहाँ कहती थीं, वैसे ही मैं चली जाती थी। मेरी मजाल नहीं थी कि मैं एक शब्द कह जाऊँ। जो अम्मी ने कहा, वो मैंने किया। जहाँ वे ले गयीं, भले ही वह बहुत छोटा शहर क्यों न हो, तीरथ मानकर उनके साथ पीछे-पीछे चली गयी।

यतीन्द्र मिश्र

बेगम अख़्तर पहली महिला उस्ताद थीं, जिन्होंने बाक़ायदा गण्डा बाँधकर सिखाना शुरू किया।

शान्ती हीरानन्द

जहाँ तक मुझे याद है, उन्होंने मेरा गण्डा बाँधा सन् 1957 या 58 में। एक बार मुम्बई की एक मशहूर गाने वाली बाई नीलमबाई आयीं और उन्होंने अम्मी से कहा कि—'तुम बिना गण्डा बँधवाए सिखा रही हो।' तब अम्मी को लगा होगा कि गण्डा बाँधते हैं। मेरा गण्डा बँधा, जिसे उनके तबलिए मुन्ने ख़ाँ साहब ने बाँधा। मुझे गुड़ और चना खिलाया गया और मुझसे यह कहा गया कि आज से तुम बेगम अख़्तर की शिष्या हो। आज मैं इन सब बातों का मतलब समझ पाती हूँ और मन गर्व से भर उठता है कि वाक़ई मैं कितनी ख़ुशनसीब थी कि बेगम अख़्तर साहिबा की शिष्या होने का मुक़ाम हासिल हुआ। मैं उनकी शागिर्द हुई, यह गायिका होने से बड़ी बात लगती है, आज भी मुझे।

यतीन्द्र मिश्र

जहाँ तक मेरी जानकारी है, आपके साथ अंजलि बैनर्जी का भी गण्डा बन्धन हुआ था?

शान्ती हीरानन्द

बिल्कुल सही फ़रमा रहे हैं। मेरे साथ अंजलि ही नहीं, बल्कि दीप्ति का भी गण्डा बन्धन हुआ था। अंजलि बहुत अच्छा गाती थीं पर न जाने क्यों उसने बहुत पहले गाना छोड़ दिया। अम्मी जब उसको गवाती थीं, तो मुझे जलन होती थी कि हाय कितना अच्छा गा रही है। (हँसती हैं) बाद में मैं ख़ुद रियाज़ करती थी, तो वो सब धीरे-धीरे मेरी आवाज़ से भी निकलने लगा, अम्मी जैसा चाहती थीं। बाद में जाकर मुझे यह इल्म हुआ कि अम्मी बहुत जतन करती थीं कि मैं कुछ बेहतर गा सकूँ।

यतीन्द्र मिश्र

आप कितने सालों तक उनकी शिष्या रहीं? मतलब मैं यह जानना चाहता हूँ कि उनके साथ कितने वर्ष आपने बिताये हैं?

शान्ती हीरानन्द

लगभग बाईस बरस। 1952 से लेकर सन् 1974 तक। 1962 में मेरी शादी हुई थी। फिर भी मैं लगातार अम्मी के सम्पर्क में थी और लखनऊ आना-जाना, उनसे मिलना और सीखना होता रहता था।

यतीन्द्र मिश्र

जिगर मुरादाबादी से उनकी दोस्ती के बारे में कोई ऐसी कहानी या आपके सामने का कोई संस्मरण हो, जो आप यहाँ बताना चाहें?

जिगर मुरादाबादी की वो बहुत शौक़ीन थीं। जिगर उनको बहुत अच्छे लगते थे और उनकी शायरी भी बेगम साहिबा को कमाल की ख़ूबसूरत लगती थी। वे उनको लेकर थोड़े रूमान में भी चली जाती थीं। उन्होंने तो कभी कुछ नहीं बताया, पर ऐसा मैंने सुना है कि एक बार जिगर साहब कहीं मुशायरा पढ़ रहे थे और वहाँ बेगम अख़्तर भी पहुँच गयीं। उन्होंने सन्देशा भिजवाया कि 'जिगर साहब हम आपसे मिलना चाहते हैं'। इस पर जिगर साहब ने यह लिखकर पर्ची लौटाई कि 'ज़रूर मिलिए, मगर आप अगर मेरी सूरत देखेंगी, तो शायद मिलने से ही मना कर देगीं।' इस बात का बेगम साहिबा ने कोई जवाब नहीं दिया, मगर उन्होंने जिगर से दोस्ताना-नाता जोड़ लिया। वे जब कभी भी लखनऊ आते, तो बेगम साहिबा से मिलने जाते और उनकी बेगम भी साथ में होतीं।

एक बार का वाक़या है कि जिगर साहब ने एक ग़ज़ल लिखी, जिसके बोल हैं– *'किसका ख़्याल कौन सी मंज़िल नज़र में है/सदियाँ गुज़र गयीं कि ज़माना सफ़र में है/इक रोशनी सी आज हर इक दस्त-ओ-दर में है/क्या मेरे साथ खुद मेरी मंज़िल सफ़र में है।'* उन्होंने बेगम साहब से इसे गाने की गुज़ारिश की। बाद में अम्मी ने जिस बेहतरी से राग दरबारी में बाँधकर इसको गाया कि जिगर साहब भी इसे सुनकर उनकी ग़ज़ल गायिकी पर अपना दिल हार बैठे। अम्मी ने ही उनकी ग़ज़ल की बड़ी नायाब धुन बाँधी थी और गाया था– *'कोई ये कह दे गुलशन-गुलशन/लाख बलाएँ एक नशेमन'*।

और ख़ाली जिगर साहब ही नहीं, दरअसल अम्मी की कमज़ोरी बेहतरीन शायरी थी। हर वो शायर, जो कुछ शानदार अपने शेर से कह देता था, उन्हें पसन्द आ जाता था। वे नये से नये शायरों के कलाम को तवज्जो देती थीं और पढ़कर मुस्कुराती थीं। उनका शमीम जयपुरी साहब से भी बहुत सुन्दर रिश्ता था और वे लखनऊ के उनके घर में अकसर आते थे। इसी तरह उनकी कैफ़ी साहब से बहुत बैठती थी। दोनों ही एक-दूसरे का बेहद सम्मान करते थे। कैफ़ी साहब इनका काम पसन्द करते थे और अम्मी तो उनकी ग़ज़लों पर पूरी तरह फ़िदा थीं। उन्होंने कैफ़ी साहब को बहुत गाया है। एक ग़ज़ल तो ग़ज़ब की बन पड़ी है– *'इतना तो ज़िन्दगी में किसी की ख़लल पड़े'*।

यतीन्द्र मिश्र

मदन मोहन और बेगम अख़्तर का दोस्ताना कला की दुनिया में कुछ मशहूर दोस्तियों की तरह रहा है। एक-दूसरे के हुनर के प्रति सम्मान और अपनेपन के भाव से भरा हुआ। आप इस रिश्ते को किस तरह देखती हैं? आपका कोई व्यक्तिगत अनुभव, जो मदन मोहन और बेगम अख़्तर प्रसंग को समझने के लिए नयी रोशनी देता हो?

शान्ती हीरानन्द

मदन मोहन का उनसे बहुत दोस्ताना था। वो पहले लखनऊ रेडियो में थे, तो अम्मी के यहाँ आते-जाते थे। दोनों का एक-दूसरे के प्रति बहुत प्यार था। एक बात जो मुझे बेहद पसन्द है, वो ये कि मदन मोहन साहब अम्मी की बड़ी इज़्ज़त करते थे। कभी-कभी ऐसा होता था कि लखनऊ फ़ोन आता था कि 'अख़्तर मैं आ रहा हूँ दिल्ली से', तो कहती थीं कि 'मैं भी आ जाती हूँ'। इस तरह होटल के कमरे में जहाँ वे ठहरते थे, गाने-बजाने की महफ़िल सजती थी। मैं, अम्मी और मदन मोहन साहब अकसर ही मिलते थे। मेरा काम बस इतना था कि मैं खाने का बन्दोबस्त करूँ, मदन मोहन के लिए बीयर लेकर आऊँ। उनकी बीयर और अम्मी की सिगरेट चलती रहती थी और संगीत पर बहुत सुन्दर बातें वे दोनों करते थे। मुझे अच्छी तरह याद है कि जब वे मस्त होकर अम्मी को कोई धुन सुनाते थे, तो वे अकसर थोड़े लाड़ और नाराज़गी से कहती थीं—'मदन तुमने मेरी बहुत सी ग़ज़लें चोरी करके अपनी फ़िल्मों में डाल दी हैं।' इस तरह दोनों एक-दूसरे से बतियाते थे। इस शिकवा-शिकायत में मैंने सिर्फ़ प्रेम ही देखा है। मुझे वो दिन भी याद है कि जब अम्मी का इन्तक़ाल हुआ, तो वे उनकी क़ब्र पे जाकर जिस तरह फूटकर रोये थे, उससे मेरा दिल दहल गया था।

मदन मोहन सीधे सहज आदमी थे और अम्मी की कलाकारी के कायल। ठीक इसी तरह अम्मी भी उनके काम से इश्क़ करती थीं। मेरे देखे मदन मोहन और बेगम अख़्तर की दोस्ती जैसा रिश्ता कम ही मिलता है। ऐसे रिश्ते को पालने के लिए भीतर से एक कलाकार मन चाहिए और दूसरे के लिए इज़्ज़त और ईमानदारी। दोनों में ये ख़ूब थी, तो दोनों में पटती भी थी।

हालाँकि मदन मोहन के अलावा मैंने अम्मी की इज़्ज़त करते हुए लता मंगेशकर और नरगिस को भी देखा है। नरगिस जी तो उन्हें खाला ही कहती थीं और बहुत तमीज़ से पेश आती थीं। चूँकि अम्मी ने जद्दनबाई के पीछे बैठकर भी गाया है, इसलिए वे उन्हें बहुत ज़्यादा इज़्ज़त देती थीं।

यतीन्द्र मिश्र

कोई ऐसा संस्मरण आपको याद है, जब मदन मोहन जी ने कोई फ़िल्म की धुन बनायी हो आप लोगों के सामने?

शान्ती हीरानन्द

इतना तो याद नहीं है। मगर अम्मी को 'भाई-भाई' फ़िल्म का लता जी का गाया हुआ गीत *'कदर जाने न मोरा बालम बेदर्दी'* और उसकी धुन बेहद पसन्द थी। जब भी मदन मोहन से मिलती थीं, तो इस गीत की चर्चा ज़रूर छिड़ती थी और अकसर वे इसरार करके मदन मोहन से उनकी आवाज़ में ये गीत सुनती थीं।

यतीन्द्र मिश्र

शकील बदायूँनी की मशहूर ग़ज़ल के बनने का वह कौन-सा क़िस्सा है, जिसके लिए कहा जाता है कि उसे उन्होंने अपने सफ़र के दौरान ही चन्द मिनटों में बना दिया था?

शान्ती हीरानन्द

शकील बदायूँनी साहब एक बाक़माल शायर के रूप में विख्यात हो गये थे। हालाँकि उस समय तक फ़िल्मों के लिए उन्होंने लिखना शुरू नहीं किया था। उनकी शायरी बहुत अच्छी थी और उस ज़माने में सुनी-पढ़ी जाती थी। मुझे आज भी अच्छी तरह याद है कि बम्बई से हम दोनों ही लखनऊ लौट रहे थे। जब ट्रेन आगे बढ़ने लगी, तो शकील साहब आये और उन्होंने अम्मी से खिड़की से ही हाल-चाल लिया और अपनी ग़ज़ल को उन्हें पकड़ा दिया। अम्मी ने यह ग़ज़ल मुझे सँभाल कर रखने के लिए दे दी। सुबह जब भोपाल स्टेशन आया और गाड़ी रुकी, तो अम्मी की नींद खुली और उन्होंने चाय मँगवायी। चाय पीते हुए उन्होंने मुझसे कहा कि 'बिट्टन वो ग़ज़ल, जो शकील ने मुझे दी थी, निकालो।' मेरे ग़ज़ल देने पर उन्होंने एक बार उसे पढ़ा और अपना बाजा निकलवाया और थोड़ी ही देर में उसकी धुन बनायी– *'ऐ मोहब्बत तेरे अंजाम पे रोना आया'*।

यतीन्द्र मिश्र

अपने गुरु को लेकर उनके आदर का कौन-सा ऐसा वाक़या है, जिसे याद करके आपको तसल्ली होती है और जिसे आप यहाँ बताना पसन्द करेंगी?

शान्ती हीरानन्द

कितनी बातें बताऊँ आपको। अब मेरी उम्र हो चली है और ऐसे समय में आप ये सब पूछने आये हैं, जब यादें बहुत धुँधली सी पड़ गयी हैं। मैं बस इतना जानती हूँ कि मैं जो भी हूँ, वो सब बेगम अख़्तर के कारण है। उन्हीं के साथ रही, उन्हीं की तरह पहना-ओढ़ा और उन्हीं की तबीयत से गाया-बजाया। मेरे पति डॉ. जगन्नाथ चावला से शादी से पहले मैंने सिर्फ़ इतना भर पूछा था कि 'आप मुझसे मेरी अम्मी को तो नहीं छुड़ा देंगे, क्योंकि मैं उनके बग़ैर जी नहीं सकती और गाये बग़ैर रह नहीं सकती।' वे ख़ुशी-ख़ुशी मान गये थे, तभी मैंने शादी की और वाक़ई डॉक्टर साहब ने अपना वचन जीवन-भर निभाया। एक बात जो मुझे याद आती है और अपने बचपने पर हँसी आती है, वह यह कि अम्मी ने एक बार पूछा कि 'क्या मैं मांसाहारी हूँ?' और मेरे मना करने पर उन्होंने मेरे मुँह में जबरन चिकन का एक टुकड़ा डाल दिया। आप विश्वास नहीं करेंगे, लेकिन खाते वक़्त उसे मैंने अम्मी के प्रसाद के रूप में लिया और बिना किसी तर्क-वितर्क के उनके साथ मांसाहारी हो गयी। जिस दिन अम्मी इस दुनिया से

गयीं, उस दिन से लेकर आज तक फिर मैंने कभी मांस या अण्डे का एक टुकड़ा भी अपने मुँह में नहीं डाला।

यही दीवानगी है अपने गुरु की जो शायद आपको बचकानी लगे, मगर मैंने पूरे समर्पण के साथ हर वो चीज़ स्वीकारी, जो मेरे गुरु की मंशा थी।

यतीन्द्र मिश्र

यह जो आपका संस्मरण है, वह गुरु-शिष्य परम्परा के रिश्ते की बड़ी ख़ूबसूरत नुमाइन्दगी करता है। यह बचकाना नहीं है, बल्कि बहुत कुछ सीख देने वाला भी है। इसी लिहाज़ से मैं उनके मुहर्रम के प्रसंगों को भी जानना चाहता हूँ कि कैसे उनकी हिन्दू शिष्याओं ने मुहर्रम के सोज़ को बाँटने में अपने उस्ताद की मदद की है?

शान्ती हीरानन्द

मुहर्रम तो बेगम अख़्तर के यहाँ पूरे एहतराम के साथ मनाया जाता था। वे मुहर्रम को लेकर बहुत संजीदा थीं। ज़री जब सजाई जाती थी, तो बस एक आदमी को ही इजाज़त थी, जो उनके लिए काम करता था। उसका नाम श्याम सुन्दर था और वो बिजली का काम करता था। उसे ही ज़री सजाने का काम दिया जाता था। चाँदी के सामान निकलते थे, सभी को साफ़ करके ज़री सजती थी। मुहर्रम की सातवीं तारीख़ से उनके यहाँ खाना बनना शुरू होता था। नानवाई आते थे, जो नान और गोश्त वग़ैरह बनाते थे। ज़र्दा, मीठा चावल, गोश्त पुलाव और दाल-रोटी बनती थी। आप जानकर अचरज करेंगे कि ऐसी भीड़ जमा होती थी कि क्या कहने! सारा खाना ग़रीबों को बाँट दिया जाता था। सातवीं, आठवीं, नौवीं और दसवीं तारीख़ उनके लिए बड़े महत्त्व की थी। दसवीं तारीख़ को सुबह के समय उठकर जब ताजिया जाता था, तो मर्सिया पढ़कर रो-रोकर उसे विदा करती थीं। मर्सिया की शुरुआती लाइनें मुझे आज भी याद हैं, वे गाती थीं—*'सफ़र है क़र्बला से अब हुसैन का...'*

मैं यह भी कहना चाहूँगी कि अम्मी ने कभी भी फ़र्क़ नहीं किया हिन्दू-मुसलमान में। हम सब उनकी शिष्याएँ या उनकी ज़री सजाने वाला श्याम सुन्दर सभी से उन्होंने प्यार किया। अपना धर्म निभाते हुए भी हमें यह एहसास नहीं होने दिया कि हम उनके मज़हब से नहीं आते। इसी तरह ईद में जिस तरह का प्यार लुटाना उन्होंने किया, वो आज दुर्लभ है। घर भर के गरारे-शरारे सिलने वाले दर्ज़ियों से मेरे लिए भी पोशाक बनवाना, उन्होंने बहुत शौक़ से किया था। जितनी साड़ियाँ वे ख़रीदती थीं, वह खानदान के लोगों, दोस्तों और हम लोगों में बँट जाती थीं। मुझे कहती थीं कि 'बिट्टन तुम्हें जो साड़ी पसन्द हो, ले लो'। ईद पर ईदी देना, सिवईंया घर भिजवाना और बहुत प्यार देना अम्मी की आदत में शुमार था। हमारे लिए दीवाली की तरह ही ईद होती थी, जिसका साल भर इन्तज़ार रहता था।

यतीन्द्र मिश्र

ख़ाली समय में जब बेगम अख़्तर का गाने का मन नहीं होता था, तब क्या करती थीं?

शान्ती हीरानन्द

देखिए, उस समय तो सिर्फ़ चाय पीती थीं और घर के कामों में हाथ बँटाती थीं। (हँसते हुए) अम्मी की एक ख़ास आदत थी कि जल्दी ही वे जिस काम में पड़ी हों, उससे ऊब जाती थीं। अब जैसे जब ख़ाली बैठी कुछ सोच रही हों, तो हम लोगों को दुलाई वग़ैरह सिलने को कहती थीं। मुझसे कहतीं कि–'लाओ बेटा मैं तुम्हे सिखाती हूँ कि दुलाई में गोटा कैसे लगाया जाता है।' फिर कहतीं कि 'दुलाई को खूशबूदार किस तरह करते हैं।' बड़े मँहगे इत्रों को दुलाई में लगाते हुए उसे किस तरह गमकाते हैं, इसे करने में उन्हें मज़ा आता था। हालाँकि थोड़ी देर के लिए ही घर का काम किया, तो फिर उससे ऊब जाती थीं।

कई दफ़ा सोती थीं, तो देर तक सोती रहती थीं और फिर उठकर अचानक चाय की प्याली माँगने के साथ हम लोगों से गाना गवाती थीं। जिस दिन उनको कुछ पकाने का शौक़ लगे, तो फिर अल्लाह ही मालिक है, क्योंकि अम्मी इतने मन से समय लगाकर देर तक खाना बनाती थीं कि हम सब को पता होता था कि खाना तो अब शाम को ही मिलेगा। उनको यह धुन थी कि जब वे खाना बनाएँ, तो चूल्हा भी नया और बर्तन भी नया हो। इस तरह इन्तज़ाम करने में ही दिन गुज़र जाता था।

यतीन्द्र मिश्र

यह तो कुछ दिलचस्प संस्मरण हैं, जो आप सुना रही हैं?

शान्ती हीरानन्द

मुझे लगता है कि उनकी दो तरह की शख़्सियतें थीं। एक ही समय में दो किरदारों में रहना। एक तो वे आज़ाद रहना चाहती थीं, तो दूसरी तरफ़ घर में एक शरीफ़ बीवी की तरह रहना पसन्द करती थीं। घर में हैं, तो कुछ खाना पका रही हैं, बच्चों को देख रही हैं, अपने नवासों की खिदमत में लगी हुई हैं। ...और अगर बाहर निकलीं, तो बिल्कुल आज़ाद ख़्याल सिगरेट पीने वाली बेगम अख़्तर, जिन्हें फिर गाने-बजाने की महफ़िलें रास आती थीं। अकसर कहती थीं कि 'चलो थियेटर में फ़िल्म देख आयें।' जब घर से दिल घबड़ाए, तो होटल या दूसरे शहर जा पहुँचती थीं और मुझे भी साथ ले लेती थीं। दूसरे शहर पहुँचते ही उन्हें घर की तलब लगती थी और मुझसे कहें–'बिट्टन चलो! तबीयत घबरा

रही है, घर चलें।' इस पर मैं हैरान होकर कहती थी, 'अम्मी अभी तो आये हैं, एक दो दिन रह लीजिए, तब चलते हैं।' इस पर कहें, 'नहीं चलो मेरा जी घबरा रहा है। घर चलते हैं।' उनको इण्डियन एयर लाइन्स वाले भी इतना मानते थे कि जब भी उन्होंने तुरन्त जल्दबाजी में टिकट बुक करना चाहा, तो एयर लाइन्स के ऑफ़िसर तुरन्त उनके लिए कहीं न कहीं से टिकट का इन्तज़ाम कर देते थे।

वो मुझसे कहती थीं, बाहर जाऊँ, आज़ाद रहूँ, कुछ लोगों से मिलूँ, जो जी चाहे वो करूँ, मगर वहाँ जाकर मेरी तबीयत घबराती है और मुझे घर याद आता है। मैं आपको बताती हूँ, जो मुझे आज लगता है कि उनको कहीं चैन नहीं मिलता था।

यतीन्द्र मिश्र

उनके व्यक्तित्व को आपने बहुत सुन्दर ढंग से याद किया है। कोई ऐसी बात जो उनके शौक़ और पसन्द-नापसन्दगी को उजागर करती हो?

शान्ती हीरानन्द

उनको जहाँ तक मैं जानती हूँ, उनको सौग़ातें बाँटने का बहुत शौक़ था। जहाँ भी जाती थीं, बहुत सारी चीज़ें लाती थीं, सबके लिए। उनको ख़ूबसूरती पसन्द थी। जो चीज़ सुन्दर है, फिर वो उन्हें चाहिए होता था। एक दिलचस्प क़िस्सा है कि जब अफ़गानिस्तान गयीं, तो वहाँ से ढेर सारा झाड़ू लेकर आ गयीं। मैंने कहा–'अम्मी इस झाड़ू का क्या करेंगे'? इस पर बोलीं–'अरे! बहुत ख़ूबसूरत है, देखो तो सही कितना अच्छा है।' मुझे वहाँ शर्म आ रही थी कि अम्मी झाड़ू लिए हुए हैं और वे मुझसे कहती जातीं–'तुम क्यों शर्मा रही हो? झाड़ू ही तो है।' ...और सबको बिटिया कहकर एक झाड़ू देने लगीं। इस तरह उन्होंने पूरे मोहल्ले में अफ़गानिस्तान से लायी हुई झाड़ू बाँटी। और इस पर मजा यह कि बड़ी प्रसन्न होकर बाँट रही थीं, जैसे कितनी नायाब चीज़ लेकर आ गयी हों। उन्हें झाड़ू पसन्द आ गयी और ख़ूबसूरत लगी, तो फिर सबको वो सुन्दर लगेगी, ऐसी उनकी सोच थी।

यतीन्द्र मिश्र

रिकॉर्डिंग के समय रेडियो स्टेशन या दूरदर्शन जाते हुए कभी वह कोई अतिरिक्त तैयारी या श्रृंगार वग़ैरह करती थीं?

शान्ती हीरानन्द

बड़ी सादा इन्सान थीं। यह ज़रूर था कि उनको कपड़ों का बड़ा शौक़ था और घर में आलमारियाँ भरी हुई थीं। जब मैं उनको टोकती कि आप ये सब क्यों नहीं पहनतीं, तो कहती थीं 'बहुत पहना है बिट्टन, अब मन नहीं होता'। मैंने हमेशा उनको सूती साड़ियों में ही देखा, कभी-कभी सिल्क की साड़ी भी पहन लेती थीं।

कहीं प्रोग्राम है, रिकॉर्डिंग है, तो अकसर सो रही हैं। जब गाड़ी आकर खड़ी हुई उन्हें लेने, तो सोकर उठीं। एक प्याली चाय पी, साड़ी बदली, बाल बाँधे और चल दीं। कभी-कभी ज़रा-सी लिपस्टिक भी लगाती थीं। इससे ज़्यादा कुछ नहीं। मुझे लगता है कि जब वे जवान रही होंगी, तब उन्हें सजने-सँवरने का बहुत शौक़ रहा होगा। उनकी अलमारियों में डिब्बों और बक्सों में गहने भरे रहते थे। एक बक्से को मैंने इतनी अँगूठियों से भरा देखा, तो कहा 'अम्मी इनमें से कुछ पहन लिया कीजिए।' इस पर उन्होंने बोला 'अरे बिटिया! देख लो, जो तुम्हें पसन्द आये ले लो।' मगर मैंने कभी उनका एक ज़ेवर भी नहीं लिया, क्योंकि मेरी मंशा ये नहीं रहती थी। मैं तो बस चाहती थीं कि अम्मी ख़ूब सजे-सँवरे और खुश रहें। और वे थीं कि बहुत सादे ढंग से तैयार होकर कहीं भी चली जाती थीं। मेरे वास्ते जब कुछ लाती थीं, तो मैं इसरार करते हुए कहती थीं, 'अम्मी पहले आप ये पहन लें, तब मैं पहन लूँगी।' मेरी मंशा यह रहती थी कि उनके पहन लेने से साड़ियों में उनकी ही अजब-सी ख़ुशबू आ जाती थी, जो मुझे बहुत अच्छी लगती थी। इसी तरह से मैंने हमेशा उनके तन से उतरे हुए कपड़े पहनने का सुख भोगा। वो माँ ही थीं, जिनके इर्द-गिर्द मेरा सारा जीवन बीतता था।

यतीन्द्र मिश्र

क्या कभी बेगम अख़्तर साहिबा ने आपको अपना कोई वाद्य, ज़ेवर या संगीत से जुड़ी कोई निशानी दी है?

शान्ती हीरानन्द

उन्होंने मेरी शादी में अपने दो कंगन दिये थे और मुझे पहना दिये। उसे मैंने बड़े जतन से अपने पास रखा और उनके प्रसाद की तरह पहनती रही। जब मेरी बहू आयी, तो उसे मैंने वही कंगन सबसे पहले दिया और कहा कि ये बेगम अख़्तर साहिबा का आशीर्वाद है। इसे पहनना और सँभाल कर रखना। इसे किसी को न देना क्योंकि यह मेरी गुरु का ऐसा प्रसाद है, जो हमारे पास ही रहना चाहिए। बाक़ी कपड़ों, ज़री की साड़ियों और तमाम दूसरी सौग़ातें तो उन्होंने बहुत दी हैं, जिन्हें मैंने उतने ही आदर से अपने पास धरोहर के रूप में सुरक्षित रखा।

यतीन्द्र मिश्र

बेगम अख़्तर साहिबा की ऐसी कौन सी ख़ास बात है, जो आपको सर्वाधिक अपील करती है?

शान्ती हीरानन्द

कलाकारों की इज़्ज़त करना। उस्तादों के लिए अपने घर के दरवाज़े खोल देना और उनको बड़े मान-सम्मान के साथ बुलाकर इज़्ज़त देना। कभी किसी कलाकार के लिए कुछ भी अप्रिय या कड़वा नहीं कहना। बहुत शरीफ़ थीं। वज़नदार महिला,

जिनके लिए सच्चा कलाकार होना ही सबसे बड़ी बात थी। एक बार मैं और वे पूना गये और वहाँ एक साधारण-सा मराठी गायक लावणी गा रहा था। वह कोई प्रचलित कलाकार या बहुत पहुँचा हुआ कलावन्त नहीं था। एक अति साधारण आदमी, जो लावणी सुना रहा है। मैंने देखा कि जब लावणी ख़त्म हुई, तो वे एकाएक खड़ी हो गयीं और उसके पैर छूने लगीं। वो घबरा गया और कहने लगा–'बेगम साहिबा आप यह क्या कर रही हैं?' इस पर बहुत विनम्रता से बोलीं–'अरे तुम्हारी ज़ुबान में जो सरस्वती हैं, उनको प्रणाम कर रही हूँ।' इस तरह की शख़्सियत थीं बेगम अख़्तर।

वे जब भी किसी कलाकार से मिलती थीं, तो ख़ातिर तो जो करती थीं, वो था ही। अगर वे उन लोगों के घर गयीं या वे ख़ुद अम्मी के घर आये, तो उन्हें बिना नज़राना दिये बग़ैर वापस नहीं जाने देती थीं। मुझे याद है कि उन्होंने इस तरह उस्ताद बड़े ग़ुलाम अली ख़ाँ साहब, उस्ताद अमीर ख़ाँ साहब और उस्ताद अहमद जान थिरकवा को नज़राने पेश किये थे। मुझसे कहती थीं कि 'इन गुणीजनों के पास कला है और उसकी क़द्र करना हर एक इन्सान का फ़र्ज़ है।'

मुझे एक चीज़ उनमें बहुत भाती है कि उनके अन्दर की बनावट कुछ उस तरह की थी, जिसमें गुरूर नहीं था। उनके दामन पर गुरूर के झींटे कभी नहीं पड़े। हमेशा कहती थीं–'बेटा यह कभी मत सोचना कि तुम बहुत अच्छा गाती हो। जिस दिन मन में यह आ जायेगा, उस दिन गाना-बजाना चला जायेगा।' जिस ज़माने में तवायफ़ों को इज़्ज़त की निगाह से नहीं देखा जाता था, उस दौर में बेगम अख़्तर ने अपनी पूरी रवायत को इज़्ज़त दिलवायी। ठुमरी, दादरा और ग़ज़ल को शास्त्रीय संगीत के बराबर लाकर खड़ा किया और बड़े-बड़े दिग्गज उस्तादों से अपनी गायिकी का लोहा मनवाया। उनके गाने के बाद से ग़ज़ल के लिए कभी किसी ने कोई छोटी बात नहीं कही। यह बेगम अख़्तर की सफलता थी।

मैंने उनकी जवानी का वो दौर भी देखा है, जब वे दिल्ली के लाल क़िले में एक परफॉर्मेंस के लिए गयीं, तो वहाँ तत्कालीन प्रधानमन्त्री पण्डित जवाहरलाल नेहरू उनको देखकर आदर में खड़े हो गये और उनका अभिवादन किया। वहाँ उन्होंने बहादुर शाह ज़फ़र की ग़ज़लें गायी थीं। यह सन् 1960-62 का समय होगा। आप देखिए, कितनी बड़ी बात है कि प्रधानमन्त्री ने उनका खड़े होकर एहतराम किया। बेगम अख़्तर के लिए और किसी भी कलाकार के लिए यह बहुत बड़ी बात है।

यतीन्द्र मिश्र

ऐसी कौन-सी बात है, जो आप अपने गुरु से पूछ नहीं पायीं या माँग नहीं सकीं? जिसका मलाल आज भी आपको होता है?

कोई मलाल नहीं है। अम्मी एक बार जब मुम्बई में अरविन्द पारिख भाई के यहाँ गयीं और रहीं, तो मेरे बारे में उन्होंने कहा, जिसे अरविन्द भाई ने मुझे बाद में बताया। उन्होंने उनसे कहा–'मेरी बेटी शान्ती हीरानन्द ने मुझसे कभी कुछ नहीं माँगा।' यह सुनकर मेरी आँखें भीग गयीं और मुझे बड़ी राहत हुई कि मेरी उस्तानी मेरे बारे में ऐसा सोचती थीं। मुझे शण्टो, शण्टोला, बिट्टन कहती थीं और बड़े प्यार से उन्होंने मुझे सँवारा। एक बार उन्होंने एक बड़े उस्ताद का सम्मान करते हुए मुझे नसीहत दी थी, जो आज भी मुझे सीख जैसी लगती है। उन्होंने कहा था–'जिसका रुतबा जैसा है, उसके साथ वैसा ही निभाना चाहिए।' यक़ीन मानिए, मैंने इसी पर चलने का उम्र भर काम किया है। अहमदाबाद के अपने अन्तिम कंसर्ट में उन्होंने आख़िर में *'सोवत निन्दिया जगाये हो रामा'* चैती गायी थी। उसके बाद उनकी आवाज़ हमेशा के लिए बन्द हो गयी।

यह चैती मुझे आज भी बहुत विचलित करती है। मुझे लगता है कि अम्मी हमें छोड़कर क्यों चली गयीं। अच्छा ही हुआ कि उन्होंने मुझे चैती सिखाने में दिलचस्पी नहीं दिखायी, नहीं तो मेरा तो न जाने कितना करम हो जाता।

रीता गांगुली से यतीन्द्र मिश्र

'काश! पीर साहब ने उनकी झोली में ख़ुशियाँ भी डाल दी होतीं!'

यतीन्द्र मिश्र

आपकी गुरु बेगम अख़्तर में ऐसा क्या ख़ास अन्दाज़ था, जो उन्हें समकालीनों या पूर्ववर्ती कलाकारों से अलग करता है?

रीता गांगुली

अम्मी (बेगम अख़्तर का प्यार से सम्बोधन) में कुछ ख़ास बात तो थी, जो उन्हें दूसरों से अलग करती थी। आप उनका शुरुआती जीवन देखिए, तो उनके दर्द को समझ पायेंगे। कैसे उनके पिता ने माँ को छोड़ा और दूसरी बहन का कम उम्र में इन्तक़ाल हुआ। ऐसे में अकेली बच गयीं 'बिब्बी' (अख़्तरी बाई फ़ैज़ाबादी के बचपन का नाम) को बचपन में ही तन्हाई मिली। मुझसे कहती थीं–'बेटा, हमारा गाना लोगों को क्यों अच्छा लगता है जानती हो? हर इन्सान कहीं न कहीं तन्हा है, मुझे तो तन्हाई ताउम्र रही, जिसकी तकलीफ़ मेरे गाने में उतरी है। मुझे लगता है कि वही दर्द लोगों को अच्छा लगता है मेरी आवाज़ में। ग़ज़ल तो एक बहाना भर है, ज़िन्दगी में जो ग़म मिले हैं। बहन का बिछुड़ना और माँ का संघर्ष बहुत छुटपन से देखा है। बचपन में ही यह सब मुझे बहुत अकेला कर गया। बेटा, अपने दुःख को गाती हूँ, जिस पर लोग खुश होकर अपने ग़म से जोड़कर देखने लगते हैं।'

अब आप देखिए कि वो कितना सटीक आकलन करती थीं खुद के बारे में। अम्मी को सब पता था कि ज़िन्दगी की सच्चाई और फ़रेब क्या हैं? उनके दर्द का साथी कौन है? ...तो मुझे यही लगता है कि बचपन और जवानी में मिली तकलीफ़ों और उनके संघर्षों ने मौसीक़ी को एक दर्द-भरे सुर्ख़ कालीन पर बुना उनके लिए। अम्मी की पुकार में वो सोज़ है, जो बाकियों से उनको अलग करती है।

यतीन्द्र मिश्र

मौसीक़ी में दर्द की इबारत को बेगम अख़्तर किस मुक़ाम तक ले जा सकी हैं?

रीता गांगुली

उन्होंने ग़ज़ल को समझा और उसे ही जीवन-भर साधने का प्रयास किया। मैं जो उनकी शिष्या रही, उनकी कोई भी ग़ज़ल की तर्ज़ लेकर उसे बहर में गा भर दूँ, ऐसा नहीं होता था। उन्होंने बहुत मेहनत करके हमें तर्ज़ देना सिखाया। क्या, कहाँ, कौन-सा राग चलन में आयेगा और किस तरह आयेगा, अम्मी ने इस पर बहुत तरह से तर्क करते हुए मेरे भीतर डालने की कोशिश की। यमन कहाँ से आया और किस तरह ग़ज़ल की उठान में फिट बैठेगा, इसे समझाने की कोशिश की। उन्हें कविता बहुत ठीक से पता थी और वे साहित्य को गहराई से समझती थीं। ग़ज़ल को इसी अन्दाज़ में उन्होंने लेना सिखाया। इस बात का भी इन्तज़ाम रखा कि अगर कोई बात इश्क़िया ढंग से कही जा रही है, तो उसे ग़ज़ल या दादरा में उन्होंने इश्क़िया रंग पैदा करने वाले रागों की तर्ज़ों में बाँधने की कोशिशें कीं।

अगर आपने ग़ौर किया होगा, तो उनके गानों में बेवजह की तिकड़मबाज़ी, दिखावा नहीं पायेंगे। सच्चे और सहज ढंग से विकसित होने वाले उनके गाये गीतों की कलात्मकता ही यह रही कि अम्मी ने ख़ुद के गायन को ताउम्र बड़ा सादगी-भरा रखा। ग़ज़लों के प्रति उनकी ईमानदारी देखते ही बनती है, जिसमें बोलों को इस तरह बरता गया है कि अल्फ़ाज के अर्थ भी उभर आयें। यह बड़ी बात है, अम्मी ने जिसे बख़ूबी साधा हुआ था।

यतीन्द्र मिश्र

कोई ख़ास बात, जो बेगम साहिबा ने आपको बतायी हो और जिसका ज़िक्र उनकी सांगीतिक यात्रा के सन्दर्भ में आपको मुनासिब लगता हो?

रीता गांगुली

बहुत सारी बातें हैं, जिनसे उनके संगीत किरदार का पता चलता है। उनके बचपन की एक घटना है, जिसे बड़े चाव से वे हम सब को सुनाती थीं। एक बार उनके फ़ैज़ाबाद वाले घर के पीछे बड़े मैदान में नुमाइश लगी। इसमें हाट, बाज़ार की चीज़ें के अलावा नौटंकी का भी शो हुआ। अम्मी बताती थीं कि वे और उनकी रफ़ीकन आया की लड़की साथ में घर से छुपकर नौटंकी देखने नुमाइश जा पहुँचीं। नौटंकी वाले पण्डाल में जब वे आगे जाकर बैठीं, तो अपने ज़माने की बहुत मशहूर तवायफ़ चन्दाबाई का प्रोग्राम होने जा रहा था। अम्मी ने मुझे यह वाक़या सुनाते हुए उनका डिस्क्रिप्शन बहुत सुन्दर दिया था। बोलीं—'बेटा वो

जो स्टेज होता था, भूरे रंग का स्टेज, वह नोटों से भर जाता था, जब चन्दाबाई नाचती थीं। ज़मीन किस रंग की है, वह दिखती नहीं थी, क्योंकि लोग इतना पैसा फेंकते थे। मगर क्या बात थी और क्या अदा, जो चन्दाबाई को एक बड़ी नर्तकी बनाये हुए थी। वे बड़ी अदा से *'छम छम बाजे पायलिया'* नाचती थीं और ऐसा पैसा गिरता था कि देखने लायक तमाशा होता था। मुझ पर वही असर कर गया है और मैं चन्दाबाई की तरह ही बहुत अदा और शोख़ी से संगीत की दुनिया में रहना चाहती हूँ।'

बेगम अख़्तर में वही एक बात थी, जो बचपन में उन्होंने वो अदा देख ली थी। उन पर सबसे ज़्यादा प्रभाव उसी शोख़ीपन का था, जो उन्हें चन्दाबाई में दिखा। बाद के दिनों में जब वे जवान हुईं, तो उनकी गायिकी के लिए हर वक़्त बिछे रहने वाले लोगों ने बेगम अख़्तर के अन्दर से शोख़, हिरनी जैसी चपल भंगिमाओं वाली अदाकारा को पनपते हुए देखा। वो अदा, वो सलोनापन और वो नफ़ासत से अपनी शारीरिक भंगिमाओं को गाते हुए उतना भर परोसना, जिससे मौसीक़ी में भी निखार आये, उन्हें महारत की तरह हासिल था। फिर तालीम वो पटियाला और किराना दोनों घरानों की पायी हुई थीं। उन दोनों की मर्यादाओं को साधते हुए, उन्होंने अपना एक ऐसा शिल्प गढ़ा, जो अख़्तरी बाई का अपना स्टाइल माना जा सकता है। आप उसे किसी एक घराने की चारदीवारी में रखकर क़ैद नहीं कर सकते। वो स्वतन्त्र है और उतना ही शोखी से भरा हुआ भी।

एक क़िस्सा याद आता है, अम्मी ने बताया था। जब वे गया में थीं और तालीम ले रही थीं। रमज़ान के दिन थे। ऐसे में सब लोग सुबह चार बजे के क़रीब उठकर सहरी खाते हैं। पूरी मुसलमान बिरादरी हाथ-पैर धोकर सूरज निकलने से पहले सहरी खा लेती है, फिर नमाज़ पढ़ने जाती है। तब एक दिन सुबह सहरी के वक़्त, एक फकीरन उनके घर की गली से गाते हुए जा रही थी। अम्मी कहती हैं कि—'बेटा मैं उसकी आवाज़ सुनकर ऐसी दीवानी हुई कि झट से छत पर चढ़ गयी और वहीं से उन्हें देखती हुई कान लगाये उसका गाना सुनती रही। बेटा मैंने जैसा गाना उस दिन सुना, वैसा गाना फिर हमने सुना ही नहीं। बहुत ही ख़ूबसूरती से गढ़ा हुआ सूफ़ी रंग का गाना। मैं देख रही थी कि नीचे जितने भी दरवाज़े खिड़की थे, वो सब खुलते गये, जिधर से वो गाती हुई निकल जा रही थी। उस दिन मुझे लगा, यह है सच्चा गाना। उस दिन मैं चन्दाबाई को भूल गयी।'

नीचे आकर तुरन्त उन्होंने अपने उस्ताद से बोला—'मुझे ऐसे गाना है, जैसा वो फकीरन अभी गाते हुए जा रही थी।' इस पर उस्ताद ने कहा—'ख़बरदार! ये गाना गाओगी, तो तुम्हारी ज़िन्दगी ख़राब हो जायेगी। यह गृहस्थों का गाना नहीं है, बहुत तकलीफ़ सहकर यह औरत ऐसा गाना गा रही है। ख़ुदा ना करे तुम्हारी ज़िन्दगी ऐसी हो, जिससे उस फकीरन की तरह का सुर मिले। ऐसा गाना क्यों

गाओगी? यह तो बाअसर गाना है। यह किसी के लिए नहीं गा रही है बेटा, यह तो ख़ुदा के लिए गा रही है। वो इसीलिए इतना असरदार गाना है कि वो ख़ुदा से जुड़ा हुआ है और वो उन्हें पुकार रहा है।' मगर अम्मी की ज़िद थी कि उन्हें अब वैसा ही गाना है, भले ही ज़िन्दगी में कुछ ऐसा हो, जिसके दर्द-भर से ज़िन्दगी पलट जाये, ज़िन्दगी में बहुत सारी तकलीफ़ आ जाये, मगर गाना तो वैसा ही असरदार चाहिए।

आप देखिए उनका कैसा ज़ुनून था और ज़िद थी, जो वो एक दर्द-भरी फकीरन होना चाहती थीं। वो ख़ुदा के लिए गाना चाहती थीं।

यतीन्द्र मिश्र

आपकी मुलाक़ात उनसे कैसे हुई थी?

रीता गांगुली

मेरे अब्बा की पहले से मुलाक़ात थी उनकी। यह मुझे पक्का मालूम है कि उन्होंने यह बात कहीं से सुन रखी थी कि मैं सिद्धेश्वरी देवी की गण्डा-बन्ध शिष्या हूँ। बाक़ायदा उनसे सीख रही हूँ और थोड़ा बहुत ठीक-ठाक गा लेती हूँ। बेगम अख़्तर में यह बात तो बचपन से थी कि जो भी उन्हें चाहिए होता था, उसे हासिल कर लेती थीं। उन्होंने मन बना रखा था कि वो मुझे शिष्या बनायेंगी।

यह भी एक संयोग कहा जायेगा कि मैं सिद्धेश्वरी देवी से सीखते हुए उनकी गायिकी की प्रशंसिका होती चली गयी। बाद में जब मैं उनकी ठुमरी और दादरा की बेहद दीवानी हो गयी, तो उनसे मिलने सीधे पहुँच गयी उनके पास। वो मेरे बारे में जानती थीं, बावजूद इसके उन्होंने मुझसे पूछा—'क्या करती हो? नाचती हो?' मैंने कहा 'जी नहीं।' फिर उन्होंने पूछा 'गाती हो?' मैंने कहा 'जी नहीं! मैं गाती नहीं हूँ।' तब बोलीं—'फिर क्या करती हो?' मैंने जवाब दिया—'मैं खाना पकाती हूँ।' अब इस पर बहुत प्रेम से भरकर बोलीं—'खाना पकाती हो। अरे! यह तो बात बन गयी। खाना ही तो बनाना मुख्य चीज़ है।' इस पर लाड़ से भरकर बोलीं—'तुम सीखोगी हमसे?' मैंने ऐसे जवाब दिया—'मैं गाना-वाना नहीं गाती हूँ, मेरे घर वाले इसकी इजाज़त नहीं देंगे।' उस ज़माने में मैंने ध्रुपद सीख रखा था, मगर मुझे ग़ज़ल नहीं जँचती थी।

मैं आपको ईमानदारी से बता रही हूँ कि मुझे उनकी ठुमरी बहुत पसन्द थी। तो मैंने कहा—'आप इतनी अच्छी ठुमरी गाती हैं, फिर उसे आजकल गाना क्यों बन्द कर रखा है। आप ग़ज़ल के अलावा कुछ गाती ही नहीं हैं आजकल?' बेगम अख़्तर ने जवाब दिया—'भई अगर ग़ज़ल से काम चलता है, तो काहे को हम बहलावा करें, काहे को बन्दिश गायें? इसकी कोई ज़रूरत भी है भला।' हँसकर

इतना और जोड़ा—‘ग़ज़ल दूसरे की चीज़ है, हारमोनियम दबाओ और गा दो अगला गाना। जो चीज़ें तुम मुझसे गाने को कह रही हो, वह सब गुज़रे ज़माने की बात हो गयी है। तब 78 आर.पी.एम. के रिकॉर्ड पर उन चीज़ों को गाकर रिकॉर्ड करवाया था। अब तो मुझे उन दादरों के अल्फ़ाज भी भूल गये हैं और तर्ज़ें भी भूल गयी हूँ। इसलिए गाने का जी नहीं करता।’

इतनी आसानी से उन्होंने मुझसे यह बात कही कि मुझे घोर आश्चर्य हुआ कि इतनी बड़ी अदाकारा अपनी चीज़ें कैसे भूल सकती है। मैं उनके इस अन्दाज़ को देखकर थोड़ा चकित भी थी कि कोई कैसे इतना शानदार और अन्दर से मज़बूत हो सकता है कि पहली बार मिलने वाले के सामने एकदम सच बयाँ कर दे और जैसी भी है, वैसी अन्दर की बात बाहर कह दे।

हालाँकि उनका ग़ज़ल गाना ही काफ़ी था, क्योंकि उन्होंने इस एक विधा को ही ज़बर्दस्त ढंग से साधा हुआ था। ...तो उनका यह कहना वाज़िब ही था कि भई जो मैं कर रही हूँ, उतना ही काफ़ी है। बेगम अख़्तर ने यह सब जो कहा और मैंने सच समझा, दरअसल मेरी भूल थी। उन्हें सब याद था और वे एक तरकीब के चलते मुझे उकसाकर कुछ गवाने का जतन कर रही थीं। उनका मन था कि मैं कुछ गाकर सुनाऊँ। इस तरह मैं उनकी ट्रिक में फँस गयी।

फिर मैंने बड़े उत्साह में उनसे कहा—‘आपका गाया हुआ दादरा *‘कोयलिया मत कर पुकार’* मुझे बेहद पसन्द है और मैं आपकी तर्ज़ गाकर आपको सुना सकती हूँ।’ फिर अपनी ही धुन में मस्त मैंने उनकी तरह ही शेर वग़ैरह में बाँधते हुए जैसा कि अम्मी गाती थीं, उनके सामने उन्हीं का दादरा गा दिया। (हँसती हैं) इस पर बड़ी खनकदार आवाज़ में अम्मी ने कहा—‘तुम तो बोल रही थी बेटा कि तुम गाती नहीं हो? फिर ये जो गाया है, वो क्या है?’ मैंने कहा—‘हज़ारों लोग लता मंगेशकर की तरह गाते हैं, दो-तीन सौ लोग ऐसे भी हैं, जो आपकी तरह गाते हैं, मगर आपका गाना इतना आसान नहीं है, उसे साधना तो बड़ा मुश्किल काम है।’ मैं समझ गयी कि मुझसे ग़लती हो गयी है और मैं अम्मी के कहे में आकर उनका ही दादरा सुनाने की हिमाक़त कर बैठी हूँ। मगर उनका बड़प्पन देखने लायक था।

मुझसे बोलीं—‘सीखोगी’। इस पर मैंने कहा—‘आप लखनऊ रहती हैं, मैं दिल्ली रहती हूँ, कैसे होगा?’ इस पर अम्मी ने जवाब दिया—‘मैं आ जाऊँगी दिल्ली! ऐ मियाँ बताओ तुम्हारा क्या ख़्याल है?’ इस पर मैंने कुछ नहीं कहा और मुझे लगा कि मुझे उन्हें मना कर देना चाहिए, क्योंकि मैं सिद्धेश्वरी देवी से सीख रही थी और किसी भी तरह उनकी तालीम छोड़ने का कोई इरादा नहीं था।

यतीन्द्र मिश्र

फिर कैसे आप उनकी शागिर्द हुईं?

रीता गांगुली

एक बार उन्होंने मेरे उस्ताद के बारे में कुछ अनुचित कह दिया। इस पर मैं भड़क गयी और मैंने उनसे नाराज़गी में कहा—'मैं अपनी पूरी तीन पीढ़ी को लानत भेजती हूँ, जो मैंने आपका गाना सुना। मैं आगे से आपकी ग़ज़ल नहीं सुनूँगी और आपको हक़ नहीं है कि आप मेरे गुरु के बारे में एक भी शब्द कहें।' मैं ग़ुस्सा कर रही थी और वो खिलखिला के हँस रही थीं और सिगरेट पिये जा रही थीं। जितना मैं उन पर तुनक रही थी, उतना ही वे हँसे जा रही थीं और बाद में उन्होंने सिगरेट बुझाया और मुझे अपनी गोदी में लपेट लिया। मुझसे बोलीं—'तुम जिसके लिए बेगम अख़्तर से लड़ गयी हो, सोचो अगर तुम मेरी शागिर्द बनोगी, तो मेरे लिए कितना लड़ोगी। मेरे लिए क्या-क्या करोगी, मुझे आज पता चल गया है। तुम जितना बोल रही हो, मुझे उतनी ही हैरत हो रही है। असली शागिर्द इसे ही कहते हैं, जो अपने गुरु के बारे में एक शब्द भी ग़लत न सुने। तुम मेरी शागिर्द हो और मैं तुम्हें अपनी शागिर्द बना के रहूँगी।' इस पर मैंने फिर भी नाराज़गी से कहा—'मैं आपकी शागिर्द कतई नहीं हो सकती।' इस पर अम्मी ने कहा—'मुझे मालूम है कि आजकल तुम सिद्धेश्वरी के यहाँ सीख नहीं रही हो।' मैंने कहा—'तो क्या फ़र्क़ पड़ता है, मैं वहाँ नहीं सीख रही हूँ, तो क्या आपकी एकदम से शागिर्द हो गयी?' बेगम अख़्तर ने समझाते हुए फिर कहा—'बेटा दत्तात्रेय के तो चौबीस गुरु थे, तुम एक और गुरु कर लोगी, तो क्या मुश्किल है? कहाँ रहती हैं सिद्धेश्वरी? चलो हम उनके पास चलते हैं और तुम्हें शागिर्दी में माँग लेते हैं।'

आप विश्वास नहीं करेंगे, अम्मी रात ग्यारह बजे सीधे पटौदी हाउस पहुँच गयीं, जहाँ सिद्धेश्वरी देवी रहती थीं। श्रीमती इन्दिरा गाँधी ने उन्हें यह घर मुकर्रर किया था। बेगम अख़्तर, सिद्धेश्वरी देवी को 'सुरेश्वरी' बोलती थीं। जब वे रात में पहुँचीं, तो एकदम से सिद्धेश्वरी देवी ने कहा—'अख़्तरी! आजकल तो तुम बेगम भईल हो। इत्ती रात के कुछ माँगे के लिए आईल हो?' बेगम अख़्तर ने कहा—'अपनी-अपनी क़िस्मत है, हम माँगते हैं और हमें मिलता है, देने वाले देते चले जाते हैं।' तिस पर सिद्धेश्वरी जी बोलीं—'चला बतियाव मत, का चाहती हो बोलो? दई देंगे। का चाहिए तुमका? हालाँकि हमरे पास देवेका का है? न कपड़ा, न लत्ता, न पइसा, न घर-बार। का चाही तोहका?' अम्मी ने बड़े इसरार से यह कहा—'इस बच्ची को दे दो।'

इस पर सिद्धेश्वरी जी के चेहरे का रंग उड़ गया। वो एकाएक कुछ समझ ना

पायीं कि बेगम अख़्तर क्या चाहती हैं? थोड़ी संयत होकर बोलीं—'क्या माँग रही हो तुम?' 'इस बच्ची को दे दो? यह मुझसे आजकल सीख नहीं रही है। मगर अइसे कइसे दई दी तुमका। ये मेरी गण्डा बाँधी हुई शिष्या है। हम एक ही शर्त पर इसे तुमको दइ सकित है, पहिले वादा करो, गण्डा बाँधोगी इसको। फिर ले जाओ बच्ची को। मगर अइसे नहीं।' ...और इस तरह मुझे खुद मेरी गुरु सिद्धेश्वरी देवी ने अम्मी को सौंपा।

मैं आपको बता नहीं सकती आज भी यह सुनाते हुए मेरा मन भर आ रहा है, मगर मैं सच बात कहती हूँ कि मैं बेगम साहिबा की मुरीद थी। उनके पीछे स्टेज पर बैठकर तानपूरा भी बजाया था, मगर मुझे सिद्धेश्वरी देवी से प्यार था। मैं उनकी तौहीन मज़ाक़ में भी नहीं सुन सकती थी। पता नहीं मेरे जीवन में यह कैसा बदलाव हुआ कि मैं अचानक अब अम्मी की शागिर्द हो गयी। वो भी इस तरह कि बाक़ायदा मेरी गुरु से इजाज़त लेते हुए, बेगम अख़्तर ने पूरे मान के साथ मुझे माँगा और अपनाया।

यतीन्द्र मिश्र

एक गुरु की हैसियत से बेगम अख़्तर और सिद्धेश्वरी देवी में क्या अन्तर था?

रीता गांगुली

वही अन्तर जो हाथी और हिरन में होता है। अम्मी हिरन थीं, तेज़, कुलाँचें भरने वाली, चपल गति से तानों के जंगल से निकलकर, अपनी ख़ूबसूरती बयाँ करने वाली। वहीं सिद्धेश्वरी जी मदमस्त हाथी की मानिन्द थीं, जो अपनी अलमस्त चाल में चलता हुआ, अपने विराट् व्यक्तित्व से पूरे परिदृश्य को सम्मोहित कर देता है। हौले से अपने क़दम रखने वाला गज, जिस तरह पूरी ताक़त से खड़ा होता है, उसी तरह सिद्धेश्वरी देवी का गायन था, जो अपने प्रस्थान में इतना भारी और पुख़्ता था कि बरबस उसकी तुलना एक हाथी की ही चाल और उसकी वैभवपूर्ण उपस्थिति से की जा सकती है। हिरन सुन्दर, सलोना अपनी बंकिम अदाओं से लुभाने वाला और बेहद ख़ूबसूरत होता है। उसकी गतियाँ देखते ही बनती हैं। जिसने भी बेगम अख़्तर को सुना है, वो उनकी गायिकी, शोख़ी और अदा से वाक़िफ़ है। उनको हिरन की तरह ही मैं देखती हूँ, जिनकी चपलता का अलग और गहरा आकर्षण है।

यतीन्द्र मिश्र

बेहद ख़ूबसूरती से आपने हाथी और हिरन के रूपक से अपने गुरुओं को याद किया है। इन दोनों के बीच खुद को किस तरह पाती हैं?

रीता गांगुली

मैं ख़ुद को। मेरी यह हिम्मत और हिमाक़त दोनों ही नहीं है कि मैं ख़ुद को कहीं इन गुरुओं की पंक्ति में खड़ा देखती हूँ। मैं तो कोरे बर्तन की तरह रही हूँ, इन दोनों के प्यार और तालीम की बारिश ने कुछ अमृत की बूँदें इकट्ठा कर दी हैं। मैं जो कुछ भी हूँ और एक 'सा' (षडज) भी सही लगा पा रही हूँ, तो उसका प्रताप मेरे गुरुओं को जाता है।

यतीन्द्र मिश्र

बेगम अख़्तर के सिखाने का अन्दाज़ कैसा था?

रीता गांगुली

मैं सिद्धेश्वरी देवी से तुलना करते हुए यह कहना चाहूँगी कि उनका, मसलन अम्मी का अन्दाज़ बहुत अलग था। सिद्धेश्वरी जी जो चीज़ एक बार गा चुकीं, आपको सिखाते वक़्त उसे हूबहू निकालना पड़ेगा। जब तक वो बात नहीं निकलेगी, ठीक नहीं होगा सिद्धेश्वरी जी के लिए। अम्मी का क्या था कि वो उनके विपरीत बहुत ग़ुस्सा करती थीं। उनका कहना था कि जो मैंने गा दिया या मैं गा रही हूँ, तो साथ बैठे हुए पीछे गाने में भी अपना गाना गाओ। उतना मत गाओ, जितना कि वो गा रही हैं। वे बड़ी नाराज़ होती थीं और कैसी डाँट पड़ती थी कि कुछ और भी बनाओ। कुछ अपना गाओ। यह क्या गा रही हो? जितना मैंने गाया, उतना ही अगर गाकर चुप हो गयीं, तो यह सिर्फ़ नकल रहा, इसमें उपज नहीं है। इससे बहुत नाराज़ होती थीं। मुझे याद है कि एक बार खचाखच भरे हुए आयोजन में जब वे ग़ज़ल *'वो जो हम में तुम में क़रार था'* गा रही थीं, तो जितना मैंने उनको फॉलो किया, उतना ही उन्होंने तिरछी निगाह से देखकर मुझे निगाहों से ही मार डाला। बाद में मुझे बहुत डाँटती और समझाती भी रही थीं कि जो ग़ज़ल गायी गयी, उसके स्टाइल में और क्या फ़र्क़ हो सकता है? और कितने ढंग से उसमें वजन लाया जा सकता है, किस तरह इम्प्रोवाइज किया जा सकता है, वो सब सिखाती थीं। कैसे बहर समझना है, कैसे मीटर पर बने रहना है, सब कुछ साधते हुए तर्ज़ कैसे लगानी है, यह सब कमाल का सिखाया अम्मी ने।

यतीन्द्र मिश्र

उनके बारे में कुछ क़िस्से मशहूर रहे हैं, ख़ासकर रामपुर के नवाब रज़ा अली ख़ाँ साहब द्वारा उनको उपहार में दिये गये सतलड़े का क़िस्सा, जिसमें सात बेशक़ीमती नगों की सात लड़ियाँ पिरोई थीं। ...और जिसका ज़िक्र संगीत आलोचक शीला धर ने भी अपने लेख में किया है।

रीता गांगुली

मैं बहुत माफ़ी के साथ कहना चाहूँगी कि यह सब सुनी-सुनायी बातें हैं, जिनकी सच्चाई सत्यापित नहीं हैं। शीला धर जी ने भी मुझे लगता है कि कहीं से सुनकर या कोई बात ऐसे ही प्रचलित रही होगी, उसके आधार पर यह सब लिखा होगा। मैं इससे कोई इत्तेफाक नहीं रखती। जितना मैं जानती हूँ अम्मी को, उसमें इतना भर बता सकती हूँ कि वे बेहद शहाना तबीयत की बड़े दिल वाली महिला थीं। उनमें लालच नहीं था। वे किसी राजा, सामन्त या नवाब के यहाँ सिर्फ़ इसलिए महफ़िलें नहीं करती थीं कि उन्हें कोई इनाम देगा या ज़ेवरात देकर वापस लौटायेगा। मैं यतीन्द्र आपके यहाँ का भी क़िस्सा जानती हूँ, जिसे आपने तमाम जगहों पर कहा और लिखा है कि कैसे अयोध्या रियासत में मिले हुए एक बड़े रक़बे की ज़मीन उन्होंने फ़ैज़ाबाद छोड़ते वक़्त आपके ख़ानदान को वापस लौटा दी थी। अब एक तरफ़ तो इतनी वज़नदारी वाली बात, दूसरी तरफ़ नवाब से सतलड़ा ले लेने की कहानी। दोनों बातें तो सच नहीं हो सकती हैं।

जहाँ तक मेरे देखे आया है, वो अपनी शादी की तस्वीर में जो सतलड़ा पहने हुई हैं, उनकी सास यानी अब्बासी साहब (इश्तियाक़ अहमद अब्बासी, बेगम अख़्तर के शौहर) की माँ भी अपने विवाह की तस्वीर में वही सतलड़ा पहने हुए हैं। ये मत भूलिए कि अम्मी की शादी एक नवाब ख़ानदान में हुई थी। वो काकोरी के नवाब थे और उनके ख़ानदानी ज़ेवर देखते ही बनते हैं। वो सब वाज़िब ढंग से अम्मी को विरासत में मिला है। ...और एक यह जो बात सिद्ध है कि उन्होंने हमेशा बड़प्पन से अपना जीवन चलाया, तो उसमें दूसरी कहानियों के लिए कोई मौक़ा हो, ऐसा मैं नहीं मानती हूँ। हो सकता है कुछ बातें हों, जो सीधे चलन में हमें मालूम नहीं हैं। सिर्फ़ क़िस्सों में बढ़ा-चढ़ाकर कही गयी बातें तो कोई मायने नहीं रखतीं।

यतीन्द्र मिश्र

कोई ऐसी दिलचस्प बात, जो आप अपने गुरु की यहाँ साझा करना चाहें?

रीता गांगुली

अम्मी बताती थीं उस ज़माने की बात, जब वो कॉरिंथियन थियेटर में काम करती थीं। जब वे थियेटर में काम करने लगीं, तो घोष बाबू ने उनको घर दिया, महीने की तनख़्वाह पर रखा और एक गाड़ी भी दी। लेकिन तीन-चार रिकॉर्ड जो उनके तैयार हुए, वो सब एक-एक कर फ्लॉप होते गये। ऐसे में कम्पनी को घाटा लगा और घोष बाबू ने यह कहा कि अगले महीने कम्पनी से उन्हें हटाया जा रहा है, क्योंकि उनके गाने से कम्पनी को मुनाफ़ा नहीं हो पा रहा। अब आगे इतनी महँगी तनख़्वाह, घर और गाड़ी की एवज़ में अख़्तरी बाई को कम्पनी रख नहीं

सकती। इस पर अम्मी की माँ मुश्तरीबाई परेशान हो गयीं और रोने लगीं कि अब आगे हमारा क्या होगा? यह सन् 1924-25 की बात है, जब अम्मी बमुश्किल 10-11 साल की किशोरी थीं। अम्मी को बहुत गुस्सा आया कि माँ क्यों रो रही हैं? इसमें रोने जैसी क्या बात है? इसके बाद मुश्तरीबाई, अम्मी को कलकत्ते से लेकर सीधे अपने पीर-ओ-मुर्शिद बरेली शरीफ़ की दरगाह तक लेकर गयीं। अम्मी बताती थीं कि जब उनकी माँ वहाँ के गद्दीनशीन पीर साहब से बात कर रही थीं, तो उन्हें यह बात बड़ी अखर रही थी कि उनकी माँ, एक बुजुर्ग के सामने भला रो क्यों रही हैं? उन्हें दरगाह में आकर इस तरह दुःखी होना, नाराज़ कर रहा था। अम्मी परेशान थीं कि पीर के सामने भला रोने की क्या ज़रूरत है। पीर साहब ने अख़्तरी बाई को देखकर कहा–'बेटा जो किताब तू लेकर आयी है, उसे खोल! हम हाथ रखते हैं।' अम्मी अपनी ग़ज़ल की वो कॉपी लेकर गयी हुई थीं, जिसे वो हमेशा अपने साथ रखती थीं।

माँ ने जब अम्मी से कहा कि पैर छुओ, तो पीर साहब ने मना किया कि मलिकाएँ पैर नहीं छूतीं। 'छोड़ दो मुश्तरी! इससे पन्ना खुलवाओ।' आप जानते हैं क्या हुआ? जब अख़्तरी ने पन्ना खोला, तो वही पन्ना खुला, जिस पर बहज़ाद लखनवी की अम्मी के हाथ से लिखी हुई ग़ज़ल *'दीवाना बनाना है तो दीवाना बना दे'* मौजूद थी। पीर साहब ने उस पर हाथ रखा और कहा–'ले बरेली शरीफ़ हाथ रखता है, जा कामयाब हो।' इतना कहने के बाद पीर साहब ने अख़्तरी से कहा–'जा इस ग़ज़ल को रिकॉर्ड कर बेटा। शोहरत और दौलत तेरी बाँदी बनकर रहेगी और सारी दुनिया तेरे पीछे दीवानों की तरह पागल होगी।' इसके बाद उन्होंने मुश्तरीबाई से कहा–'मुश्तरी सीधे जाओ और इसी को रिकॉर्ड करवाओ। घर मत जाना, सीधे कलकत्ते जाकर पहले गाना रिकॉर्ड करवाओ।'

मुश्तरीबाई उसके बाद जब अम्मी को लेकर निकलीं, तो सीधे कलकत्ते में घोष बाबू के यहाँ गयीं और उनसे कहा कि हम तब तक घर नहीं जायेंगे और कुछ भी खायेंगे-पीयेंगे नहीं, जब तक आप यह गाना रिकॉर्ड नहीं करवा देंगे। घोष बाबू ने उस गाने को रिकॉर्ड करवाया और उसके बाद *'दीवाना बनाना है तो दीवाना बना दे'* ने अख़्तरी बाई की तक़दीर बदल दी। हालाँकि मुझे लगता है कि काश! पीर साहब ने शोहरत और दौलत की दुआ के साथ थोड़ी ख़ुशियाँ भी अख़्तरी की झोली में डाल दी होतीं।

यतीन्द्र मिश्र

संगीत की दुनिया में यह भी कहा जाता है कि सिद्धेश्वरी देवी और बेगम अख़्तर की आपसी प्रतिस्पर्धा चरम पर थी और सिद्धेश्वरी देवी को इस बात की ईर्ष्या भी होती थी कि वे उस तरह से सुन्दर नहीं हैं, जितनी की अख़्तरी बाई थीं। आप दोनों की शिष्या रही हैं, तो इस बात को किस तरह देखती हैं?

रीता गांगुली

यह सच है कि दोनों में ग़ज़ब का कॉम्पटीशन था, मगर आपस में सम्मान और ऐहतराम भी ख़ूब ज़्यादा था। यह कभी नहीं हो सकता था कि अम्मी सिद्धेश्वरी देवी के लिए कोई अपशब्द कहें या कि सिद्धेश्वरी जी अख़्तरी बाई के बारे में कोई ग़लत बयानी करें। आपसी ईर्ष्या को लेकर बहुत तरह की बातें प्रचलित रही हैं, मगर वे कभी मेरे सामने सुनने या देखने में नहीं आयीं। अम्मी बहुत सुन्दर थीं, ऐसा नहीं था, हाँ यह ज़रूर कहूँगी कि उनमें आकर्षण बहुत था। एक तरह का सम्मोहन था, जिसे आप स्टारडम के ग्लैमर के रूप में भी देख सकते हैं। आख़िरकार वे सिनेमा की एक अदाकारा भी रही थीं, तो उस तरह का ग्लैमर उनमें आना स्वाभाविक था। सिद्धेश्वरी जी सहज थीं, मगर सादगी की मूरत जैसी लगती थीं। उनकी सौम्य छवि में चेहरे पर एक छोटी-सी बिन्दी भी बहुत भाती थी। मगर किसी को बहुत सुन्दर कहना हो, तो मैं सुरश्री केसरबाई केरकर जी का नाम लूँगी। उनकी जैसी सुन्दर दूसरी कोई गायिका मेरे देखने में नहीं आयी।

यतीन्द्र मिश्र

आपकी तालीम में बेगम अख़्तर ने ऐसा क्या ख़ास जोड़ा, जो नसीहत की तरह आज भी याद आता है?

रीता गांगुली

बहुत बढ़िया सवाल है आपका। उन्होंने मुझसे जो कहा था, वो उनके बड़प्पन की तरफ़दारी करता है। आज भी मुझे याद है वो बात। वो कहा इसलिए भी महत्त्वपूर्ण लगता है कि उसे उन्होंने मेरी सिद्धेश्वरी देवी जी से शागिर्दी के सन्दर्भ में कहा था। अम्मी बोलीं—'बेटा तुम्हारी जो ठुमरी है, वह चौबीस कैरेट सोना है, उसको कभी ख़राब मत करना। बस इतना है कि तुम्हें उसे पेश करना नहीं सिखाया गया है। किसकी बात, क्या कैसे पेश होगी और बढ़त का अन्दाज़ क्या है, क्या पहले बढ़ेगा, क्या छोड़ देना है—यह मैं तुम्हें सिखाती हूँ।' कितनी बड़ी बात कही उन्होंने।

उनके संगीत की प्रस्तुतियाँ शानदार होती थीं। पूरी सभा को कैसे दम साध के बाँधे रखना है, यह बेगम अख़्तर को बख़ूबी मालूम था। एक बार मैंने पूछा भी था—'अम्मी ये लोग जो आपको एक बार सुनते हैं, वो पागल क्यों हो जाते हैं, ऐसी कौन-सी सुन्दरता है आपमें, जो कोई आपके क़रीब एक मिनट के लिए भी बैठा, तो आपके प्रति दीवाना तो हुआ ही; वो आपका सबसे बड़ा तलबगार बन गया।' अम्मी ने कोई जवाब नहीं दिया। हँसती रहीं और बड़े कलाकारों की बात करते हुए उन्होंने मेरी बात ही पलट दी। ऐसी थीं वे। ख़ुद महान थीं, लेकिन दूसरों की महानता गाने में सबसे आगे। मुझे आज भी याद है कि उस्ताद अमीर

ख़ाँ साहब के निधन पर किस तरह वो दुःखी होकर रोयी थीं, कि मेरा दिल बैठने को आ गया। उनके लिए हर बड़ा फ़नकार आदर के क़ाबिल था। फिर वो मेरी गुरु सिद्धेश्वरी देवी ही नहीं, बल्कि उस्ताद अमीर ख़ाँ साहब, उस्ताद अली अक़बर ख़ाँ, पण्डित रविशंकर और पण्डित कुमार गन्धर्व जैसे फ़नकार उनके लिए बड़े आदर के पात्र थे। ...और ये भी देखिए कि ये सारे लोग भी अम्मी को बहुत सम्मान देते थे।

मैंने अम्मी का जलवा देखा है। प्रधानमन्त्री इन्दिरा गाँधी, लता मंगेशकर जी और अभिनेत्री नरगिस भी अम्मी से बहुत जुड़ी हुई थीं और उनका बेहद आदर करती थीं। संगीतकार जयदेव भी उनके क़द्रदानों में शामिल रहे थे। खुद अम्मी गुलज़ार और राखी को बहुत पसन्द करती थीं और जब उन्होंने दूसरों के घरों में गाना लगभग छोड़ दिया था, ऐसे में उन्होंने इन दोनों की शादी के संगीत में जाकर गाया था। मैं भी अम्मी के साथ गयी थी। मुझे आज भी अच्छी तरह याद है कि अम्मी ने वहाँ दरबारी का एक छोटा ख़्याल गाया था और एक मुबारक़बादी भी गायी थी, जिसके बोल थे–*'मुबारक़बादियाँ ऐसी हो शादियाँ अल्लाह रसूल ने तोहे दीन्हीं।'*

यतीन्द्र मिश्र

बेगम साहिबा को होली, कजरी, चैती, बारामासा में सबसे ज़्यादा क्या पसन्द था?

रीता गांगुली

मुझे लगता है कि जब वो अख़्तरी बाई फ़ैज़ाबादी थीं, तो सबसे अधिक उन्होंने ठुमरी और दादरा के अलावा कजरियाँ गायी हैं। चैती और होली भी उन्होंने बहुत मन से गाया है। होली की तो ठुमरियाँ उनकी आज भी सुनने में बेजोड़ हैं। बाद के दिनों में अपने इन्तक़ाल के एक दशक पहले से उनका झुकाव कुछ ज़्यादा ही ग़ज़लों की ओर हो चला था। आप देखिए कि ख़ुद अपने जाने के पहले उन्होंने किस तरह मीर, ग़ालिब, जिगर मुरादाबादी, शकील बदायूँनी, कैफ़ी आज़मी और सुदर्शन फ़ाकिर को गाकर एक अलग ही रंगत दी है।

यतीन्द्र मिश्र

उनके समकालीनों में वे कौन-से लोग थे, जिनसे उनकी यादगार मित्रताएँ रही थीं?

रीता गांगुली

उनके सबसे क़रीबी मित्रों में संगीतकार मदन मोहन और मुम्बई में मौजूद गायक गुलूभाई जसदानवाला का नाम लूँगी। गुलूभाई जसदानवाला वही हैं, जिन्होंने श्रुति सादोलिकर को सिखाया है। मदन मोहन की अधिकांश धुनों पर अम्मी की ग़ज़लों और दादरों की तर्ज़ें देखी जा सकती हैं, जो लगता है, जैसे उन्होंने सीधे उनकी गायिकी से उठा ली हों। बहुत सारे गाने ऐसे होंगे, जो मदन मोहन जी

ने अम्मी की चीज़ें से लेकर बनाये। उनकी एक ठुमरी है, *'संग ले चल बाँके साँवरिया, दरिया के उस पार'* पर मदन मोहन ने *'आपकी नज़रों ने समझा प्यार के क़ाबिल मुझे'* बनाया, तो दूसरी ठुमरी *'बैयाँ न गहो ओ बलमा'* पर *'बैयाँ न धरो ओ बलमा'* बना दिया।

यतीन्द्र मिश्र

बेगम अख़्तर सबसे बड़ा गायक किसे मानती थीं?

रीता गांगुली

उस्ताद बरक़त अली ख़ाँ को। अम्मी को ख़ाँ साहब की शक़्ल से, मिज़ाज से, गाने से, उनकी गुफ़्तगू से, उनके अन्दाज़ से इश्क़ था। उनके व्यवहार से इतनी मुतासिर थीं कि क्या कहने। वैसे भी उस्ताद बरक़त अली ख़ाँ साहब बेहद संजीदा और उम्दा इन्सान थे। (हँसते हुए) अम्मी बड़ा पाउडर-वाउडर लगाकर जाती थीं, ख़ाँ साहब के सामने कि वे हमारी तरफ़ देखेंगे। सवाल ही नहीं उठता कि शरीफ़ बरक़त अली ख़ाँ साहब एक निगाह भी उठाकर देखें। ...और उस पर अम्मी कहती थीं—'हाय! मेरी चवन्नी सी शक्ल कौन देखेगा!' फिर हँसती थीं।

यतीन्द्र मिश्र

बेगम अख़्तर की पसन्द का राग?

रीता गांगुली

उन्हें दरबारी बहुत पसन्द था। हालाँकि तिलंग और काफी में भी बहुत चीज़ें गाती थीं, मगर ऑल टाइम फेवरेट तो दरबारी ही था।

यतीन्द्र मिश्र

ख़ुद की गायी हुई ग़ज़लों में सर्वाधिक पसन्दीदा ग़ज़ल?

रीता गांगुली

आप जानकर आश्चर्य करेंगे कि ख़ुद की गायी हुई कोई ग़ज़ल उन्हें पसन्द नहीं थी। सबके लिए कहती थीं—'अरे बकवास हैं।' इस तरह उनकी तबीयत थी कि कुछ भी ख़ुद का गाया उनको बहुत नहीं जँचता था। ग़ज़लों को पढ़ने और उन्हें समझने में माहिर थीं। बहुत पढ़ी-लिखी नहीं थीं, बावजूद इसके उर्दू और फ़ारसी के ग़ज़लों के तलफ़्फ़ुज़ और उनके आशयों को बड़ी संजीदगी से पकड़ लेती थीं। दरअसल अख़्तरी बाई फ़ैज़ाबादी और बेगम अख़्तर दोनों मुख़्तलिफ गायिकाएँ हैं। जब वो बेगम अख़्तर बनकर निकलीं, तब तक अपने सारे ख्वाबों को टूटते हुए उन्होंने देख लिया था। अब जो, वो आग में पककर निकलीं, तो उन्हें कुन्दन होना ही था। उनकी ग़ज़लों में जो चमक और समझ है, वो उनके

शौहर इश्तियाक़ अहमद अब्बासी साहब की तरफ़ से उन्हें मिला है। वो अपनी शादी से, अपने पार्टनर से बहुत ख़ुश थीं। हालाँकि उनके कई सपने टूटे, माँ नहीं बन पायीं, मगर उनके शौहर ने उन्हें भरपूर प्यार और सम्मान दिया था। उर्दू अदब की ओर भी उनका रुझान बनाने में अब्बासी साहब ही प्रमुख किरदार के रूप में उभरते हैं। उनके जीवन का सबसे बड़ा दर्द बाद में यही रहा कि वे माँ नहीं बन सकी थीं। यही चीज़ उन्हें झकझोरती थी।

यतीन्द्र मिश्र

उनकी धार्मिक मान्यताएँ कैसी थीं?

रीता गांगुली

अम्मी बड़े मन से रमज़ान के महीने में रोज़े रखती थीं। मुहर्रम पर सातवीं तारीख़ से शुरू होकर अन्तिम दिन की अज़ादारी तक के लिए मज़लिस करना, सोज़ और मर्सिया गाना उनके जीवन का अंग था। आप देखें कि आज भी करोड़ों मुसलमानों की क़िस्मत में हज़ नसीब नहीं होता है, ऐसे में उस ज़माने में अम्मी तीन बार हज़ कर आयीं। एक बार हज़ करने के बाद दोबारा हज़ करने जाने के लिए कुछ वक़्त की सरकारी पाबन्दी होती थी। उस दौर में भी अम्मी ने अपनी ज़िद के चलते दोबारा हज करने की बात तत्कालीन प्रधानमन्त्री इन्दिरा गाँधी जी से कही। फिर क्या था, अब उन्हें कौन रोकता? तो इस तरह उन्होंने दोबारा और फिर तीसरी बार हज़ करने की अपनी मंशा पूरी कर डाली।

हालाँकि एक बात ज़रूर कहूँगी कि अपने धर्म में पूरी तरह रमने के बाद भी अम्मी में जाति और धर्म को लेकर कोई संकीर्णता नहीं थी। वे पूरी तरह सेकुलर थीं और दूसरे धर्मों की मान्यताओं को भी बड़े सम्मान की निगाह से देखती थीं। उनकी अधिकांश शिष्याएँ हिन्दू रहीं और मुझे लगता है कि मेरे अलावा बाकियों का भी यही तज़ुर्बा होगा कि अम्मी ने कभी भी उन्हें इस बात का एहसास ही नहीं होने दिया कि वे सब उनके धर्म से नहीं आती हैं। मज़हब को लेकर उनका दायरा कतई सँकरा नहीं था।

आप जानकर आश्चर्य करेंगे कि अम्मी कृष्ण भक्त थीं और उनकी शान में लिखे गये पदों, गीतों और भजनों से बेहद प्रभावित थीं। उनका कृष्ण प्रेम बिल्कुल वैसा ही था, जैसा कि बाबा बुल्ले शाह का कृष्ण के प्रति रहा है, जब वे उनकी भक्ति में डूबकर लिखते हैं– *'बंसी अचरज कान्हा बजाई।'*

यतीन्द्र मिश्र

जब रियासतों का दौर था, तब अख़्तरी बाई फ़ैज़ाबादी के रूप में उन्होंने जिन रियासतों में महफ़िलें की हैं, उनमें से किन का ज़िक्र आप लोगों के सामने कभी किया है?

रीता गांगुली

वो तमाम रियासतों की स्टेट गायिका के बतर्ज़ बुलांयी जाती थीं। जितना मुझे मालूम है, उनमें हैदराबाद, जम्मू और कश्मीर, कूच बिहार, बड़ौदा, मैसूर, गया, बनारस और अयोध्या की रियासतों में उनका सम्मान ग़ज़ब था। रामपुर के नवाब के यहाँ तो उनके सम्मान में लाल गलीचा हमेशा ही बिछा रहता था। इसके अलावा बनारस, लखनऊ, दिल्ली, कलकत्ता, दरभंगा, अहमदाबाद और बम्बई (अब मुम्बई) के बड़े रईसों के यहाँ भी अम्मी का गाना-बजाना होता रहता था।

यतीन्द्र मिश्र

आपकी तालीम में उन्होंने कुछ पाबन्दी भी लगायी होगी या कोई ऐसा वचन लिया होगा कि फलाँ चीज़ क़ब गानी है या नहीं गानी है?

रीता गांगुली

उन्होंने एक बार कहा था कि मैं देख रही हूँ कि तुम हारमोनियम बहुत अच्छा बजाती हो। कमबख़्त सब लोग हारमोनियम पहले बजाते हैं, उसके बाद गाते हैं। बेटा, गाना पहले होता है, साज़ पीछे-पीछे आता है। मुझे गुरु दक्षिणा दो कि हारमोनियम नहीं बजाओगी। उसके बाद वो दिन और आज का दिन है, मैंने हारमोनियम फिर नहीं बजाया।

यतीन्द्र मिश्र

बेगम अख़्तर के किरदार में सबसे अद्‌भुत क्या बात थी?

रीता गांगुली

बात यह है कि उनका जो कैरेक्टर था, उसमें संगीत घुला हुआ था। उनकी ज़िन्दगी के जो अन्तरंग पहलू थे, उनमें से भी संगीत छलक आता था। वो बड़े दिल की, साफ़ मन वाली, शानदार महिला थीं, जिनके इर्द-गिर्द दुनिया-भर के लोग जुटे हुए थे, मगर उनका अकेलापन उनका अपना था। उन्होंने एक तरीक़े से अपने एकान्त को ही सर्वाधिक गाया है और उसकी पुकार को संगीत के व्याकरण में कामयाब बनाया है। मुझसे हमेशा कहती थीं–'अगर ज़िन्दगी में कामयाब होना है, तो तन्हाई से दोस्ती कर लो। वो तुम्हारा साथ कभी नहीं छोड़ेगी।' आप देखिए, अपने जीवन के बारे में वे ख़ुद किस तरह फ़लसफ़े के रूप में कितनी गहरी बात कह गयीं।

यतीन्द्र मिश्र

दादरा, ठुमरी और उप-शास्त्रीय गायन की परम्परा को आप किन कलावन्तों की निशानदेही से मुकम्मल भारतीय तस्वीर के रूप में देखती हैं?

रीता गांगुली

सिद्धेश्वरी देवी, रसूलन बाई, उस्ताद बड़े ग़ुलाम अली ख़ाँ और बेगम अख़्तर...ये मेरे लिए एक बड़ी परम्परा है, जिस पर फ़ख़्र होता है।

यतीन्द्र मिश्र

एक आख़िरी सवाल, बेगम अख़्तर को अगर कम से कम शब्दों में पारिभाषित करना हो, तो शिष्या से अलग, एक कलाकार के रूप में आप किस तरह उनका मूल्यांकन करेंगी?

रीता गांगुली

एक यारबाश और शहाना औरत, जिसने अपनी तन्हाई को दोस्त बनाया और दुनिया के फ़रेब से ऊपर उठकर प्रेम और विरह की गुलूकारी की। अम्मी ऐसी ही थीं—जज़्बाती और प्रेम से भरी हुई। वो ही सच्चे दर्द के साथ ये गा सकती थीं—*'ऐ मोहब्बत तेरे अंजाम पे रोना आया।'*

अहले उल्फ़त के हवालों पे हँसी आती है

बेगम अख़्तर से संवाद और गायिकी का पाठ

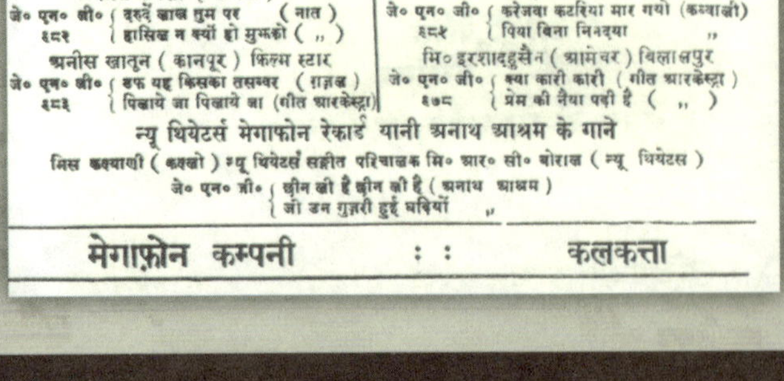

मेगाफोन रेकर्ड
सितम्बर १९३७ के नये रेकार्ड्स
मिस अखतरी बाई (फ़ैज़ाबाद) फ़िल्म स्टार
जे० एन० जी० { उठये तो कहाँ जाईये (ग़ज़ल)
९८१ { मूसा की जवानी पर (नात)
मिस कमला (झरिया)
जे० एन० जी० { दरुदें खास तुम पर (नात)
९८२ { हासिल न क्यों हो मुझको (,,)
अनीस खातून (कानपूर) फ़िल्म स्टार
जे० एन० जी० { उफ यह किसका तसव्वर (ग़ज़ल)
९८३ { पिलाये जा पिलाये जा (गीत आरकेस्ट्रा)
मि० विजयकुमार बी० ए० (फ़िल्म स्टार)
जे० एन० जी० { साँवरिया परदेश सखीरी (गी० आ०)
९८४ { प्रीतम छेड़ो ना प्रेम के तार (,,)
म० हनीफ कव्वाल
जे० एन० जी० { करेजवा कटरिया मार गयो (कव्वाली)
९८५ { पिया बिना निनदया ,,
मि० इरशादहुसैन (आमेचर) बिलासपुर
जे० एन० जी० { क्या कारी कारी (गीत आरकेस्ट्रा)
९७८ { प्रेम की नैया पड़ी है (,,)
न्यू थियेटर्स मेगाफोन रेकार्ड यानी अनाथ आश्रम के गाने
मिस कल्याणी (कलको) न्यू थियेटर्स सङ्गीत परिचालक मि० आर० सी० बोराल (न्यू थियेटर्स)
जे० एन० जी० { छीन ली है छीन ली है (अनाथ आश्रम)
{ जो उन गुज़री हुई घड़ियों ,,
मेगाफ़ोन कम्पनी : : कलकत्ता

Kali Films
AMEENA

बेगम अख़्तर से आचार्य कैलाश चन्द्र देव बृहस्पति

मैं तो आवाज़ दबाकर नहीं गाती हूँ...

आचार्य बृहस्पति

आदाब अर्ज़ है।

बेगम अख़्तर

आदाब अर्ज़ है।

आचार्य बृहस्पति

भई, ख़ुदा का बड़ा फ़ज़ल है कि आज आपसे मुलाक़ात हुई है। जब गुणियों से मुलाक़ात होती है, तो तबीयत चाहती है कि कुछ बातचीत की जाये। उनसे कुछ सबक़ लिए जायें, उनके कुछ तजुर्बात दर्याफ़्त किये जायें। तो मुझे उम्मीद है कि जिस तरह गाने में फ़ैयाज़ी बरतती हैं...

बेगम अख़्तर

हा...हा...(सम्मिलित हँसी की आवाज़)

आचार्य बृहस्पति

...इसी तौर पर आप हमारे सवालात का जवाब देंगी, जिससे कि हमें कुछ सबक़ मिल सके। आपकी राय में गाने की रूह क्या है, जिसके बग़ैर गाना, गाना ही नहीं रहता?

बेगम अख़्तर

मेरे ख़्याल में गाने की रूह तासीर है। दुरुस्त है न?

आचार्य बृहस्पति

सुभानल्लाह! आख़िर तासीर से आपका मक़सद क्या है?

बेगम अख़्तर

असर।

आचार्य बृहस्पति

अन्त में वो सही है; यानी, मसलन आप गा रही हैं और मेरा इरादा भी आपका गाना सुनने का है, कहीं और फ़िक्र मुझे नहीं है...

बेगम अख़्तर

जी।

आचार्य बृहस्पति

और आप दिल लगाकर गा रही हैं; आप गाने में डूबी हुई हैं। तो मेरी कैफ़ियत क्या हो जानी चाहिए?

बेगम अख़्तर

कम से कम इतनी तो होनी चाहिए कि आप इत्मीनान से बैठे रहें और सुनते रहें!

आचार्य बृहस्पति

ज़ाहिर बात है।

बेगम अख़्तर

मैं तो उसी को तासीर समझती हूँ मेरे गाने की, कि मैं जैसा गा रही हूँ, अगर ठीक गा रही हूँ, तो कम से कम उसका असर आपके दिल पर होना चाहिए।

आचार्य बृहस्पति

और वो कम से कम यह होना चाहिए, कि मैं अपनी और फ़िक्रों को उस वक़्त भूल जाऊँ।

बेगम अख़्तर

भूल जाऊँ; जी हाँ।

आचार्य बृहस्पति

यानी दिन भर के प्रोग्राम को भूल जाऊँ–कहाँ जाना है, कहाँ आना है, घर में बीवी से झगड़ा हुआ है या नहीं हुआ है...

बेगम अख़्तर

हं हं (हँसी)।

आचार्य बृहस्पति

इन सारी बातों को भूल जाऊँ मैं।

बेगम अख़्तर

दुरुस्त है, दुरुस्त है।

आचार्य बृहस्पति

यानी गाना एक वो फ़न है, अगर सही तौर पर उसे पेश किया जाये, तो कुछ वक़्त के लिए सामा अपनी सुध-बुध भूल जाता है।

बेगम अख़्तर

बेशक़।

आचार्य बृहस्पति

अच्छा, तासीर पैदा करने के लिए हम क्या करें?

बेगम अख़्तर

मेरे ख़्याल से तो यूँ ही कह लीजिए कि...

आचार्य बृहस्पति

जी।

बेगम अख़्तर

ख़ुदा की देन!

आचार्य बृहस्पति

दुरुस्त है।

बेगम अख़्तर

या अपनी मेहनत, अपने दिल का लगाव।

आचार्य बृहस्पति

दुरुस्त है। यानी आपका मक़सद यह हुआ कि अगर गाने में तासीर पैदा करना है तो फ़ितरी तौर पर जज़्बात होना चाहिए फ़नकार के अन्दर।

बेगम अख़्तर

यक़ीनन।

आचार्य बृहस्पति

जिसका इज़हार वो करना चाहता है...और यह ख़ुदा की देन है।

बेगम अख़्तर

यक़ीनन।

आचार्य बृहस्पति

अच्छा, तो अगर हम यूँ कहें कि ख़ुदा की देन उस सोने की तरह है, जो खान से निकला? लेकिन खान से निकला हुआ सोना ज़ेवर तो नहीं होता।

बेगम अख़्तर

बिल्कुल।

आचार्य बृहस्पति

उस सोने को साफ़ करना पड़ता है और बहुत सारी बातें करनी पड़ती हैं, तब कहीं जाकर वो ज़ेवर बनता है।

बेगम अख़्तर

बिल्कुल।

आचार्य बृहस्पति

तो आपकी राय में जिसे अल्लाह मियाँ की देन है, ऐसे शख़्स को अच्छा फ़नकार बनने के लिए क्या करना चाहिए?

बेगम अख़्तर

मेहनत करनी चाहिए, सच बोलना चाहिए—गाने का असर ईमान से पड़ता है।

आचार्य बृहस्पति

सुभानल्लाह!

बेगम अख़्तर

अगर इन्सान ईमानदार है, तो उसके गाने में भी तासीर होगी।

आचार्य बृहस्पति

आपका मक़सद यह है कि अगर इन्सान कपटी नहीं है।

बेगम अख़्तर

हाँ।

आचार्य बृहस्पति

उसमें ख़ुलूस है।

बेगम अख़्तर

बोझ नहीं रखता।

आचार्य बृहस्पति

बोझ नहीं रखता; जी हाँ, दिल में सफ़ाई है।

बेगम अख़्तर

सफ़ाई है।

आचार्य बृहस्पति

तो उसके सुर में भी तासीर होगी।

बेगम अख़्तर

यक़ीनन।

आचार्य बृहस्पति

दुरुस्त है, कोई शुबा नहीं। अच्छा, अगर कोई ख़ातून सिल और बट्टे को मुतवातिर रगड़ती रहें, यानी उसको रगड़ने का रोज़ाना रियाज़ करती रहें?

बेगम अख़्तर

हाँ....

आचार्य बृहस्पति

तो चटनी तो नहीं बनेगी! इसके मायने यह हुआ कि अल्लाह मियाँ की देन, रियाज़ करने का जज़्बा, और उसके साथ शायद तालीम की भी ज़रूरत होगी?

बेगम अख़्तर

बिल्कुल।

आचार्य बृहस्पति

अच्छा। तो तालीम का ऐसा तरीक़ा जो कि सबको इख़्तियार करना ही चाहिए, जिस तरीक़े को इख़्तियार किये बग़ैर आर्टिस्ट नहीं बन सकता, आपकी राय में वो क्या है?

बेगम अख़्तर

यह तो आप मुझसे ज़्यादा जानते हैं।

आचार्य बृहस्पति

नहीं, ऐसा है कि सब कुछ तो अल्लाह मियाँ ही जानते हैं! सम्मिलित हँसी हम लोग तो बन्दे हैं, नाचीज़ हैं।

बेगम अख़्तर

जी हाँ। पर आपने तो इतनी मेहनत की है, इतनी रिसर्च की है, कि आप तो इसको हमसे ज़्यादा समझ सकते हैं।

आचार्य बृहस्पति

लेकिन शायद मैं अपना सवाल वाज़ह नहीं कर सका।

बेगम अख़्तर

जी?

आचार्य बृहस्पति

एक तरीक़ा-ए तालीम था वो, जिसमें कि आपको तालीम मिली।

बेगम अख़्तर

बिल्कुल।

आचार्य बृहस्पति

एक तरीक़ा-ए तालीम है आजकल का, स्कूलों का या जमातों का।

बेगम अख़्तर

जी।

आचार्य बृहस्पति

इन दोनों तरीक़ों में बहुत बड़ा फ़र्क़ है।

बेगम अख़्तर

बहुत फ़र्क़ है।

आचार्य बृहस्पति

तो आपको जिस तरीक़े से तालीम मिली वो तरीक़ा क्या है?

बेगम अख़्तर

मुझे तालीम जिस तरीक़े से दी गयी उसमें एक-एक सुर के ऊपर आधे-आधे घण्टे लगाने पड़ते...उस्ताद ने कहा कि आवाज़ 'सा' पर लगाओ।

आचार्य बृहस्पति

जी।

बेगम अख़्तर

आधे घण्टे लगाओ।

आचार्य बृहस्पति

जी।

बेगम अख़्तर

लगाती रही; फिर, खरज भरो।

आचार्य बृहस्पति

जी।

बेगम अख़्तर

एक घण्टा, डेढ़ घण्टा उसमें आवाज़ लगाओ।

आचार्य बृहस्पति

जी।

बेगम अख़्तर

तो उसमें मैंने यह देखा कि आवाज़ में जान पैदा होती है।

आचार्य बृहस्पति

जी।

बेगम अख़्तर

क़ुव्वत आती है।

आचार्य बृहस्पति

जी।

बेगम अख़्तर

सुर सही लगता है।

आचार्य बृहस्पति

सच्चाई पैदा होती है।

बेगम अख़्तर

सच्चाई पैदा होती है।

आचार्य बृहस्पति

अच्छा, तो आप कितनी बड़ी थीं जब से आपको यह रियाज़ कराया गया?

बेगम अख़्तर

मेरे ख़्याल में...मुझे अच्छी तरह से याद है कि मैं दस, दस-ग्यारह साल की थी, जिस वक़्त से ख़ाँ साहब, अता ख़ाँ साहब ने रियाज़ शुरू कराया।

आचार्य बृहस्पति

ख़ाँ साहब, अता ख़ाँ ने?

बेगम अख़्तर

जी हाँ, पटियाला के हैं।

आचार्य बृहस्पति

पटियाले के...ठीक है, वो तो अभी हयात हैं।

बेगम अख़्तर

जी हाँ।

आचार्य बृहस्पति

अच्छे बुज़ुर्ग से। तो शुरू में कहाँ आपने सीखा?

बेगम अख़्तर

मैंने कलकत्ता में सीखा।

आचार्य बृहस्पति

क्यों सीखा?

बेगम अख़्तर

हँसती हैं मुझे शौक़ था।

आचार्य बृहस्पति

आपको शौक़ था?

बेगम अख़्तर

जी हाँ, गाने के सिवा मेरा और कोई काम ही नहीं था।

आचार्य बृहस्पति

दुरुस्त है; इसके मायने यह हुआ कि आपका माहौल ऐसा था।

बेगम अख़्तर

जी।

आचार्य बृहस्पति

जिसमें कि दस-ग्यारह साल की उम्र में ही आपके कान में गाना पड़ता रहता था।

बेगम अख़्तर

जी नहीं, बिल्कुल नहीं।

आचार्य बृहस्पति

बिल्कुल नहीं?

बेगम अख़्तर

बिल्कुल नहीं।

आचार्य बृहस्पति

फिर कैसे शौक़ हो गया आपको?

बेगम अख़्तर

बस शौक़ था, गाना कहीं भी सुन लेती थी, तो मैं वहाँ बैठी रहती थी।

आचार्य बृहस्पति

अच्छा तो...

बेगम अख़्तर

मेरे वालिदैन को इससे बड़ी तकलीफ़ होती थी।

आचार्य बृहस्पति

गाना सीखने से?

बेगम अख़्तर

जी हाँ, ज़ाहिर है उस ज़माने में तो...

आचार्य बृहस्पति

अच्छा, तो आपको किन लोगों का गाना सुनने का मौक़ा मिलता था?

बेगम अख़्तर

मेरे दिल पर जिस आदमी के गाने का असर शुरू हुआ, उसका नाम अगर मैं बताऊँगी तो आप हँसेंगे।

आचार्य बृहस्पति

जी, तो अच्छे आदमी के ज़िक्र में तो हँसूँगा ही। (सम्मिलित हँसी।)

बेगम अख़्तर

ज़ाहिर बात है, यानी जिस शख़्स ने बेगम अख़्तर पर असर किया हो बचपन से...

आचार्य बृहस्पति

वो ज़रूर आदमी अच्छा होगा, और उसके ज़िक्र में ख़ुश होऊँगा ही, और ख़ुश होने के बाद इन्सान हँसता है!

बेगम अख़्तर

जी, अगर वो बिल्कुल ग़ैर-मारूफ़ इन्सान है बेचारा।

आचार्य बृहस्पति

शोहरत ही ज़रूरी नहीं है...किसी को शोहरत मिल ही जाये, कोई ज़रूरी नहीं।

बेगम अख़्तर

...एक चन्दा बीबी थीं।

आचार्य बृहस्पति

जी।

बेगम अख़्तर

वो थियेटर में काम किया करती थीं।

आचार्य बृहस्पति

जी।

बेगम अख़्तर

फ़ैज़ाबाद में हम पैदा हुए, वहीं परवरिश हुई।

आचार्य बृहस्पति

जी।

बेगम अख़्तर

और वहीं से हम बाहर निकले गाने के सिलसिले में।

आचार्य बृहस्पति

ज़ाहिर है।

बेगम अख़्तर

सीखने के सिलसिले में ...तो वो थियेटर आया वहाँ, उसमें वो चन्दा काम करती थीं।

आचार्य बृहस्पति

जी।

बेगम अख़्तर

और मैं आपको क्या बताऊँ, आज तक उनकी आवाज़ और वो गाना उनका...वो शायद अभी भी हैदराबाद में ज़िन्दा हैं।

आचार्य बृहस्पति

जी।

बेगम अख़्तर

इस क़दर असर और इतनी! हम बच्चे थे ...उसको सुनकर बेचैन हो जाया करते थे।

आचार्य बृहस्पति

वाह, वाह! सुभानल्लाह।

बेगम अख़्तर

और हम घर से छुपकर नौकरानी को लेकर चुपचाप से रात को दो-दो बजे तक वहाँ बैठे रहते थे, दस बरस की उम्र में।

आचार्य बृहस्पति

जी।

बेगम अख़्तर

और उसको सुन के हम रोया करते थे।

आचार्य बृहस्पति

उस वक़्त के किसी गाने के बोल याद हैं आपको? बात भूल तो नहीं सकतीं; जिस गाने ने शुरू में इतना असर किया हो वो भूल जायें, ये सम्भव नहीं सम्मिलित हँसी। और बेगम अख़्तर भूल जायें, यह तो मुमकिन ही नहीं; कोर्स का मामला थोड़े ही है?

बेगम अख़्तर

जी हाँ, एक पंजाबी गाना गाती थीं वो।

आचार्य बृहस्पति

जी।

बेगम अख़्तर

और वो एक नात गाया करती थीं।

आचार्य बृहस्पति

जी।

बेगम अख़्तर

वो इस तरह से गाया करती थीं कि मैं आपको क्या बताऊँ, काश! आपने सुना होता उसको...

आचार्य बृहस्पति

आपसे मुझे रश्क हो रहा है, थोड़ा-सा आप ही सुना दीजिए—थोड़ा गुनगुना के।

बेगम अख़्तर

खिलखिलाहट के साथ वो पंजाबी गाना उनका यह था : 'कलियाँ वाला...' गाती हैं।

आचार्य बृहस्पति

जी।

बेगम अख़्तर

'कलियाँ वाला मेरा साईं'—यह गाना वो गाया करती थीं और मैं घण्टों सुना करती थी। मैं उनके घर पर जाया करती थी और कहती थी कि बीबी, आप यह मुझे सुना दें फिर से; और मैं आधे-आधे घण्टे बैठ सुना करती थी। वो मुझको इतना चाहने लगी थीं इस इश्क़ की वजह से, कि जहाँ उनका यह गाना आता था, वो आदमी भेजकर बुलवा लेती थीं—कि उस बच्ची को बुला लाओ।

आचार्य बृहस्पति

हाँ, हाँ एक सोज़ है, इसमें बात है दिल को छू लेने वाली बात। सुभानल्लाह! अच्छा, तो बचपन में ही जो गाना आपको सुनने को मिला, आपकी रहमत हुई, तो वह चंदा बीबी का गाना था।

बेगम अख़्तर

जी हाँ।

आचार्य बृहस्पति

...जिसमें ख़ास क़िस्म का सोज़ था, और सुरों का पंजा भी लगा हुआ था।

बेगम अख़्तर

जी।

आचार्य बृहस्पति

सुभानल्लाह! हमारा काम तो तहक़ीक़ करने का है! सम्मिलित हँसी यही तो मैं कहता हूँ, कि फ़ैज़ाबाद में पंजाब कहाँ से आ गया? पुनः हँसी ठीक है। अच्छा, तो आपकी तालीम जब शुरू हुई तो आपने फ़रमाया कि आपकी उम्र कोई दस-ग्यारह साल की थी।

बेगम अख़्तर

जी हाँ।

आचार्य बृहस्पति

तो शुरू में सुर भरवाया गया था, या कुछ तबीयत लगाने के लिए...

बेगम अख़्तर

सुर ही भरवाया गया। स्थाइयाँ शुरू कीं। मगर वो जी नहीं लगता था मेरा।

आचार्य बृहस्पति

वो ज़ाहिर है।

बेगम अख़्तर

क्लासिकल सीखने में।

आचार्य बृहस्पति

ज़ाहिर बात है।

बेगम अख़्तर

जी चाहता था कि ग़ज़ल कोई हो, ठुमरी कोई हो, दादरा कोई हो...

आचार्य बृहस्पति

ज़ाहिर है। वो तो यूनानी तबीब का जैसे कोई काढ़ा हो, यह मालूम होता होगा?

बेगम अख़्तर

जी हाँ।

आचार्य बृहस्पति

तो तबीयत तो...आपकी तासीर की तरफ़ थी।

बेगम अख़्तर

जी हाँ।

आचार्य बृहस्पति

अच्छा, तो जब आपको थोड़ा-सा और शऊर हुआ होगा समझने का, तो किन-किन बुज़ुर्गों का गाना आपने सुना?

बेगम अख़्तर

मैंने...ख़ाँ साहब मुईनुद्दीन डागर, वो जो बड़े थे।

आचार्य बृहस्पति

अच्छा—नसीरुद्दीन।

बेगम अख़्तर

नसीरुद्दीन ख़ाँ साहब।

आचार्य बृहस्पति

जी।

बेगम अख़्तर

बल्कि उन्होंने मुझको एक स्थाई भी बतायी थी।

आचार्य बृहस्पति

जी।

बेगम अख़्तर

और एक ठुमरी बतायी थी।

आचार्य बृहस्पति

जी।

बेगम अख़्तर

और मैं सुनती थी उनको; जिस वक़्त उनका कलकत्ते में गाना होता था कहीं भी, तो मैं घण्टों सुना करती थी।

आचार्य बृहस्पति

जी।

बेगम अख़्तर

मगर बस सुनती थी वो...समझने के लिए सुनती थी मैं।

आचार्य बृहस्पति

ज़ाहिर है।

बेगम अख़्तर

गाने के लिए नहीं। वो इतना मुश्किल मालूम होता था कि सुनने ही से उसका ज़रा ताल्लुक़ था।

आचार्य बृहस्पति

अच्छा, वो तो ध्रुपदिया थे न ख़ाँ साहब?

बेगम अख़्तर

जी हाँ, जी हाँ।

आचार्य बृहस्पति

ठुमरी गाते थे?

बेगम अख़्तर

उन्होंने बतायी थी मुझे ठुमरी।

आचार्य बृहस्पति

यानी चुपके से गाते थे।

बेगम अख़्तर

हाँ, चुपके से गाते थे हँसी की आवाज़।

आचार्य बृहस्पति

वैसे ज़ाहिर है, निहायत परहेज़गार थे?

बेगम अख़्तर

जवानी में तो गवैये अपनी हद को यहाँ तक समझते थे कि मुझे ठुमरी गाना है पुनः हँसी।

आचार्य बृहस्पति

लेकिन चुपके से गा लेते थे।

बेगम अख़्तर

जी हाँ।

आचार्य बृहस्पति

अच्छा, तो उसमें ऐसे कोई...फन्दे या मुरकी, ऐसी कोई चीज़ होती थी, जो आपको मुश्किल मालूम होती थी...? नसीरुद्दीन ख़ाँ की गायकी में?

बेगम अख़्तर

ताल; ताल का हिसाब जो था, मसलन उन्होंने जो शुरू किया।

आचार्य बृहस्पति

जी।

बेगम अख़्तर

उसको गिनने के लिए, उसका अन्तरा स्थाई बैठा लेने के लिए।

आचार्य बृहस्पति

जी।

बेगम अख़्तर

ज़रा मुश्किल मालूम पड़ती थी।

आचार्य बृहस्पति

ठीक है; तो उनकी आवाज़ मैंने सुना है बहुत अच्छी थी?

बेगम अख़्तर

बहुत अच्छी थी।

आचार्य बृहस्पति

अच्छा, उस वक़्त कितनी उम्र रही होगी भला आपकी?

बेगम अख़्तर

ग्यारह-बारह बरस की थी।

आचार्य बृहस्पति

अच्छा, अच्छा; उस ज़माने में तो रेडियो का इतना ज़ोर नहीं था?

बेगम अख़्तर

बिल्कुल था ही नहीं।

आचार्य बृहस्पति

और वह माइक्रोफ़ोन भी नहीं था।

बेगम अख़्तर

जी नहीं।

आचार्य बृहस्पति

आजकल तो इस माइक्रोफ़ोन की इनायत से लोग आवाज़ लगाना जैसे भूल गये हैं।

बेगम अख़्तर

दुरुस्त है।

आचार्य बृहस्पति

बस ख़ुद ही गा रहे हैं, ख़ुद ही सुन रहे हैं, पड़ोसी तक आवाज़ न पहुँच जाये। लेकिन आपकी जब तालीम होती थी और उस ज़माने के गवैये गाते थे, उनकी आवाज़ और आज की आवाज़ में क्या फ़र्क़ है?

बेगम अख़्तर

वो तो इसको ऐब समझते थे, मना करते थे, कि आवाज़ दबाकर मत गाओ।

आचार्य बृहस्पति

जी।

बेगम अख़्तर

क्योंकि आवाज़ की जो सच्चाई है, जो क़ुदरत ने हमको दिया है...

आचार्य बृहस्पति

जी।

बेगम अख़्तर

उसको हमारे दबाने से तो कोई ख़राबी ही पैदा हो जायेगी, कोई अच्छाई तो पैदा नहीं हो जायेगी।

आचार्य बृहस्पति

जी, पर अगर कोई नौजवान आजकल यह कहे कि बेगम, उस ज़माने में माइक्रोफ़ोन तो होता

नहीं था...

बेगम अख़्तर

जी।

आचार्य बृहस्पति

और लोग थियेटर में गाते थे।

बेगम अख़्तर

जी।

आचार्य बृहस्पति

जो बड़ा लम्बा हॉल होता था; पीछे वाले को भी आवाज़ सुनाई दे, इस वजह से वो ज़ोर-ज़ोर से गाते थे।

बेगम अख़्तर

जी।

आचार्य बृहस्पति

अब तो हमारे पास माइक्रोफ़ोन है, हमें चिल्लाने की ज़रूरत ही नहीं!

बेगम अख़्तर

जी।

आचार्य बृहस्पति

तो इस ज़माने के लोगों को आप क्या राय देंगी?

बेगम अख़्तर

उसका ...उसका यह है कि आप पब्लिक में उनको भी बिठा के सुन लीजिए, इन लोगों को भी बिठा के सुन लीजिए माईक के साथ।

आचार्य बृहस्पति

जी।

बेगम अख़्तर

मैं तो आवाज़ दबाकर नहीं गाती हूँ।

आचार्य बृहस्पति

आपका मक़सद यह हुआ...

बेगम अख़्तर

जी।

आचार्य बृहस्पति

कि आवाज़ खोलकर गाने से तासीर का भी ताल्लुक़ है।

बेगम अख़्तर

बिल्कुल।

आचार्य बृहस्पति

यानी वो दिल से सीधी आवाज़ निकलती है।

बेगम अख़्तर

दुरुस्त है, दुरुस्त है।

आचार्य बृहस्पति

और आवाज़ दबाकर गाने से वो तासीर नहीं रहती, उसमें बनावट आ जाती है...

बेगम अख़्तर

दुरुस्त है, दुरुस्त है।

आचार्य बृहस्पति

अब आजकल जो ये बच्चे गाना-बजाना सीख रहे हैं, इनको दरबारों के बारे में तो कुछ भी नहीं मालूम है?

बेगम अख़्तर

जी।

आचार्य बृहस्पति

वहाँ की तहज़ीब के बारे में तो कुछ इल्म नहीं।

बेगम अख़्तर

दुरुस्त है।

आचार्य बृहस्पति

और मैं समझता हूँ कि ऐसे बहुत कम लोगों को शायद उन्हें सुनने का मौक़ा मिलता हो, जो हर-दिल-अज़ीज़ गवैये हैं।

बेगम अख़्तर

बेशक़।

आचार्य बृहस्पति

अच्छा। तो ऐसे गवैयों में आपकी नज़र में कौन लोग आये कि जो भक्तों को भी रिझा लें, तो शायरों को भी रिझा लें, तो कवियों को भी रिझा लें और राजाओं को भी रिझा लें–ऐसे...गवैये आपके सुनने में कौन हैं?

बेगम अख़्तर

मसलन फ़य्याज़ ख़ाँ साहब...

आचार्य बृहस्पति

जी, दुरुस्त है।

बेगम अख़्तर

मसलन ग़ुलाम अली ख़ाँ साहब...

आचार्य बृहस्पति

जी, दुरुस्त है।

बेगम अख़्तर

कि वो जिस तरह, जिस महफ़िल में, जिस मन्दिर में...

आचार्य बृहस्पति

जी।

बेगम अख़्तर

जिस सभा में सिवाय ख़ुदा और रसूल की कोई इज़्ज़त नहीं—वहाँ पर भी वो उसी तरह रुला देते थे, जिस तरह कि गाने-बजाने वालों की हालत हुआ करती थी।

आचार्य बृहस्पति

दुरुस्त है। अच्छा, तो वो सुर से रुला देते थे, या अल्फ़ाज़ से रुला देते थे, या लय से रुला देते थे?

बेगम अख़्तर

सब चीज़ें मिली हुई थीं।

आचार्य बृहस्पति

जी।

बेगम अख़्तर

क्योंकि हर आदमी तो सुर नहीं समझता।

आचार्य बृहस्पति

जी।

बेगम अख़्तर

हर आदमी लफ़्ज़ भी नहीं समझता।

आचार्य बृहस्पति

जी।

बेगम अख़्तर

हर आदमी ताल भी नहीं समझता।

आचार्य बृहस्पति

ज़ाहिर है।

बेगम अख़्तर

हर चीज़ मिल-जुलकर होती थी और वो हो रही है।

आचार्य बृहस्पति

वो हो रही है, दुरुस्त है। अच्छा, एक बात ज़रा बेतकल्लुफ़ी से फ़रमाइए।

बेगम अख़्तर

जी।

आचार्य बृहस्पति

यह जो नज़रिया इन गवैयों का था...

बेगम अख़्तर

जी।

आचार्य बृहस्पति

कि भई, जितनी अहमियत अल्फ़ाज़ की है, वो भी रहना चाहिए, राग भी रहना चाहिए, लय भी रहना चाहिए और इन सब में तनासुब होना चाहिए।

बेगम अख़्तर

जी।

आचार्य बृहस्पति

क्या आजकल इस तरफ़ गाने वालों का ध्यान कुछ कम हो रहा है? मेरा मतलब ख़्याल गाने वालों से है।

बेगम अख़्तर

इसके मुताल्लिक़ आप मुझसे न पूछें तो बड़ा करम होगा आपका।

आचार्य बृहस्पति

बेगम किसी हलवाई से पूछूँ?

बेगम अख़्तर

हलवाई से नहीं। खिलखिलाहट।

आचार्य बृहस्पति

आख़िर आपसे न पूछूँ?

बेगम अख़्तर

हँसते हुए किसी लोहे वाले से पूछिए। (सम्मिलित हँसी)।

आचार्य बृहस्पति

देखिए, आजकल के हालात ऐसे हैं कि दिल, गाने बजाने वालों का, जो प्यार करने वाले हैं, उनका लोहे से भी ज़्यादा मज़बूत हो गया है।

बेगम अख़्तर

जी।

आचार्य बृहस्पति

लेकिन यह घर की बात है। यह ब्रॉडकास्ट होने की बात नहीं है। मैं आपसे किसी का नाम नहीं पूछता, मैंने किसी का नाम नहीं लिया।

बेगम अख़्तर

जी हाँ!

आचार्य बृहस्पति

मैंने किसी का नाम नहीं लिया। लेकिन आजकल जो एक ख़ास तरीक़ा है कि किसी भी दो अस्थाई के बस शुरू के बोल लिए, उसके बाद आऽऽऽ...पता नहीं चलता कि कोस रहे हैं या गालियाँ दे रहे हैं या बद्दुआ दे रहे हैं, अल्लाह जाने क्या कह रहे हैं?

बेगम अख़्तर

बेशक़।

आचार्य बृहस्पति

तो यह जो तरीक़ा है, इसके बारे में आपकी क्या राय है?

बेगम अख़्तर

मैंने जिस तरह सुना है बुजुर्गों को...

आचार्य बृहस्पति

जी हाँ?

बेगम अख़्तर

वो तो उसके बरअक्स है बिल्कुल।

आचार्य बृहस्पति

जी हाँ।

बेगम अख़्तर

इसलिए असर नहीं होता, लोग उठकर चले जाते हैं, बैठते नहीं हैं। वक़्त अपना समझते हैं कि ज़ाया हो रहा है।

आचार्य बृहस्पति

मैंने यह सवाल आपसे जानबूझ के किया।

बेगम अख़्तर

जी।

आचार्य बृहस्पति

मैं एक आर्टिस्ट का, नाम नहीं लूँगा...।

बेगम अख़्तर

जी।

आचार्य बृहस्पति

उसने अभी-अभी अख़बारात में यह बयान दिया है...

बेगम अख़्तर

जी।

आचार्य बृहस्पति

कि भई आजकल गाना, हिन्दुस्तानी गाना...

बेगम अख़्तर

जी।

आचार्य बृहस्पति

यह कुछ बड़ा घट रहा है और अच्छे आर्टिस्ट पैदा नहीं हो रहे हैं।

बेगम अख़्तर

जी।

आचार्य बृहस्पति

जबकि तन्त्र बहुत तरक्क़ी पर है; यह उन्होंने कहा है।

बेगम अख़्तर

(हँसती हैं)

आचार्य बृहस्पति

चूँकि आर्टिस्ट का नाम न मुझे लेना है न आपको पूछना है।

बेगम अख़्तर

बेशक़।

आचार्य बृहस्पति

क्या इसमें कुछ हक़ीक़त है?

बेगम अख़्तर

बिल्कुल नहीं है।

आचार्य बृहस्पति

हो सकता है कि उनका मक़सद सिर्फ़ ख़्याल की तरफ़ हो, ठुमरी की तरफ़ न हो उनका इशारा, लेकिन कहा उन्होंने यह...

बेगम अख़्तर

अब आप यह समझिए कि तीस-पैंतीस बरस से मैं पब्लिक में हूँ और देख रही हूँ, पब्लिक का रुख़ भी देख रही हूँ।

आचार्य बृहस्पति

जी।

बेगम अख़्तर

मैं तो यह समझती हूँ कि आजकल जो गाने-बजाने वाले हैं, वो बेहद खुशक़िस्मत हैं।

आचार्य बृहस्पति

जी।

बेगम अख़्तर

क्योंकि जिस तरह से हमारी गवर्नमेण्ट ने इतना गाने-बजाने का प्रचार किया है, वो पब्लिक जो अपने को हम लोगों की नज़र में—अन्धे दिखायी देते थे...

आचार्य बृहस्पति

जी।

बेगम अख़्तर

वो अब कम से कम यह तो समझते हैं यह गान्धार लगी या यह पूरिया धनश्री गा रहे हैं या यह मियाँ-की-मल्हार गा रहे हैं। यह तो समझने लगे हैं।

आचार्य बृहस्पति

भई इस सिलसिले में तो हमें मश्कूर होना चाहिए पण्डित भातखण्डे का या पण्डित विष्णु दिगम्बर का।

बेगम अख़्तर

बेशक़।

आचार्य बृहस्पति

क्योंकि इन्होंने बड़े-बड़े स्कूल या कॉलेज खोलने के बाद भले ही तानसेन न पैदा किये हों, लेकिन ये जो पीलू गा रही हैं या पूरिया धनश्री गा रही हैं, इस समझ के लोग तो पैदा कर लिए हैं!

बेगम अख़्तर

बेशक़।

आचार्य बृहस्पति

अच्छा, एक बात बतलाइये कि ये जो दरबार थे—मैं बार-बार दरबारों का ज़िक्र कर रहा हूँ—इनमें काफ़ी गाने-बजाने वालों को बहाल कर दिया जाता था। उनको किसी को हाथी दे दिये, किसी को गाँव दे दिये, किसी को इतने जवाहरात दे दिये कि सात पुश्त तक ख़त्म न हो, ऐसा होता था।

बेगम अख़्तर

बिल्कुल।

आचार्य बृहस्पति

तो वो हालात अब नहीं हैं।

बेगम अख़्तर

वो कैसे हो सकता है?

आचार्य बृहस्पति

अच्छा, इससे गाने-बजाने वालों को कुछ नुक़सान पहुँचा है या फ़ायदा पहुँचा है?

बेगम अख़्तर

गाने-बजाने वालों को तो नुक़सान पहुँचा है।

आचार्य बृहस्पति

जी हाँ।

बेगम अख़्तर

इसलिए पहुँचा कि उनको बेफ़िक्री थी—गाने-बजाने वालों को।

आचार्य बृहस्पति

जी हाँ!

बेगम अख़्तर

कि मैं फ़लाँ दरबार से ताल्लुक़ रखता हूँ, मेरे बच्चे पलते रहेंगे।

आचार्य बृहस्पति

जी।

बेगम अख़्तर

मैं रियाज़ करता रहूँगा, मैं बढ़ता रहूँगा।

आचार्य बृहस्पति

जी।

बेगम अख़्तर

यह तो नुक़सान हुआ गाने-बजाने वालों को, मगर उसके साथ ही साथ एक बात और हुई फ़ायदे की।

आचार्य बृहस्पति

जी।

बेगम अख़्तर

वो फ़ायदा यह हुआ कि गाने-बजाने वाले की जो इज़्ज़त अब है वो बीस बरस पहले नहीं थी।

आचार्य बृहस्पति

हाँ, दुरुस्त है। ये तो दूसरा मामला हो गया। मेरा मक़सद यह था...

बेगम अख़्तर

जी।

आचार्य बृहस्पति

जिस गाने-बजाने वालों को आप अच्छा गाने-बजाने वाला कह रही हैं मसलन आप ही...

बेगम अख़्तर

हैं?

आचार्य बृहस्पति

गाने-बजाने में जो आपको नाम हासिल हुआ है, इस जम्हूरियत के ज़माने में तो हासिल नहीं हुआ है।

बेगम अख़्तर

जी?

आचार्य बृहस्पति

आप जो आर्टिस्ट बनीं वो इस ज़माने में नहीं बनीं...या ग़ुलाम अली ख़ाँ; मतलब, इस ज़माने में आर्टिस्ट नहीं बने। हमारे सामने सवाल यह है कि...

बेगम अख़्तर

नहीं, नहीं, मैं आपसे इख़्तलाफ़ करती हूँ।

आचार्य बृहस्पति

जैसे?

बेगम अख़्तर

जैसे यही ग़ुलाम अली ख़ाँ जो थे कलकत्ते में, सन् 1935 में...

आचार्य बृहस्पति

जी।

बेगम अख़्तर

’35-36’ में वो हमारे पास आकर रहे हैं।

आचार्य बृहस्पति

जी।

बेगम अख़्तर

और उनको कोई जानता नहीं था।

आचार्य बृहस्पति

जी।

बेगम अख़्तर

मैं लोगों को पकड़-पकड़ कर सुनवाती थी कि आप सुनिए तो, पंजाब से एक गवैये आये हैं। देखिए कैसा अच्छा गाते हैं। और इसी तरह गाते थे...

आचार्य बृहस्पति

यह जो आप फ़रमा रही हैं, आपसे मैं क़तई मुत्तफ़िक़ हूँ, लेकिन यहाँ पर...

बेगम अख़्तर

जी।

आचार्य बृहस्पति

...मेरा मक़सद और है।

बेगम अख़्तर

जी।

आचार्य बृहस्पति

रियाज़ करने के बाद अच्छा पट्ठा जो तैयार हुआ था वो उस ज़माने में हुआ था।

बेगम अख़्तर

सही बात है।

आचार्य बृहस्पति

ऐसे लोग चले जा रहे हैं...मेरा सवाल यह है कि क्या आजकल के हालात ऐसे हैं कि इसमें ऐसे गाने-बजाने वाले पैदा हो सकें, क्या वो माहौल है?

बेगम अख़्तर

बिल्कुल हो सकते हैं—अगर आप लोग कोशिश करें तो।

आचार्य बृहस्पति

यानी क्या करें हम?

बेगम अख़्तर

कम से कम उन लोगों को पेंशन दीजिए, उनके लिए घर का इन्तज़ाम कीजिए, उनके लिए खाने का इन्तज़ाम कीजिए—देखिए पैदा होते हैं कि नहीं पैदा होते हैं!

आचार्य बृहस्पति

आपका मक़सद यह है कि...

बेगम अख़्तर

जी...

आचार्य बृहस्पति

दरबारों ने एक काम यह किया था कि गाने-बजाने वालों को एक क़िस्म की बेफ़िक्री दी थी।

बेगम अख़्तर

जी।

आचार्य बृहस्पति

उस बेफ़िक्री से उनको रियाज़ का मौक़ा मिलता था, तालीम का मौक़ा मिलता था।

बेगम अख़्तर

जी।

आचार्य बृहस्पति

आज भी अगर वही हालात पैदा कर दिये जायें, चाहे वो सोसाइटी पैदा करे या वो हुकूमत पैदा करे, कोई भी पैदा करे...

बेगम अख़्तर

जी, जी।

आचार्य बृहस्पति

तो वैसे लोग बन सकते हैं।

बेगम अख़्तर

बिल्कुल।

आचार्य बृहस्पति

अच्छा, आप मायूस तो नहीं–मुस्तक़बिल की तरफ़ से, गाने बजाने में?

बेगम अख़्तर

नहीं, मैं तो मायूस नहीं हूँ। अल्लाह का शुक्र है, मेरे सुनने वाले और मेरे पसन्द करने वाले अब, मेरे ख़याल से, पहले से भी ज़्यादा हैं।

आचार्य बृहस्पति

इसमें दो राय नहीं है। मेरा मतलब यह है कि आगे की आने वाली नस्लें जो हैं...

बेगम अख़्तर

जी।

आचार्य बृहस्पति

उनमें कितने लोग बेगम अख़्तर बन सकेंगे?

बेगम अख़्तर

तो इनमें...उनकी अपनी भी तो कमियाँ हैं।

आचार्य बृहस्पति

क्या?

बेगम अख़्तर

मसलन यह कि कोई लड़की आयी हमसे गाना सीखने के लिए।

आचार्य बृहस्पति

जी।

बेगम अख़्तर

वो कहती हैं, साहब आप मुझे पन्द्रह दिन में रेडियो में गवा दीजिए।

आचार्य बृहस्पति

जी।

बेगम अख़्तर

मैंने तो पन्द्रह दिन में रेडियो में नहीं गया, मैंने तो बीस बरस के बाद रेडियो में गाया है; वो सीखतीं नहीं।

आचार्य बृहस्पति

तो आप उन्हें कैसे समझाती हैं?

बेगम अख़्तर

मैं क्या समझाऊँ, मैं कहती हूँ कि मैं आपको सिखाने के क़ाबिल ही नहीं हूँ!

आचार्य बृहस्पति

यानी, बेगम, इस ज़माने में इस इल्म का...बड़ा नुक़सान हो रहा होगा?

बेगम अख़्तर

...गाने-बजाने में तो नुक़सान देखा नहीं जाता।

आचार्य बृहस्पति

नहीं; तो सवाल यह है...

बेगम अख़्तर

सिर्फ़ नफ़ा देखा जाता है। हँसी।

आचार्य बृहस्पति

दुरुस्त है। मेरा सवाल यह है कि जब नये बच्चे आते हैं, तो उनको समझाने के लिए क्या कहा जाता है?

बेगम अख़्तर

समझाने के लिए मैं उनसे कहती हूँ कि आवाज़ लगाओ।

आचार्य बृहस्पति

जी।

बेगम अख़्तर

वो आवाज़ लगाने के लिए तैयार नहीं हैं, इससे मेरा जी घबराता है...

आचार्य बृहस्पति

तो पूरे हिन्दुस्तान में एक भी शागिर्द आपको नहीं मिली?

बेगम अख़्तर

जी हाँ, मिली।

आचार्य बृहस्पति

मिली?

बेगम अख़्तर

हाँ।

आचार्य बृहस्पति

कौन-कौन गा रही हैं?

बेगम अख़्तर

मसलन शान्ती हीरानन्द।

आचार्य बृहस्पति

अच्छा।

बेगम अख़्तर

मसलन अंजलि बैनर्जी।

आचार्य बृहस्पति

जी।

बेगम अख़्तर

रीता कोठारी ने भी शुरू किया है।

आचार्य बृहस्पति

जी।

बेगम अख़्तर

वो ग़ज़लें बहुत अच्छा गाने लगी हैं।

आचार्य बृहस्पति

जी।

बेगम अख़्तर

इस तरह की लड़कियाँ हैं, दो-चार और हैं, दीप्ति घोष हैं।

आचार्य बृहस्पति

जी।

बेगम अख़्तर

बहुत अच्छा गा रही हैं। ठुमरी गाती है, ग़ज़ल भी गाती हैं, मेहनत भी करती हैं, नौकरी भी करती हैं, उसको जी चाहता है बताने का।

आचार्य बृहस्पति

जी।

बेगम अख़्तर

और सीखना ही न चाहे, सिर्फ़ यह चाहे कि मुझे रेडियो में ऑडिशन करा दीजिए साहब—तो मैं कह देती हूँ कि जाओ बृहस्पति जी के पास। पुनः हँसी।

आचार्य बृहस्पति

जी।

बेगम अख़्तर

बस, और इसके अलावा मेरे पास क्या जवाब है?

आचार्य बृहस्पति

उनसे कह देती हैं न, मुझसे तो कुछ नहीं कहतीं?

बेगम अख़्तर

नहीं हँसकर, आपसे कुछ नहीं कहती हूँ।

आचार्य बृहस्पति

बड़ा शुक्र है ख़ुदा का। सम्मिलित हँसी अच्छा, वैसे क्लासिकल म्यूज़िक की...

बेगम अख़्तर

जी।

आचार्य बृहस्पति

जो तालीम आपको मिली, जिसकी वजह से आपको सुर में लगाव पैदा हुआ, एक बात पैदा हुई...

बेगम अख़्तर

जी।

आचार्य बृहस्पति

ये जो नयी शागिर्द आपकी जितनी हैं...

बेगम अख़्तर

मैंने उनको उसी तरह शुरू कराया, जिस तरह मैंने सीखा।

आचार्य बृहस्पति

जी।

बेगम अख़्तर

अब मेहनत करना तो उनकी अपनी चीज़ है, वो तो मैं नहीं...

ज़ाहिर है। अच्छा, अब आपसे कुछ ऐसी बातें पूछूँ कि जिसका ताल्लुक़ फ़ैज़ाबाद या बनारस के आसपास के इलाक़े से है। हिन्दुस्तान बहुत बड़ा मुल्क है और मुख़्तलिफ़ इलाक़े की अलग-अलग ख़ूबी है।

बेगम अख़्तर

दुरुस्त है।

आचार्य बृहस्पति

ये जो हमारी माँएँ बहनें ख़ास मौक़े पर–शादी के मौक़े पर या बच्चे होने के मौक़े पर–कुछ चीज़ें गाती हैं, ज़ाहिर बात है कि वो बेचारियाँ एक जैसा गाती हैं, वैसा गाती हैं...

बेगम अख़्तर

बिल्कुल।

आचार्य बृहस्पति

लेकिन ऐसा भी हुआ है पिछली सदी में कि उनकी गाने-बजाने वाली चीज़ें हमारे अच्छे गुणियों ने ले लीं–किसी को अच्छी धुन मालूम पड़ी।

बेगम अख़्तर

बिल्कुल दुरुस्त है।

आचार्य बृहस्पति

ऐसा हुआ है?

बेगम अख़्तर

हूँ, बिल्कुल।

आचार्य बृहस्पति

अच्छा, क्या आप मुझे कुछ ऐसी चीज़ें के बारे में बता सकती हैं, जो यहाँ भी गायी जाती हों और यहाँ दादरे की शक़्ल में या ठुमरी की शक़्ल में आ गयी हों?

बेगम अख़्तर

जी हाँ, मसलन 'बाबुल' है।

आचार्य बृहस्पति

जी।

बेगम अख़्तर

वो बाबुल जो शादियों में गाया जाता था।

आचार्य बृहस्पति

जी।

बेगम अख़्तर

'काहे को ब्याही बिदेस...रे सुन बाबुल मोरे'।

आचार्य बृहस्पति

हज़रत अमीर ख़ुसरो ने यह तो...

जी हाँ, उसको गवैयों ने ठुमरी करके गाया है। फ़य्याज़ ख़ाँ ने 'बाबुल मोरा नैहर छूटा जाये' ...इसी को तोड़-मरोड़ कर ठुमरी हो गयी!

आचार्य बृहस्पति

जी।

बेगम अख़्तर

इस तरह की चीज़ें तो बहुत-सी हैं।

आचार्य बृहस्पति

जी।

बेगम अख़्तर

मसलन घरों की जो बीवियाँ...

आचार्य बृहस्पति

जी हाँ।

बेगम अख़्तर

पर्देदार बीवियाँ आपस में, लड़कियों में, माँओं में, बहनों में बैठकर गाया करती थीं, उनकी चीज़ें तो ऐसी-ऐसी हैं कि उस पर लोगों ने तर्ज़ें बनायी हैं, मैंने बनायी हैं खुद।

आचार्य बृहस्पति

अगर हमारे ख़ातिर, बतौर कोई नमूना हो तो...

बेगम अख़्तर

हँसकर इस वक़्त मैं बता नहीं सकती।

आचार्य बृहस्पति

उसमें कोई बुराई नहीं, गाना थोड़े ही हो रहा है, कोई तालियाँ नहीं बजनी। सम्मिलित हँसी।

बेगम अख़्तर

वो मुझमें है तेरा याराना।

आचार्य बृहस्पति

मुझे एक शेर याद आ गया।

बेगम अख़्तर

जी?

आचार्य बृहस्पति

जो यह इरशाद है, 'निकलेगा तेरा काम मुश्किल से, तो मुश्किल भी फ़रमा दीजिए, जिस मुश्किल से निकलेगा...' (पुनः हँसी) अच्छा ख़ैर छोड़िए।

बेगम अख़्तर

जी।

आचार्य बृहस्पति

तो ऐसा होते ही आया है, अच्छा यह जो चैती...

बेगम अख़्तर

जी।

आचार्य बृहस्पति

और यह कजरी क़िस्म की दो चीज़ें हैं, आपकी राय में इनकी ख़ुसूसियात क्या है?

बेगम अख़्तर

मेरी राय में—एक तो तर्ज़, दूसरा बोल, तीसरा वक़्त!

आचार्य बृहस्पति

जी।

बेगम अख़्तर

चैती उस ज़माने में गायी जाती थी पहले...

आचार्य बृहस्पति

जी।

बेगम अख़्तर

कि जिस वक़्त धान, गेहूँ कटा करते थे।

आचार्य बृहस्पति

और चैत के महीने में वे (काम) होते थे

बेगम अख़्तर

चैत के महीने में

आचार्य बृहस्पति

दुरुस्त है।

बेगम अख़्तर

और उसी ज़माने में लोग सुनते थे चैती, उसके बाद नहीं सुनते थे।

आचार्य बृहस्पति

वे कुफ़्र था। दोनों हँसते हैं

बेगम अख़्तर

हाँ, कुफ़्र था।

आचार्य बृहस्पति

जी।

बेगम अख़्तर

और अब यह होता है कि क्योंकि तर्ज़ अच्छी है, बोल अच्छे हैं, इसलिए लोग हर ज़माने में फ़रमाइश करते हैं।

आचार्य बृहस्पति

जी, और सुनते हैं–ज़ाहिर बात है।

बेगम अख़्तर

और सुनते हैं।

आचार्य बृहस्पति

और यह कजरी?

बेगम अख़्तर

कजरी बरसात के ज़माने में...

आचार्य बृहस्पति

काली घटा से शायद कुछ ताल्लुक़ है इसका!

बेगम अख़्तर

जी हाँ, जी हाँ।

आचार्य बृहस्पति

हिन्दुओं में एक त्योहार होता है...तीज-ए कजरी?

बेगम अख़्तर

जी।

आचार्य बृहस्पति

सावन के अँधेरे पाखों में।

बेगम अख़्तर

जी हाँ, जी हाँ।

आचार्य बृहस्पति

अच्छा एक बात है, जो औरतें बहुत अच्छा गाने वाली हुई हैं, यानी कि जिनका आप ज़िक्र बहुत शुरू में ही कर चुके, मैं उनकी बात नहीं कह रहा हूँ।

बेगम अख़्तर

जी।

आचार्य बृहस्पति

यानी सिन-ए शऊर को पहुँचने के बाद आपने जिन ख़्वातीन का गाना पसन्द किया वो कौन-कौन हैं?

बेगम अख़्तर

वो...मसलन एक फतेहाबाद की मुश्तरी कहलाती थीं।

आचार्य बृहस्पति

जी।

बेगम अख़्तर

वो ऐसा गाती थीं, बेचारी मर गयीं—अल्लाह उनको जन्नत नसीब करे—ऐसा गाती थीं कि आदमी बेकार हो जाता था, खड़ा है तो खड़ा है...काम ख़त्म, वक़्त ख़त्म, वो सुन रहा है।

आचार्य बृहस्पति

क्या गाती थीं?

बेगम अख़्तर

वो तो ग़ज़लें गाती थीं, ठुमरी गाती थीं, ऐसा गाती थीं कि मैं आपको क्या बताऊँ!

आचार्य बृहस्पति

जी।

बेगम अख़्तर

बहुत अच्छा। ...और थीं ज़ोहराबाई अम्बालेवाली, उनका गाना मैंने खुद तो नहीं सुना।

आचार्य बृहस्पति

जी।

बेगम अख़्तर

रिकॉर्ड उनके सुने हैं मैंने।

आचार्य बृहस्पति

अच्छा ये बनारस की कुछ गाने वालियों में से–जैसे विद्याधरी हुईं–उनको सुना था आपने?

बेगम अख़्तर

जी नहीं, उनको नहीं सुना था, रसूलनबाई को सुना है, क्या कहने!

आचार्य बृहस्पति

ठीक है; अच्छा, एक बात और बताइए साहब, आजकल यह ग़ज़ल का फ़िल्मी अन्दाज़ भी है?

बेगम अख़्तर

जी हाँ!

आचार्य बृहस्पति

क्या ख़याल है आपका?

बेगम अख़्तर

हँसकर इसके मुताल्लिक़ आप मुझसे क्यों पूछ रहे हैं?

आचार्य बृहस्पति

तो फिर वही बात, गाने वाले से ही तो पूछूँगा! हमारी ही बिरादरी के एक आदमी हैं, बातचीत का मौक़ा है, आपसे बात न करूँ तो किससे करूँ? हँसते हैं।

बेगम अख़्तर

उसके मुताल्लिक़ यह अर्ज़ करूँगी, मैं सिर्फ़ इतना कहूँगी कि वो ग़ज़लें चाहे ग़ालिब की हों या मीर की हों या किसी बड़े शायर की हों...

आचार्य बृहस्पति

जी।

बेगम अख़्तर

अगर फ़िल्म में आप दे दीजिए, तो न उसका लफ़्ज़ समझ में आता है, न उनका तर्ज़ समझ में आता है।

आचार्य बृहस्पति

जी।

बेगम अख़्तर

न ही यह मालूम होता है कि यह ग़ालिब की ग़ज़ल है; बल्कि यह मालूम होता है कि वो किसी का गीत गाया जा रहा है।

आचार्य बृहस्पति

जी।

बेगम अख़्तर

वो ग़ज़ल का अन्दाज़ तो नहीं है।

आचार्य बृहस्पति

जी।

बेगम अख़्तर

इससे मुझे शिकायत है फ़िल्म वालों से और उनसे (कहा) भी है—वहाँ के कुछ म्यूज़िक डायरेक्टरों से।

आचार्य बृहस्पति

जी।

बेगम अख़्तर

कुछ म्यूज़िक डायरेक्टर ऐसे हैं, जो ग़ज़लें अच्छी बनाते हैं।

आचार्य बृहस्पति

जैसे?

बेगम अख़्तर

जैसे मदनमोहन।

आचार्य बृहस्पति

जी।

बेगम अख़्तर

बहुत अच्छी ग़ज़ल उन्होंने बनायी और ख़य्याम।

आचार्य बृहस्पति

जी।

बेगम अख़्तर

जवाब नहीं।

आचार्य बृहस्पति

जी।

बेगम अख़्तर

उनसे मुझे कोई शिकायत नहीं...और लोग जो ग़ज़लें बनाते हैं।

आचार्य बृहस्पति

आपका मक़सद यह है कि रचना तर तवज्जू रहना चाहिए।

बेगम अख़्तर

रहना चाहिए।

आचार्य बृहस्पति

भले ही वो फ़िल्म में गायी जाये।

बेगम अख़्तर

जी, बिल्कुल।

आचार्य बृहस्पति

और उसकी ख़ूबी बनी रहे।

बेगम अख़्तर

दुरुस्त है।

आचार्य बृहस्पति

वो ज़ाहिर बात है, फ़िल्म से हमारा कोई बैर नहीं है, बशर्ते कि ग़ज़ल ज़िन्दा रहे।

बेगम अख़्तर

बिल्कुल।

आचार्य बृहस्पति

अच्छा, अगर यह मिर्ज़ा ग़ालिब बेचारे आज ज़िन्दा होकर वापस आ जायें और...

बेगम अख़्तर

फ़िल्मी...

आचार्य बृहस्पति

...ग़ज़लें सुनें तो क्या कैफ़ियत होगी?

बेगम अख़्तर

हँसकर फ़िल्मी ग़ज़लें सुनें?

आचार्य बृहस्पति

जी हाँ।

बेगम अख़्तर

मेरे ख़याल से फिर वो वापस आने की कोशिश न करें। सम्मिलित हँसी...

आचार्य बृहस्पति

अच्छा यार ज़िन्दा सोहबत बाक़ी।

बेगम अख़्तर

इंशा अल्लाह।

आचार्य बृहस्पति

यह मैंने आपकी बड़ी समा-ख़राशी की, लेकिन बड़ा लुत्फ़ आया थोड़ी आपसे बातचीत करके। इससे मुझे बड़ा सबक़ मिला और आइन्दा भी जो लोग इस इण्टरव्यू को सुनेंगे, तो याद करेंगे, बेगम अख़्तर ऐसे बोलती थीं, इस तरह कुछ बातें कह दिया करती थीं, जो बड़ी अच्छी और क़ीमती बातें हुआ करती थीं। अच्छा, शुक्रिया।

बेगम अख़्तर

बहुत अच्छा। ख़ुदा हाफ़िज़, आदाब अर्ज़!

आचार्य बृहस्पति

ख़ुदा हाफ़िज़, आदाब अर्ज़ है।

यह साक्षात्कार संगीत नाटक अकादेमी, नयी दिल्ली, अभिलेखागार में संरक्षित रिकॉर्डिंग से ली गयी है, जिसे 05 जनवरी, 1970 को रिकॉर्ड किया गया था। इसकी टेप संख्या 658-662 है तथा इसकी समयावधि 2 घण्टे, 30 मिनट है।

संगीत नाटक अकादेमी की पत्रिका संगना : सम्पादक यतीन्द्र मिश्र, अप्रैल-सितम्बर, 2017 (संयुक्तांक) से संशोधित रूप में साभार प्रकाशित।

शुभा मुद्गल

बेगम अख़्तर : गायिकी का पाठ

बेगम अख़्तर से कभी रुबरु हुए या उनके क़दमों में बैठकर तालीम पाए बिना भी मैंने उनसे कई चीज़ें सीखी हैं। बेशक, मैं उनकी शागिर्द होने का दावा तो नहीं कर सकती, मगर फिर भी जो संगीत उन्होंने रेकॉर्ड किया था, वह मेरे लिए और संगीत सीखने वाले हर व्यक्ति के लिए ज्ञान के एक अथाह भण्डार की तरह है, जिसे आप रेकॉर्डिंग के कारण, आभासी दुनिया में ही सही, लेकिन संगीत के एक ख़ज़ाने के तौर पर पाते हैं। यह रेकॉर्डिंग्स दशकों से मेरी साथी रही हैं, संगीत सीखे जाने की यात्रा में सूक्ष्म अन्तर्दृष्टि से सम्पन्न दुर्लभ बारीकियाँ सिखाती हुईं, जो हमेशा ही जारी रहती है। ...और जो कभी भी पूरी तरह मुकम्मल नहीं होती। यक़ीनन, दूसरे महान संगीतकारों के बारे में भी यह बात कही जा सकती है, जिन्हें रेकॉर्ड किया गया और जिनका संगीत अध्ययन के लिए उपलब्ध है और संगीत के विद्यार्थियों को संगीत निर्माण की अपनी समझ को समृद्ध करने का अवसर प्रदान करता है।

सच कहूँ तो, मैंने कभी भी बेगम अख़्तर के संगीत को उनकी ज़िन्दगी को खंगालने और उस दौर की अपरिहार्य चुनौतियों, उतार-चढ़ावों के सन्दर्भ में समझने की कोशिश नहीं की। बैरिस्टर इश्तियाक़ अब्बासी से उनकी शादी, जिसे अकसर समाज में इज़्ज़त पाने और पेशेवर गायिकाओं से जुड़े लांछन से छुटकारा पाने की उनकी कोशिश के तौर पर देखा जाता है, और अपने शौहर और उनके ख़ानदान के सामाजिक रुतबे के सम्मान में कुछ साल गायिकी और प्रोग्राम न करने का उनका फैसला, ये उनकी ज़िन्दगी के कुछ ऐसे पहलू हैं, जिनका विश्लेषण अत्यन्त बुद्धिमान और ज्ञानी विद्धान और शोधार्थी करते रहे हैं। यही बात अपनी शादी के कोई पाँच साल बाद, अपनी माँ के इन्तक़ाल के बाद गायिकी में उनकी वापसी करने के बारे में भी सच है। उनकी ज़िन्दगी की कहानी में मेरी दिलचस्पी एक ऐसे प्रशंसक के रूप में है, जो हमेशा अपने पसन्दीदा कलाकार के व्यक्तित्व में जीवन

और मंच पर अलग-अलग उनके मिज़ाज की हर छोटी-बड़ी बात और घटना को जानने के लिए उत्सुक रहता है। हालाँकि मैं विभिन्न विमर्शों के परिप्रेक्ष्य में किसी कलाकार के जीवन का अध्ययन करने की अहमियत को न तो नकारती हूँ और न ही दरकिनार करती हूँ। फिर भी, बेगम अख़्तर की बेमिसाल आवाज़ और दिल को छू लेने वाली खनकदार गायिकी से मेरे मन में बरबस ही संगीत से जुड़े ढ़ेरों वैसे ही खनकते सवाल कौंध उठते हैं। मसलन, वे आम तौर पर किस सुर पर गाती थीं? वे अपनी आवाज़ को कैसे प्रोजेक्ट करती थीं? वे अपने स्वर-विस्तार को कैसे संभालती थीं? इसी के साथ तलफ़्फ़ुज की शुद्धता, ताल और लय का सन्तुलन और गायिकी में विस्तार को कैसे साधती थीं?

इस छोटे से आलेख में मैंने इन सवालों को ख़ासतौर से 'द गोल्डन कलेक्शन-बेगम अख़्तर' शीर्षक संग्रह में शामिल बारह ट्रैक्स के सन्दर्भ में देखा और परखा है। मेरा आकलन संगीत के विद्यार्थी के तौर पर मेरे निजी नज़रिए पर आधारित है और किसी भी प्रकार से पूर्ण नहीं है। सबसे पहली बात तो, इसमें दिये गये सभी ट्रैक्स गायिका की ज़िन्दगी के एक ही वक्त में रेकॉर्ड नहीं किये गये हैं। गायिका की आवाज़ की खनक और बुनावट और रिकॉर्डिंग की क्वालिटी को देखते हुए ट्रैक नम्बर 'तीन' और 'आठ', *'दीवाना बनाना है तो'* और *'न सोचा न समझा'* शुरुआती दौर के मालूम पड़ते हैं। न केवल आवाज़ में नौजवानी का हल्कापन है, बल्कि दोनों ग़ज़लों का सुर 'सफेद एक' (पाश्चात्य संगीत स्केल पर C) है, जबकि संग्रह के अन्य ट्रैक 'साढ़े चार' या 'सफेद छह' (A), 'काली पाँच' (A Sharp) और 'काली चार' (G Sharp) पर गाए गये हैं। शुरु में रेकॉर्ड किये गये ट्रैक्स में उनकी आवाज़ में एक तीव्रता है, जो अकसर उस ख़ास ढंग से आवाज़ के टूटने पर पैदा होने वाली 'पत्ती' में तब्दील हो जाती है, जो उनकी गायिकी की पहचान है।

मेरे लिए यह कह पाना मुमकिन नहीं है कि सुर नीचा करने की वजह, उम्र के साथ स्वर-तन्त्रिकाओं का अपरिहार्य रूप से मोटा हो जाना थी, या रेकॉर्डिंग टैक्नॉलोजी में आए बदलावों की वजह से ऐसा हुआ, जिसने ध्वनि और आवाज़ को कहीं बेहतर ढंग से पकड़ना शुरू किया था या इसके कोई बिल्कुल ही अलग कारण थे। फिर भी आवाज़ में आया फर्क़ एकदम स्पष्ट है। *'दीवाना बनाना है तो'* की इस रेकॉर्डिंग में, ऊपर की ओर जाते हुए उनकी आवाज़ बारीक़ होती जाती है, जिसमें लगता है कि ऊपर की ओर अपनी पहुँच को सुगम बनाने के लिए नाक के सहारे स्वर-उच्चारण को सम्भव किया गया है। इनमें से किसी भी साधन को ज़रूरत से ज़्यादा या बढ़ा-चढ़ाकर इस्तेमाल नहीं किया गया है और इसीलिए अस्वाभाविक या कर्कश ढंग से सुनाई देना तो दूर, जैसा दूसरी आवाज़ों के साथ हो सकता था, ये आवाज़ में एक ऐसा दर्द और बेचैनी पैदा कर देता

है, जिससे ग़ज़ल के 'दीवानापन' में कहीं ज़्यादा गहराई और भाव जुड़ जाता है। बेगम अख़्तर ने इस ग़ज़ल की गायिकी में पेचो-ख़म, उतार-चढ़ाव, खटकों और मुरकियों का भरपूर इस्तेमाल किया है। इन्हें 'दे' और 'देखो' जैसे शब्दों को लम्बा करने और सजाने दोनों के लिए ही इस्तेमाल किया गया है, जिनमें 'ऐ' और 'ओ' स्वरों को अलंकारों के इस्तेमाल से लम्बा किया और बढ़ाया गया है और इसी तरह 'हाँ' को भी, जिसे वे हल्का सा विराम देने और शेर की अदायगी के लिए इस्तेमाल करती हैं। आवाज़ के इस्तेमाल में उसकी पूरी गमक को देखते हुए, इसकी अदायगी में हरकत, खटका और मुरकी की सफ़ाई लाजवाब है। एक बार फिर, मैं पूरे यक़ीन के साथ तो नहीं कह सकती, मगर अनगिनत मौक़ों पर इस ग़ज़ल को सुनने के बाद, मुझे लगता है कि शायद तलफ़्फ़ुज़ में गले के इस्तेमाल ने इसे मुमकिन बनाया है।

शेष ग़ज़लों में आवाज़ एक उम्रदराज़ बेगम अख़्तर की है, जो अपनी गायिकी में गहरा दर्द भर देती हैं, जो कि उनकी ख़ासियत थी, मगर ऐसी आवाज़ में कि जो परिपक्व है और संजीदगी से भरी हुई है। अनेक ग़ज़लों में उनका शुरुआती आलाप यह समझने का अद्भुत मौक़ा देता है कि मुख्य गीत के विषय को किस तरह से कुछ सेकेण्ड में पेश किया जा सकता है। *'अब छलकते हुए सागर नहीं देखे जाते'* के लिए वे एक आलाप गाती हैं, जिसे दस सैकेंड के अन्दर (0.16 से 0.24) पूरा कर देती हैं, मगर इसमें वे पूरी महारत और बिना किसी हड़बड़ी के केवल चार स्वरों में ग़ज़ल के मुख्य विषय को पेश कर देती हैं। *'कुछ तो दुनिया की इनायात ने दिल तोड़ दिया'* में वे मात्र कुछ स्वरों के साथ चौबीस सैकेंड के आलाप में पूरी ग़ज़ल की सांगीतिक संरचना बता देती हैं। निस्संदेह, लाइव कंसर्ट की स्थिति में वे शुरुआती आलाप को भी कहीं ज़्यादा इत्मीनान से गाती होंगी, मगर रेकॉर्डिंग फ़ॉर्मेट को अपनाने की क्षमता, प्रस्तुति को ट्रैक की तयशुदा अवधि में बाँधना और फिर भी सहजता और इत्मीनान का भाव बनाए रखना उल्लेखनीय बात है।

'अब छलकते हुए सागर नहीं देखे जाते' को 'साढ़े चार' या 'सफेद छह' (पाश्चात्य स्केल पर A) सुर से गाया है, और कभी-कभार तार ऋषभ और हल्के से गांधार को छूते हुए इसे कमोबेश एक ही सप्तक पर रखा गया है। मतला निषाद और तार षड्ज पर जाते हुए सप्तक के मध्य में पंचम के आसपास रहता है। बाक़ी शेर, निषाद और तार षड्ज के आसपास रहते हैं, बस कभी-कभी ऋषभ और गान्धार तक जाते हैं। ग़ज़ल की मुख्य पंक्ति को शेरों के बीच हल्की सी तब्दीली के साथ दक्षतापूर्वक गढ़ा गया है, जिससे ग़ज़ल की आत्मा को खोए बिना गायिकी अप्रत्याशित बन पड़ती है। मगर गायिकी के दांव-पेंच, चकित कर देने वाली रेंज या गति को दर्शाने की कोई कोशिश नहीं की गयी है, बस एकदम बारीक़

सटीकता और भावप्रवणता के साथ शायरी की गहरी अदायगी है। मैंने इस ग़ज़ल को सुनते हुए बार-बार उस अन्दाज़ को महसूस किया, जिसमें वे 'छलकते' शब्द के अन्त में 'ते' पर सम लाते हुए इसे कहती है। 'छ' के हल्के से उच्चारण और 'ते' पर ज़ोर के साथ, यह शब्द जो छलक जाने का भाव बयान करता है, उसे इससे बेहतर तरीक़े से हासिल नहीं किया जा सकता था।

मोमिन की ग़ज़ल *'वो जो हममें तुममें क़रार था'* की उनकी अदायगी को पाश्चात्य स्केल पर A सुर के माध्यम से जिसे साढ़े चार या छठा सफ़ेद, जैसा कि हिन्दुस्तानी संगीत के विद्यार्थी इसे कहते हैं, में रिकॉर्ड किया गया है। अगर मध्यम को सुर माना जाए, तो ग़ज़ल की गेय प्रस्तुति को सुर से नीचे के चार और सुर से ऊपर के चार स्वरों में बाँधा गया है। इसलिए यह एक ही सप्तक में है, जिसे बेगम अख़्तर की आवाज़ इस सुगमता और सहजता से बाँध लेती हैं, जो केवल माहिर लोग ही कर सकते थे।

हाल के सालों में, उपमहाद्वीप के ग़ज़ल गायकों ने अकसर गायिकी की ऊँची अलंकृत शैली के प्रति अपना रुझान दर्शाया है, जिसमें बहुत पेचीदा, टेढ़े-मेढ़े, तेज़ गति के स्वर-साधन इस्तेमाल होते हैं। इसके विपरीत, बेगम अख़्तर की शैली संयम की कला का इस्तेमाल करती है और कभी-कभी वे ग़ज़ल की लगभग एक पूरी लाइन एक ही स्वर में, बस गति प्रदान करने के लिए दूसरे और तीसरे स्वर को हल्के से सहला भर देते हुए गाना पसन्द करती हैं। मिसाल के लिए *'वो जो हममें तुममें क़रार था'* की 2.45 पर *'कभी हममें तुममें भी चाह थी'* लाइन को देखें। लगभग पूरी लाइन षड़ज में गायी गयी है और बस 'चाह' शब्द के गाने में ही आगे ऋषभ की ओर हल्की सी गति है और फिर वापस नीचे षड़ज पर आ जाती हैं। मगर फिर भी, आपको ग़ज़ल कहने में किसी एकरसता, उबाऊपन या गतिहीनता का आभास नहीं होता।

बेगम अख़्तर की गायिकी का एक और ख़ूबसूरत पहलू, ख़ासकर ठुमरी-दादरा और ग़ज़ल गायिकी में दिलचस्पी रखने वाले विद्यार्थियों के लिए, उनका राग-संरचनाओं और राग की बारीकियों को संभालना है। ये बेशक वे गायकियाँ हैं, जो साहित्य और शायरी से ली गयी हैं और जो परम्परागत रागदारी के नियमों से थोड़ा हटने को लेकर उदार हैं। बेगम अख़्तर की ग़ज़ल गायिकी में राग और ताल का भारी इस्तेमाल है, मगर आमतौर पर उनमें बुनियादी नियमों का सख़्ती से पालन नहीं है। किसी ग़ज़ल में भैरवी का पुट, किसी दूसरी में पहाड़ी के स्वर, गायिकी में जब-तब हिलोरें, मगर किसी एक राग के स्वरूप में बँधे बिना सहज भाव से दूसरी-दूसरी दिशाओं में निकल जाना। न केवल राग के नियमों की बारीक़ समझ, बल्कि कैसे और कब दक्षता और नज़ाकत से उससे हटना है, यह ग़ज़ल और ठुमरी-दादरा जैसी विधाओं का एक अहम पहलू है।

बेगम अख़्तर हमें दिखाती हैं, जैसा केवल वे ही दिखा सकती हैं कि रागदारी को समझना और साथ ही पल भर के लिए और सुघड़ता से राग के हटने और उसी सहजता के साथ इसके अन्दर लौटने की महारत हासिल करना भी कितना ज़रूरी है। आज जब ग़ज़लों का संगीत बनाते हुए अकसर दिमाग़ में स्वर-संयोजन और उनके मेल को ध्यान में रखा जाता है, तो शायद ग़ज़ल गायिकी की इस महारत को कहीं ज़्यादा गहराई और गम्भीरता से समझने की ज़रूरत है।

मैं इस विषय पर लिखती ही जा सकती हूँ, मगर कितना भी विश्लेषण एक अप्रतिम कलाकार को समझने के लिए कभी काफ़ी नहीं होगा। अन्ततः यह गायकों और ख़ासतौर से ग़ज़ल गायकों की भावी पीढ़ियों पर है कि बेगम अख़्तर की मौसीक़ी को सुनें, उसका अध्ययन करें, जितना चाहें विश्लेषण करें और अपनी गायिकी और आवाज़ को पाने के लिए उनसे प्रेरित हों। भोंडी और उथली नक़ल भर करने से कभी हमारे बीच से इस पूर्णता और कौशल का दूसरा गायक और संगीत-निर्माता सामने नहीं आ पाएगा।

नोट : 'द गोल्डन कलेक्शन : बेगम अख़्तर' संकलन के आधार पर लिखा गया लेख। इसका यू-ट्यूब लिंक है-(http://www.jiosaavn.com/album/the-golden-collection-begum-akhtar/ejHxVM7yln0_)

अंग्रेजी से हिन्दी अनुवाद : शुचिता मीतल, यतीन्द्र मिश्र एवं शुभांगी मिश्र

Begum Akhtar
Ghazals
EMI

LOST HORIZONS
STEREO
BEGUM AKHTAR
GHAZALS
बेगम अख्तर
EMI

"HIS MASTER'S VOICE"
GREAT HITS OF
BEGUM AKHTAR

EMI
An ENCHANTING HOUR with
Begum Akhtar
Ghazals

COMPACT disc DIGITAL AUDIO
AAD
Malika-E-Ghazal
begum akhtar
In Mehfil
UNIVERSAL
CDNF 079

Polydor
BEGUM AKHTAR
بیگم اختر

BEGUM AKHTAR
بیگم اختر
Ghazals
غزلیں

GHAZALS and DADRAS
EMI
BEGUM AKHTAR

Begum Akhtar
In Memoriam
STEREO
EMI

EMI
Begum Akhtar
DADRAS & THUMRIES

बेगम अख़्तर
MUSIC INDIA

Begum Akhtar
MUSIC INDIA
THUMRIS • SAWAN • GHAZALS

बेगम अख़्तर के रिकॉर्ड्स की सूची

Discography

Sr.	Record No.	First Line	Type	Lyric Writer
1.	ECSD 2436 H.M.V.	**The Ghazal Queen-LP**	**Ghazals**	
		Side One :		
		(1) Kuchh to duniya ki Inayaat ne dil tod diya		Sudarshan Faakir
		(2) Ab to yahi hai		Taskeen Qureshi
		(3) Bazm se unki		Shamim Jaipuri
		Side Two :		
		(1) Ab chhalakte hue saghar		Ali Ahmed Jaleel
		(2) Kis se poochhen		Taskeen Qureshi
		(3) Ilahi kash gham-e-ishq		Shamim Jaipuri
2.	ECSD 2399 H.M.V.	**Begum Akhtar Sings Ghalib-LP**	**Ghazals**	
		Side One :		
		(1) Aah ko Chahiye ek umr		Ghalib
		(2) Dard minnat kash-e-dawa na hua		Ghalib
		(3) Taskin ko hum na royen		Ghalib
		(4) Zikr us parivash ka		Ghalib
		Side Two :		
		(1) Dil hi to hai na sang-o-khisht		Ghalib
		(2) Phir mujhe deeda-e-tar yaad aaya		Ghalib
		(3) Koi ummeed bar nahin aati		Ghalib
		(4) Dayam pada hua tere dar par nahin hoon main		Ghalib
3.	ECSD 2486 H.M.V.	**Begum Akhtar Ghazals-LP**	**Ghazals**	
		Side One :		
		(1) Door hai manzil, rahen mushkil		Shakeel Badayuni

		(2) Khush hoon ke mera husn-e-talab kaam to aaya	Shakeel Badayuni
		(3) Mere hamnsfas, mere hamnava	Shakeel Badayuni
		Side Two :	
		(1) Ishq men ghairate	Sudarshan Faakir
		(2) Laila majnu ki misalon pe hansi aati hai	Sudarshan Faakir
		(3) Khushi men mujh ko thukraya	Ali Jaleeli

4. ECSD 2374 H.M.V. — **LP**

Jab se shyam sidhare	Thumri
Aankhiyan neend na aaye	Thumri
Zara dhire se bolo	Dadra
Balamwa tum kya jano	Preet-Dadra
Mori toot gayee aas	Purvi dadra

5. ECLP 2414 H.M.V. — **Varsha Ritu-LP (Seasonal)**

Side Two :

Barsan lagin sawan

Boondiyan-sel V

6. ECLP 2468 H.M.V. — **Selection III**

Ghazals to Remember-LP

Ae mohabbat tere anjam Pe — Shakeel Badayuni

7. ECLP 2444 H.M.V. — **Ghazals & Dadra-LP**

Side One

(1) Diwana Banana hai to

(2) Na suno mere nalle

(3) Saaz woh keena saaz

(4) Na socha na samjha

(5) Bujhi Hui shama ka dhuan

(6) Ae mohabat tere anjam pe

Side Two :

(1) Koyelia mat kar pukar

(2) Chha rahi kali ghata

(3) Muft huye badnam

(4) Sowat nindiya jagaye

(5) Piya milUn hum jaib

(6) Sahba-I-gharaz thi Shola fishan — Shakeel Badayuni

8. ECSD 2404 H.M.V. — **Portrait of a Genius-LP** — **Ghazals**

Side One :

Sel. II Ye na thi hamari Qismat — Ghazal — Ghalib

	Side Two :		
	Sel. II Sab kahan Kuchh Lala-O-Gulmen	Ghazal	Ghalib
9. 7EPE 1241 H.M.V.	**Ghazals-EP**		
	Rah-e-ashiqi Ke mare		Y.A. Jasdanwala
	Ae muhabbat tere anjam pe rona aaya		Shakeel Bayuni
	Sahba-I-Gharaz thi shola fishan		Shakeel Badayuni
10. 7 EPE 1229 H.M.V.	Nanadiya kahe mare bol	Thumri	
	Hamar kahi mano rajaji	Dadra	
	Nihure nihure buhare	Poorbi Dadra	
11. 7 EPE 4105 H.M.V.	**EP (Gujarati)**	**Ghazals**	
	Side One :		
	Me taji taari tamanna teno aa anjam chhe		Abbas wasi 'Mariz'
	Side Two :		
	Shun jalun ke koini Jahojalali thay chhe		Barkat Virani 'Befam'
12. Sè7LPE 4001 H.M.V.	**Side One :**	**Ghazal**	
	Apnon ke sitam hum se batae nahin jate		Sudarshan Fakkir
	Zindagi kuchh bhi nahin Phir bhi jiye jate hain		Sudarshan Fakkir
	Side Two :		
	Abhi josh-e-baharan Dekhan hai		Sayeed Shaheedi
	Mashq-e-sitam farmate rahiye		Shaheedi
13. 7 EPE 1165 H.M.V.	**Bengall : EP**		
	Side One :		
	Ei mousme pardeshi	Thumri	
	Side Two :		
	Jochhana karechhe ari	Dadra	
14. 7 EPE 3006 H.M.V.	**bengali-Dadras EP**		
	Side One :		
	Piya bholo abhiman	Dadra	Jnanprakash Ghosh

	Side Two :		
	Koelia gaan thama	Dadra	Jnanprakash Ghosh
15. 7 EPE 1221	Ki khata sheva a taslimo rajaa	ghazal	Y.A. Jasdanwalla
H.M.V.	Dooniyake seetam yad ana apani	Ghazal	Jigar Moradabadi

Items recorded under 78 RPM but not covered
Under the above L.Ps. and E.Ps.

16. G.E. 18038 Colum	Dil ki bat, kahi nahi jati	Ghazal	
17. G.E. 18100	Yaha husne raaje mohabbat	Ghazal	Qadeer
Colum	Sakiya chhodana khali	Ghazal	Qadeer
18. G.E. 5356	Usane jaba tyori	Ghazal	
Colum	Unaki aankho ka aalam gulabi	Ghazal	
19. G.E. 5380	Mora balama pardeseeya	Dadara	
20. J.N.G. 1160	Ghahe kachchhu hoya	Thumari	
Mega	Ham pachhataye sajanava		
21. J.N.G. 796 Mega	Kya dardeko	Ghazal	
22. J.N.G. 1145	Takhayual se daman	Ghazal	
Mega	Mere jahaun mahobbat par	Ghazal	
23. J.N.G. 1207	Main jindagi se haun bejara	Ghazal	
Mega	Kash itana mere nalome	Ghazal	
24. J.N.G. 1215	Vafa nahee ne sahee kamase	Ghazal	
Mega	Sijadonka jabi par hai nisha	Ghazal	
25. J.N.G. 861	Biraha ki mari	Ghazal	
Mega	Mori barisee umariya	Ghazal	
26. J.N.G. 941	Jisa dilamain mahobbat hai	Natiya	
Mega	Sabra do dina na huaa	Natiya	

यह डिस्कोग्रॉफ़ी जनरल ऑफ द इण्डियन म्यूज़िकोलॉजिकल सोसाइटी, एडिटर : आर.सी. मेहता, बॉम्बे एण्ड बड़ौदा, वॉल्यूम-6, नम्बर-1 से साभार ली गयी है, जिसका प्रकाशन मार्च, 1975 में हुआ था। इस तरह बेगम अख़्तर की मृत्यु के चार महीने बाद यह प्रामाणिक सूची जारी हुई, जिसे जस का तस यहाँ प्रकाशित किया गया है। इनके अलावा भी ढ़ेरों डिस्क मौजूद हैं, जिनकी प्रामाणिक सूची उपलब्ध नहीं है। अतः उनकी सूचनाएँ यहाँ नहीं दी जा रही हैं–_सम्पादक_

रचनाकार-परिचय

सलीम किदवई : अवध संस्कृति के जानकार, मध्यकालीन इतिहास के विशेषज्ञ तथा अनुवादक हैं। संगीत के प्रति गहरी रुचि। रुथ वनिता के साथ सह-सम्पादन की पुस्तक 'सेम सेक्स लव इन इण्डिया : रीडिंग्स फ्रॉम लिटरेचर एण्ड हिस्ट्री' विशेष चर्चित है। गायिका मलका पुखराज की आत्मकथा का अंग्रेज़ी अनुवाद 'सांग संग ट्रू' बहुप्रशंसित है। बेगम अख़्तर के साथ लम्बा वक़्त व्यतीत किया है। लखनऊ में रहते हैं।
ई-मेल : **s.inlucknow@gmail.com**

शीला धर : भारत की प्रमुख संगीत आलोचकों में से एक शीला धर ने बाक़ायदा हिन्दुस्तानी शास्त्रीय संगीत की तालीम ली है। आपकी चर्चित कृतियों में 'समवन आई वुड लाइक यू टू मीट' और 'द कुकिंग ऑफ म्यूज़िक' शामिल हैं। 2001 में आपका निधन हुआ।

शिवानी : गौरा पन्त 'शिवानी' हिन्दी की लोकप्रिय और चर्चित लेखिकाओं में अग्रगण्य मानी जाती हैं। कहानीकार और उपन्यासकार के रूप में विख्यात शिवानी जी ने संस्मरण और रेखाचित्र भी लिखे हैं। प्रमुख कृतियों में दर्जनों पुस्तकें शामिल हैं, जिनमें मुख्य रूप से 'कृष्णकली', 'कृष्णवेणी', 'रति विलाप', 'मायापुरी', 'अतिथि', 'चौदह फेरे', 'सुरंगमा', 'भैरवी', 'सुनहुँ तात यह अकथ कहानी', 'स्मृति-कलश' तथा 'आमादेर शान्तिनिकेतन' शामिल हैं। कई पुरस्कारों से सम्मानित, जिनमें भारत सरकार द्वारा दिया जाने वाला नागरिक सम्मान 'पद्मश्री' विशेष रूप से उल्लेखनीय है। 2003 में आपका निधन हुआ।

यतीन्द्र मिश्र : कवि, सम्पादक और कला अध्येता हैं। सिनेमा और संगीत में गहरी रुचि है। प्रमुख कृतियों में 'गिरिजा', 'देवप्रिया', 'सुर की बारादरी', 'हमसफ़र', 'विस्मय का बखान' तथा 'लता : सुर-गाथा' शामिल हैं। इनके अलावा कविताओं की चार पुस्तकें तथा सम्पादन की दस पुस्तकें प्रकाशित हैं। कई पुरस्कारों से सम्मानित, जिनमें राष्ट्रीय फ़िल्म पुरस्कार 'स्वर्ण कमल' तथा मामी मुम्बई फ़िल्म

फेस्टिवल पुरस्कार विशेष उल्लेखनीय हैं। आजकल संगीत नाटक अकादेमी, नयी दिल्ली की पत्रिका 'संगना' के सम्पादक हैं। 'अख़्तरी : सोज़ और साज़ का अफ़साना' के सम्पादक हैं।
ई-मेल : **yatindrapost@gmail.com**

इक़बाल रिज़वी : वरिष्ठ पत्रकार और हिन्दी सिनेमा इतिहास के विशेषज्ञ। हिन्दी सिनेमा के फ़िल्म पोस्टर्स पर एक पुस्तक 'पोस्टर बोलते हैं' प्रकाशित एवं चर्चित। वर्तमान में इन्दिरा गाँधी राष्ट्रीय कला केन्द्र, नयी दिल्ली से सम्बद्ध हैं।
ई-मेल : **iqbalrizvi14@hotmail.com**

डॉ. रख़्शंदा जलील : उर्दू और अंग्रेज़ी की एक प्रमुख लेखिका के रूप में समादृत डॉ. रख़्शंदा जलील आलोचक और साहित्यिक इतिहासकार हैं। उर्दू अदब में विशेष दखल है और उन्होंने भारत में इस भाषा से सम्बन्धित विचारों, आन्दोलनों और नये लेखन पर पर्याप्त आलोचना लिखी है। साथ ही हिन्दी और उर्दू से अंग्रेज़ी में अनुवाद किये हैं। साहित्य के प्रगतिशील आन्दोलन पर आपका अध्ययन और लेखन विशेष उल्लेखनीय माना जाता है। हिन्दुस्तानी ज़ुबान (हिन्दी और उर्दू) के लिए एक संस्था 'हिन्दुस्तानी आवाज़' का पिछले पन्द्रह वर्षों से संचालन करती हैं। कई पुरस्कारों से सम्मानित, जिनमें कैफ़ी आज़मी अवॉर्ड प्रमुख है।
ई-मेल : **rakhshanda.jalil@gmail.com**

कुणाल रे : कुणाल रे प्रसिद्ध कला समीक्षक हैं। पुणे की फ्लेम यूनिवर्सिटी में साहित्य में अध्यापन करते हैं। अंग्रेज़ी स्तम्भकार के रूप में सम्मानित कुणाल रे का लेखन भारत की प्रमुख पत्र-पत्रिकाओं में प्रकाशित होता रहता है। भारतीय सिनेमा और संगीत के अध्ययन में विशेष रुचि है।
ई-मेल : **kunalray06@gmail.com**

अनीश प्रधान : भारत के प्रमुख तबला-वादकों में एक प्रतिष्ठित नाम। अनीश तबला के दिग्गज कलाकार पं. निखिल घोष के शिष्य हैं। उन्होंने तबला के एकल वादन की पद्धति कई घरानों से विरासत में पायी है। जिनमें दिल्ली, अजराड़ा, लखनऊ, फर्रुखाबाद और पंजाब घराना प्रमुख हैं। आपको आदित्य बिड़ला कला किरण अवॉर्ड, नाट्य दर्पण सम्मान, वसन्तोत्सव अवॉर्ड तथा साथ-संगत कलाकार अवॉर्ड प्रदान किया गया है। एक प्रमुख भारतीय संगीत चिन्तक के रूप में विख्यात अनीश प्रधान की दो किताबें बेहद चर्चित हैं, जिनके नाम 'तबला अ परफॉर्मर्स पर्सपेक्टिव' तथा 'हिन्दुस्तानी म्यूज़िक इन कोलोनियल बॉम्बे' हैं। अण्डरस्कोर रिकॉर्ड्स प्रा. लि. के निदेशक हैं और भारत के प्रमुख अन्तर्राष्ट्रीय

संगीत समारोह 'बाजा-गाजा' के सह-संयोजक रहे हैं।
ई-मेल : **anepradh@gmail.com**

सुशोभित सक्तावत : युवा कवि, लेखक, पत्रकार और अनुवादक हैं। कविताओं की दो किताबें 'मैं बनूँगा गुलमोहर' और 'मलयगिरि का प्रेत' प्रकाशित। भारतीय संगीत, प्राच्य-विद्या और संस्कृति में गहरी रुचि है। स्पेनिश कवि, नाटककार लोर्का के पत्रों के अनुवाद की पुस्तक प्रकाशित। दैनिक भास्कर समूह की पत्रिका 'अहा ज़िन्दगी' के सहायक सम्पादक।
ई-मेल : **sushobhitsaktawat@gmail.com**

डॉ. प्रवीण झा : पेशे से चिकित्सक और नॉर्वे निवासी डॉ. प्रवीण झा हिन्दी लेखक और स्तम्भकार हैं। शास्त्रीय संगीत के अध्येता डॉ. प्रवीण झा की दो पुस्तकें 'भूतों के देश में : आइसलैण्ड' और 'चमनलाल की डायरी' प्रकाशित और चर्चित हैं।
ई-मेल : **doctorjha@gmail.com**

ममता कालिया : वरिष्ठ हिन्दी लेखिका, जिन्होंने कहानी, नाटक, उपन्यास, निबन्ध, कविता और पत्रकारिता में विपुल लेखन किया है। प्रमुख कृतियों में 'बेघर', 'नरक-दर-नरक', 'एक पत्नी के नोट्स', 'दौड़' (उपन्यास), 'एक अदद औरत', 'जाँच अभी जारी है', 'थियेटर रोड के कौए' और 'सीट नम्बर 6'(कहानी संग्रह) तथा 'कितने शहरों में कितनी बार' (संस्मरण) विशेष उल्लेखनीय हैं। कई पुरस्कारों से सम्मानित जिनमें, साहित्य भूषण सम्मान, अभिनव भारती सम्मान तथा व्यास सम्मान प्रमुख हैं।
ई-मेल : **mamtakalia011@gmail.com**

सुनीता बुद्धिराजा : कविता, साक्षात्कार, यात्रा-वृत्तान्त लेखिका सुनीता बुद्धिराजा ने भारतीय शास्त्रीय संगीत पर आत्मीयता से लिखा है। सात मूर्धन्य संगीतकारों पर आधारित 'सात सुरों के बीच' और संगीत मार्तण्ड पण्डित जसराज की जीवन-गाथा 'रसराज : पं. जसराज' चर्चित पुस्तकें हैं। पेशे से जन सम्पर्क से जुड़ीं सुनीता बुद्धिराजा 'किंडलवुड कम्युनिकेशन्स' चला रही हैं।
ई-मेल : **sunitabudhiraja@yahoo.com**

मोहित कटारिया : कवि, गीतकार मोहित कटारिया पेशे से इंजीनियर हैं। संगीत और सिनेमा में गहरी रुचि है। कर्नाटक में मौजूद हिन्दी कविता परिदृश्य पर एकाग्र संचयन 'कर्ण कविता' में कविताएँ सम्मिलित हैं।
ई-मेल : **kataria.mohit@gmail.com**

मृत्युंजय : कवि, अनुवादक और आलोचक मृत्युंजय अम्बेडकर विश्वविद्यालय, दिल्ली में अध्यापन करते हैं। संगीत में गहरी रुचि है। पं. मल्लिकार्जुन मंसूर की आत्मकथा का अंग्रेज़ी से हिन्दी अनुवाद 'रस-यात्रा' प्रकाशित एवं प्रशंसित।
ई-मेल : **mrityubodh@gmail.com**

सतीश टंकसाले : संगीत में गहरी रुचि है। बेगम अख़्तर के मुरीदों में से एक, जिन्होंने पिछले लगभग एक दशक से अधिक समय से बेगम अख़्तर की मज़ार पर हर वर्ष बेगम साहिबा की पुण्यतिथि पर उन्हें श्रद्धांजलि अर्पित की है। पुणे में रहते हैं।
ई-मेल : **kyabaathai.satish@gmail.com**

नरेन्द्र सैनी : पत्रकार, कहानीकार और अनुवादक नरेन्द्र सैनी भारतीय और विदेशी सिनेमा के अध्येता हैं। आपकी अनुवाद की हुई दर्जन भर से अधिक पुस्तकें प्रकाशित हुई हैं, जिनमें गुरचरन दास, कृष्ण कुमार, सुधीर कक्कड़ और दीपक चोपड़ा की किताबें विशेष उल्लेखनीय हैं। एक कहानी संग्रह 'इश्क़ की दुकान बन्द है' प्रकाशित और चर्चित। आजकल एनडीटीवी डॉट इन में न्यूज़ एडिटर के रूप में कार्यरत हैं।
ई-मेल : **narender75@gmail.com**

मालिनी अवस्थी : उपशास्त्रीय एवं लोकगायन की एक प्रमुख उपस्थिति मालिनी जी ने उत्तर प्रदेश के लोक-संगीत को एक नया विचार और विस्तार दिया है। एक कला-विदुषी गायिका के रूप में समादृत उन्होंने लोक-संस्कृति के संरक्षण के लिए, 'सोन चिरैया' नामक ट्रस्ट की स्थापना की है। प्रख्यात ठुमरी गायिका गिरिजा देवी और उस्ताद राहत अली ख़ाँ साहब की शिष्या मालिनी अवस्थी कई पुरस्कारों से सम्मानित हैं, जिनमें उत्तर प्रदेश संगीत नाटक अकादेमी पुरस्कार, यश भारती सम्मान तथा भारत सरकार द्वारा दिया जाने वाला पद्मश्री विशेष उल्लेखनीय है।
ई-मेल : **malini.awasthi@gmail.com**

शान्ती हीरानन्द : ठुमरी और ग़ज़ल की ख़्यातिनाम गायिका शान्ती हीरानन्द जी ने अपनी संगीत की तालीम बेगम अख़्तर से पायी है। बेगम अख़्तर की प्रमुख गण्डाबन्ध शिष्याओं में से एक, जिन्होंने बेगम अख़्तर की परम्परा पर चलते हुए जीवन भर ठुमरी और ग़ज़ल को उसी अन्दाज़ में गाया है और अपने गुरु की रवायत को ज़िन्दा रखा। उनकी एक पुस्तक 'बेगम अख़्तर : द स्टोरी ऑफ़ माई अम्मी!' प्रकाशित एवं चर्चित है। भारत सरकार द्वारा पद्मश्री से सम्मानित।
ई-मेल : **info@shantihiranand.com**

रीता गांगुली : ठुमरी और ग़ज़ल की प्रसिद्ध गायिका रीता गांगुली जी ने अपनी संगीत की तालीम सिद्धेश्वरी देवी और बेगम अख़्तर दोनों से पायी है। बेगम अख़्तर की प्रमुख गण्डाबन्ध शिष्याओं में से एक, जिन्होंने उनकी चीज़ें को जस का तस गाने की एक परम्परा कायम की है। रीता जी ने अपनी उस्ताद पर एक पुस्तक 'ऐ मोहब्बत : रेमिनिसिंग बेगम अख़्तर' लिखी है, जिसकी पर्याप्त चर्चा हुई। आपको इण्डियन क्रिटिक्स अवॉर्ड और पद्मश्री के अलावा बांग्लादेश सरकार द्वारा 'मलिका-ए-मौसीक़ी' ख़िताब दिया गया है।

ई-मेल : **ritaganguly200@gmail.com**

शुभा मुद्गल : हिन्दुस्तानी शास्त्रीय एवं उप-शास्त्रीय संगीत की चर्चित गायिका। आपने कई संगीत गुरुओं, विद्वानों के माध्यम से संगीत की तालीम हासिल की, जिसमें प्रमुख रूप से पं. रामाश्रय झा 'रामरंग', पण्डित विनय चन्द्र 'मौदगल्य' एवं पण्डित वसन्त ठकार के नाम ले सकते हैं। आपने खयाल गायक पण्डित जितेन्द्र अभिषेकी, पण्डित कुमार गन्धर्व एवं श्रीमती नैना देवी से भी शास्त्रीय संगीत की बारीकियों को सीखकर अपनी कला के लिए समृद्ध किया। कई पुरस्कारों से सम्मानित, जिसमें भारत सरकार द्वारा प्रदत्त पद्मश्री तथा उत्तर प्रदेश सरकार द्वारा दिया जाने वाला यश-भारती सम्मान विशेष उल्लेखनीय।

ई-मेल : shubha.mudgal@gmail.com

नोट : *इस खण्ड में सिर्फ़ उन्हीं विद्वानों और कलाकारों का परिचय दिया गया है, जिनसे इस पुस्तक के सन्दर्भ में आग्रहपूर्वक लिखवाया गया। दूसरे खण्ड में बेगम अख़्तर के 26 प्रसंगों के तहत जिन विद्वानों के लेख और टिप्पणियाँ सम्मिलित की गयी हैं, उनका आभार वहीं दिया गया है।*

–सम्पादक

ओ बेदर्दी सपने में आ जा

कुछ तो बिपतियाँ कम हुई जाए

चाँद गगन से झाँके मोहे,

पापी दुनिया ताने देवे

खुल के कहूँ तो होवे रुसवाई,

चुप मा जियरा भसम होई जाए

ओ बेदर्दी...

– दादरा

अनुवादक-परिचय

मधु बी. जोशी : अनुवादक, सम्पादक, स्तम्भकार एवं भाषा-विज्ञानी हैं। एक कविता-संग्रह 'अकेली औरतों के घर' प्रकाशित। मधु बी. जोशी की रुचि लिखित साहित्य को समझने में आसान बनाने के लिए है। उनके द्वारा किये हुए हिन्दी एवं अंग्रेज़ी के चर्चित अनुवादों में प्रमुख हैं–'देवी' (मृणाल पाण्डे), 'द फीमेल यूनक' (जर्मेन ग्रीयर), 'सुन्नर पाण्डे की पतोह' (अमरकान्त), 'गिरिजा' (यतीन्द्र मिश्र) एवं ए.के. रामानुजन की जीवनी। गाज़ियाबाद में रहती हैं।

ई-मेल : **madhubalajoshi@yahoo.co.in**

शुचिता मीतल : शुचिता मीतल लम्बे समय से भारतीय अनुवाद परिषद और यात्रा बुक्स से जुड़ी हुई हैं। आपने नमिता गोखले की 'शकुन्तला', संजीव सान्याल की 'मन्थन का सागर', अमीश की 'वायुपुत्रों की शपथ', नीलिमा डालमिया आधार की 'कस्तूरबा की रहस्यमय डायरी' समेत पच्चीस से अधिक पुस्तकों का अनुवाद किया है।

ई-मेल : **shuchitam@hotmail.com**

यतीन्द्र मिश्र : परिचय पिछले पन्नों पर। अनुवाद के सन्दर्भ में यह जानना दिलचस्प है कि उनके द्वारा किया गया कन्नड़ शैव कवयित्री अक्क महादेवी के वचनों का (अंग्रेज़ी से) हिन्दी में पुनर्लेखन 'भैरवी' नाम से प्रकाशित एवं चर्चित है।

ई-मेल : **yatindrapost@gmail.com**

शुभांगी मिश्र : साहित्य में गहरी रुचि है, इन्होंने कई किताबों के अनुवाद एवं सम्पादन में योगदान दिया है, जिनमें 'शहरनामा फ़ैज़ाबाद' उल्लेखनीय है। सरस्वती-मेला नाम से एक साहित्यिक और सांस्कृतिक वेबसाइट का संचालन करती हैं, जो अंग्रेज़ी एवं हिन्दी दोनों भाषाओं में उपलब्ध है। दर्शन शास्त्र एवं साहित्य की स्नातक की छात्रा हैं।

ई-मेल : **shubhangiekekhat@yahoo.com**

प्रकाशित क़िताबें

द स्टोरी ऑफ़ माई अम्मी- शान्ती हीरानन्द

ऐ मोहब्बत: रेमिनिसिंग बेगम अख़्तर-रीता गांगुली

बेगम अख़्तर- द क्वीन ऑफ़ ग़ज़ल- सुतापा मुखर्जी

बेगम अख़्तर: लव्स ओन वॉयस - एस. कालिदास

इन मेमोरी ऑफ़ बेगम अख़्तर एंड अदर पोयम्स- आगा शाहिद अली

ग़ज़ल और मलिका-ए-ग़ज़ल बेगम अख़्तर (बेगम अख़्तर की गायी हुई ग़ज़लों का संग्रह)

सम्पादन- इब्राहीम दरवेश

◆◆◆

फ़िल्म और डॉक्यूमेंट्री

बेगम अख़्तर - एन. के. इस्सर

(फ़िल्म्स डिवीज़न, सूचना और प्रसारण मंत्रालय, भारत सरकार)

हाय अख़्तरी ! - एस. कालिदास

(बी.टी.वी. प्रोडक्शन्स)

ऐ मोहब्बत: ए फ़िल्म ऑन बेगम अख़्तर - उमेश बिष्ट

मेरे हमनफ़स मेरे हमनवां: ए जर्नी ऑफ़ बेगम अख़्तर

(रेख़्ता फाउंडेशन)

ज़िक्र उस परीवश का-निर्मल चन्दर

(संगीत नाटक अकादमी, नई दिल्ली)

◆◆◆

सम्मान

पद्मश्री-भारत सरकार, 1968

संगीत नाटक अकादमी पुरस्कार,

नयी दिल्ली, 1972

उत्तर प्रदेश संगीत नाटक अकादमी पुरस्कार- 1973

पद्मभूषण- (मरणोपरांत), भारत सरकार, 1975

जन्म शताब्दी वर्ष-2014 में उत्तर प्रदेश सरकार ने ठुमरी, दादरा और ग़ज़ल के क्षेत्र में उल्लेखनीय योगदान के लिए पांच लाख रुपए का वार्षिक ' बेगम अख़्तर एवार्ड' स्थापित किया

जन्म शताब्दी वर्ष-2014 में भारत सरकार ने उनकी स्मृति में पांच रुपए का सिक्का जारी किया

कुछ तो दुनिया की इनायात ने दिल तोड़ दिया
और कुछ तल्ख़िए हालात ने दिल तोड़ दिया

हम तो समझे थे कि बरसात में बरसेगी शराब
आयी बरसात तो बरसात ने दिल तोड़ दिया

दिल तो रोता रहे और आँख से आँसू न बहें
इश्क़ की ऐसी रवायात ने दिल तोड़ दिया

वो मेरे हैं, मुझे मिल जायेंगे आ जायेंगे
ऐसे बेकार ख़यालात ने दिल तोड़ दिया

आपको प्यार है मुझसे, कि नहीं है मुझसे
जाने क्यूँ ऐसे सवालात ने दिल तोड़ दिया...

ECSD